全国革命老区县发展史丛书·广东卷

# 惠东县革命老区发展史

惠东县革命老区发展史编委会　编

SPM 南方出版传媒　广东人民出版社
·广州·

图书在版编目（CIP）数据

惠东县革命老区发展史 / 惠东县革命老区发展史编委会编. —广州：
广东人民出版社，2020.11

（全国革命老区县发展史丛书·广东卷）

ISBN 978-7-218-14550-1

Ⅰ.①惠⋯　Ⅱ.①惠⋯　Ⅲ.①惠东县—地方史　Ⅳ.①K296.54

中国版本图书馆CIP数据核字（2020）第204158号

HUIDONG XIAN GEMING LAOQU FAZHANSHI

# 惠东县革命老区发展史

惠东县革命老区发展史编委会 编

出 版 人：肖风华

责任编辑：廖志芬
装帧设计：张力平　等
责任技编：吴彦斌　周星奎

出版发行：广东人民出版社
地　　址：广州市海珠区新港西路 204 号 2 号楼（邮政编码：510300）
电　　话：（020）85716809（总编室）
传　　真：（020）85716872
网　　址：http://www.gdpph.com
印　　刷：广州市浩诚印刷有限公司
开　　本：715mm×995mm　1/16
印　　张：18.75　　　插　页：10　　　字　数：260 千
版　　次：2020 年 11 月第 1 版
印　　次：2020 年 11 月第 1 次印刷
定　　价：88.00 元

如发现印装质量问题，影响阅读，请与出版社（020-85716849）联系调换。
售书热线：（020）85716826

微信扫描二维码
您立即获得**本书主要内容/**
**丛书介绍**。

# 广东省编纂《革命老区县发展史》丛书
## 指导小组

组　长：陈开枝（广东省老区建设促进会会长）

副组长：林华景（广东省老区建设促进会常务副会长）

　　　　宋宗约（广东省农业农村厅二级巡视员、广东省老
　　　　　　　　区建设促进会副会长）

　　　　刘文炎（广东省老区建设促进会副会长）

　　　　郑木胜（广东省老区建设促进会副会长）

　　　　姚泽源（广东省老区建设促进会副会长兼秘书长）

　　　　谭世勋（广东省老区建设促进会副会长）

　　　　廖纪坤（广东省农业农村厅总经济师）

**办公室**

主　任：姚泽源（兼）

副主任：韦　浩（广东省农业农村厅扶贫协作与老区建设处
　　　　　　　　处长）

　　　　柯绍华（广东省老区建设促进会副秘书长）

　　　　伍依丽（广东省老区建设促进会副秘书长）

微信扫描二维码
您立即获得本书作者的
相关资料。

# 惠州市编纂《革命老区县发展史》丛书
## 指导小组名单

组　　长：王开洲（市委常委）

副组长：陈恩强（惠州市老促会会长）

　　　　李文忠（惠州市老促会副会长）

　　　　朱毅凡（惠州市委组织部副部长，

　　　　老干部局局长）

成　　员：季广龙（惠州市老促会副会长）

　　　　聂炳兴（惠州市老促会副会长）

　　　　钟旺兴（惠州市老促会副会长）

　　　　刘育青（惠城区老促会会长）

　　　　王寿铨（惠阳区老促会会长）

　　　　李江雁（惠东县老促会会长）

　　　　郑继生（博罗县老促会副会长）

　　　　王庆元（龙门县老促会会长）

　　　　黄裕章（大亚湾老促会会长）

# 《惠东县革命老区发展史》
## 编纂委员会

编委会主任：郭武飘

常务副主任：魏荣君

副　主　任：徐海东　冯仕杰　侯粤峰　叶惠英

成　　　员：李江雁　郑　驹　何育青　黄建煌
　　　　　　赖晓东　邱海权　谢振国　吴祖瑜
　　　　　　李志鹏

主　　　编：李江雁

副　主　编：朱浩然　彭少华

编　　　辑：练志伟　李　伟　赵令铭　周汉光
　　　　　　何仕荣　陈长风

在举国欢庆新中国成立 70 周年前夕，中国老区建设促进会王健会长请我为《全国革命老区县发展史》丛书作序，作为一名在老区战斗过并得到老区人民生死相助的老兵，回首往事，心潮澎湃，感慨万千，深感义不容辞，欣然应允。

中国革命老区，是以毛泽东为代表的中国共产党人在领导人民推翻帝国主义、封建主义和官僚资本主义三座大山，争取民族独立和人民解放伟大斗争中建立的革命根据地，在这片红色的土地上，诞生了无数可歌可泣的革命英雄儿女，为后人树起了一座不朽的丰碑，她是新中国的摇篮，是党和军队的根。

在艰苦卓绝的战争年代，老区人民把自己的命运与中华民族的命运紧紧地联系在一起，与中国共产党和人民军队的命运紧紧地联系在一起，他们生死相依，患难与共。我曾亲历过战争年代，并得到过老区红哥红嫂的救助，切身感受到发生在身边的一幕幕撼天动地的革命故事，在那极其艰难的条件下，老区人民倾其所有、破家支前，不怕艰难困苦，不怕流血牺牲。"最后一碗米送去做军粮，最后一尺布送去做军装，最后一件老棉袄盖在担架上，最后一个亲骨肉送去上战场"，这是当时伟大的老区人民为建立新中国做出巨大牺牲的真实写照，它将永远镌刻在中国共产党、中国人民解放军、中华人民共和国的历史丰碑上。他们的光辉业绩永载史册，他们的革命精神必将影响一代又一代的革命新人，造就一代又一代的民族脊梁。

在社会主义革命和建设时期，革命老区和老区人民响应党的号召，面对落后的面貌、脆弱的经济、恶劣的生态环境，他们本色不变，精神不丢，自力更生，艰苦奋斗，干一行爱一行。始终坚持"革命理想高于天"，自觉做共产主义远大理想的坚定信仰者和忠实实践者，勇于向恶劣的自然环境和贫穷落后宣战，他们在各条战线上为国建功立业，用平凡的双手创造了一个又一个不平凡的奇迹，彰显了老区人的崇高精神和人格力量。

在改革开放的伟大进程中，老区人民解放思想，勇于创新，发奋图强，攻坚克难，老区的经济社会建设取得了辉煌成就。特别是在改变中国的面貌、中华民族的面貌、中国人民的面貌、中国共产党的面貌的伟大实践中发挥了至关重要的作用。老区人民既是改革开放的参与者，也是改革开放的推动者。

艰苦练意志，危难见精神。老区人民在近百年的革命战争、社会主义建设和改革开放的伟大实践中，孕育形成了伟大的老区精神：爱党信党、坚定不移的理想信念；舍生忘死、无私奉献的博大胸怀；不屈不挠、敢于胜利的英雄气概；自强不息、艰苦奋斗的顽强斗志；求真务实、开拓创新的科学态度；鱼水情深、生死相依的光荣传统。这是党和人民宝贵的精神财富、丰厚的政治资源，是凝心聚力、振奋民族精神的重要法宝，也是社会主义核心价值观的重要内容。

中国老区建设促进会怀着强烈的政治责任感和历史使命感，组织全国各地老促会人员克服困难，尽心竭力编纂《全国革命老区县发展史》丛书，记录老区的光辉历史和辉煌成就，传承红色基因，弘扬老区精神，是功在当代，利及千秋的一件大事。手捧这部丛书的部分书稿，读着书中的故事，倍感亲切，深感这部丛书具有资政、育人、存史的社会功能，有着重要的时代和历史价值。它是不忘初心、牢记使命的源头活水，是赞颂共产党、讴歌老区人民的一部精品力作，是弘扬老区精神、传承红色记忆的丰厚载体，是一项继承优秀传统文化、弘扬革命文化、发展社会主义先进文化，坚定"四个自信"的宏大文化工程。它必将成为一种文化品牌，为各界人士了解老区宣传老区支持老区提供一部有价值的研究史料。希望读者朋友们能从中了解并牢记这些为党和民族的利益不断奉献的老区人民，从中得到教益，汲取人生奋斗的精神动力。

新时代赋予新使命，新起点开启新征程。让我们更加紧密地团结在以习近平同志为核心的党中央周围，坚持以习近平新时代中国特色社会主义思想为指导，增强"四个意识"，坚定"四个自信"，做到"两个维护"，弘扬老区精神，铭记苦难辉煌。为实现"两个一百年"奋斗目标，实现中华民族伟大复兴的中国梦作出新的更大的贡献！

邝洁田

2019 年 4 月 11 日

2017年6月，中国老区建设促进会组织全国各地老促会启动编纂《全国革命老区县发展史》丛书，按照"建立中国共产党、成立中华人民共和国、推进改革开放和中国特色社会主义事业"三大里程碑的历史脉络，系统书写革命老区百年历史，深入挖掘革命老区红色文化资源，这对于充实丰富中国革命史籍宝库、在新时代传承红色基因、弘扬革命精神、强固根本，对于激励人们在新的历史条件下夺取中国特色社会主义伟大胜利，实现中华民族伟大复兴的中国梦具有重要意义。

丛书编纂以习近平新时代中国特色社会主义思想为指导，以《中国共产党历史》《中国共产党的九十年》等重要文献为基本依据，以党的领导为核心，以老区人民为主体，以老区发展为主线，体现历史进程特征，突出时代发展特色，坚持辩证唯物主义和历史唯物主义相统一、历史真实性与内容可读性相统一的原则，书写革命老区从站起来、富起来到强起来的光辉革命史、不懈奋斗史、辉煌成就史，把老区人民的伟大贡献、伟大创造、伟大成就、伟大精神充分展示出来，形成一部具有厚重历史特征和鲜明时代特色的精品力作。这是一部培根铸魂、守正创新，既为历史立言，又为时代服务，字里行间流淌着红色血脉、催生着革命激情的传世之作。丛书的编纂出版将成为讴歌党讴歌人民讴歌时代、传播红色文化、为革命老区和老区人民树碑立传的重要载体。

丛书按照编年体与纪事本末体相结合、以编年体为主的编写体例确定框架结构；运用时经事纬、点面结合的方式记述史实；坚持人事结合、以事带人的原则处理人与事的关系；采取夹叙夹议、叙论结合以叙为主的方法展开内容。做到了史料与史论、历史与现实、政治与学术统一，文献性、学术性、知识性相兼容。

为编纂好《全国革命老区县发展史》丛书，打造红色文化品牌，中国老区建设促进会认真组织积极协调，提出政治立场鲜明、史料真实准确、思想论述深刻、历史维度厚重、时代特色突出、编写体例规范、篇目布局合理、审读把关严格、出版制作精良的编纂出版总要求，力求达到革命史籍精品的精神高度、思想深度、知识广度、语言力度，增强丛书的权威性和社会影响力。各省（区、市）、市（州、盟）、县（市、区、旗）老促会的同志，以强烈的使命感、责任感和紧迫感，勇于担当，积极作为，认真实施，组织由老促会成员、专家学者等参加的十余万人编纂队伍。编纂工作主体责任在县，省、市组织协调、有力指导、审读把关。各方面人员以高度负责的精神和科学严谨的态度，满腔热情地投入工作，为丛书编纂出版作出了重要贡献。丛书编纂工作还得到了党和国家有关部委、地方各级党委政府及有关部门的大力支持和积极参与，社会各界也给予了热情帮助。中共中央政治局原委员、中央军委原副主席、原国务委员兼国防部长迟浩田上将，对老区人民怀有深厚感情，对革命老区建设发展十分关注，欣然为《全国革命老区县发展史》丛书作总序。

丛书由总册和1599部分册（每个革命老区县编纂1部分册）组成，共1600册。鉴于丛书所记述的史实内容多、时间跨度长和编纂时间紧，不妥之处，敬请批评指正。

中国老区建设促进会

中共东江特委、东江革命委员会、中国工农革命军第二师（红二师）师部旧址——高潭镇中洞村百庆楼

中共东江特委印刷厂
旧址——高潭镇中洞
村湖山书舍

南昌起义军中洞改编
纪念亭——迟浩田同
志为纪念亭题词

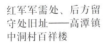

红军军需处、后方留
守处旧址——高潭镇
中洞村百祥楼

红军医院旧址——高
潭镇中洞村肖氏宗祠

红军兵工厂旧址——
高潭镇中洞村民居

第二次国内革命战争
时期中洞红军兵工厂
使用过的手摇钻

红军俱乐部旧址——高潭镇中洞村邱氏祖祠

第二次国内革命战争时期红军战士使用的"最美时"牌马灯

高潭区农会办公旧址——高潭镇新联村黄氏祖祠

中共高潭特别支部第一批党员入党宣誓群雕

第一次国内革命战争时期高潭区农民自卫军使用的武器

高潭区苏维埃政府旧址——高潭镇黄洲村罗氏宗祠

高潭老苏区革
命纪念堂

高潭镇马克思街

高潭镇列宁街

第二次国内革命战争时期高潭区苏维埃政府布告

第二次国内革命战争时期高潭区苏维埃政府成立
四周年粉碎敌人的围剿梦想告群众书

高潭革命老根据地烈士纪念亭和高潭革命历史陈列馆

甘溪党支部五名党员群雕

中共广东省委雁湖秘密交通情报总站旧址——稔山镇雁湖村高氏祖屋

多祝区苏维埃政府成立旧址——多祝镇新联村林氏宗祠

中共惠阳县委机关办公旧址——梁化镇谢洞村
民居

东江纵队第七支队成立旧址——白花镇西山月村何氏
宗祠

抗日战争时期海（丰）陆（丰）惠（阳）紫（金）五（华）边区抗日民主联合政府成立旧址——
高潭镇公梅村马氏宗祠

广东人民解放军江南支队、中
国人民解放军粤赣湘边纵队东
江第一支队司令部旧址——安
墩镇鹞子岭忠义堂

中共惠紫边县委
机关旧址——多
祝镇水口村周氏
祖屋德兴楼

中国人民解放军粤赣湘边纵队司令部旧址——安墩镇黄沙小学

江南地区行政督导处办公旧址——安墩镇黄沙村郭氏宗祠

惠东革命烈士纪念碑，徐向前元帅题写碑名，原东江纵队司令员曾生题词

位于高潭的东江干部学院

港口英雄民兵连锦旗

广东惠州平海发电厂有限公司，首期装机2×100万千瓦超超临界机组

白盆珠水利枢纽工程主坝

位于黄埠、铁涌、平海三镇交界的观音山风电场

黄埠镇华江鞋业有限公司自动化流水作业线一角

深厦高铁惠东站

贯通稔山阿婆角至巽寮旅游度假区的惠州跨海大桥

巽寮滨海旅游度假区海水浴场一角

港口双月湾

惠东海龟国家级自然保护区海龟湾海龟上岸产卵场

惠东海龟国家级自然保护区驯养中心的绿海龟

黄埔镇考洲洋
湿地红树林

稔山镇万亩冬种马铃薯基地

铁涌镇赤岸蚝养殖场

惠东文化中心

惠东文化广场夜景

惠东高级中学校门

惠东县人民医院大楼

惠东县南湖公园

惠东广播电视中心

惠东县城一角

稔山镇碧桂园十里银滩一角

微信扫描二维码
您立即开展本书的
延伸阅读。

惠东县地处广东省东南部，东邻海丰，西接惠州，南临大亚湾、红海湾，北接紫金。东江一级支流西枝江自东北向西南穿过县境，是珠三角至粤东的交通要冲。惠东人民勤劳勇敢，具有光荣的革命传统，新民主主义革命时期，在中国共产党的领导下，积极投入武装斗争，建立革命根据地。彭湃、周恩来、叶剑英、徐向前、恽代英、阮啸仙、古大存、曾生、尹林平等无产阶级革命家和革命前辈曾在惠东留下光辉的足迹。中华人民共和国诞生后，惠东人民在党的领导下，全力投入社会主义建设和改革开放，用自己勤劳的双手建设家乡，推进精准扶贫和乡村振兴，改变老区贫穷落后的面貌，取得显著的成效。

1922年深秋，彭湃到高潭发动农民运动，惠东（当时属惠阳县，指惠阳县东部地区，下同）多地农民积极响应。1925年夏，中共高潭特别支部成立，是惠东首个党组织。1927年4月，以蒋介石为首的国民党右派发动四一二反革命政变，惠东高潭、平山农军参加东江讨蒋起义。失败后，中共东江特委率农军转入农村，建立了以高潭区中洞村为中心的农村革命根据地。10月，南昌起义军余部到达中洞村，改编为中国工农革命军第二师（后称"红二师"）。11月11日，高潭区苏维埃政府宣告成立。随后，高潭区24个乡、新庵横坑宅仔村、多祝区也先后建立苏维埃政府。1928年3月，国民党军队疯狂围攻海陆丰苏区，惠东各级党组织和苏维埃政府领导人民群众，配合东江红军为保卫海陆丰革命根据地，保卫苏维埃政权浴血奋战。1933年，海陆丰革命根据地因国民党军队重兵"围剿"而陷落。在此严酷的情况下，高潭区甘溪乡党支部五名党员，仍在甘溪乡的深山老林中一面坚持斗争，一面外出寻找上级党组织，直到1939年才与上级党组织取得联系。

1931年九一八事变后，位于平山青云村的惠阳县简易乡村师范3名共产党员带领30多名进步师生组成宣传队，赴平山、白花圩镇和农村开展抗日宣传，揭露日本帝国主义的侵略罪行，抨击蒋介石"攘外必先安内"的反动政策。1937年7月7日全面抗战爆发后，稔山、平海等地先后建立了民众抗日武装队伍。1940年3月，曾生率东江游击队新编大队东移高潭遭国民党军队围攻，高潭地下党和人民群众全力协助曾生部队转移隐蔽，突出重围。8月，按党中央"五八指示"精神，重返惠（阳）东（莞）宝（安）敌后抗日前线。1943年8月，广东人民抗日游击队护航大队成立，在大亚湾及稔平半岛打击日伪军，建立游击根据地。1944年4月，惠东突击队于白花皇田仔村成立，在西枝江沿岸地区发动群众、发展部队、建立根据地、打击日伪军。1945年2月，东江纵队第七支队在白花西山月村成立，随后挺进稔平半岛打击日伪军，收复失地。

抗日战争胜利后，惠东党组织和人民群众全力配合东纵开展稔平半岛保卫战，挺进惠（阳）紫（金）五（华）边区建立山区根据地，反击国民党军队的围攻。1946年6月30日，东江纵队胜利北撤山东解放区。1947年2月，惠紫人民自卫大队在多祝河坑村成立，重建武装，开辟以安墩、松坑、宝口、高潭、新庵（今白盆珠镇）为中心的惠（阳）紫（金）边根据地。1948年2月，江南部队集中在安墩鹧鸪子岭整编，成立广东人民解放军江南支队，壮大人民武装，巩固和发展惠紫边根据地。1949年1月，中国人民解放军粤赣湘边纵队在安墩宣告成立。随后，边纵各部主动出击，发动春季攻势和夏季攻势，扩大解放区，配合人民解放军南下部队追歼残敌，解放广东。

中华人民共和国诞生后，惠东人民在党的领导下，建立人民政权，清匪反霸，镇压反革命，实行土地改革，完成三大改造，积极发展工农业生产，推进各项基础设施和经济社会事业建设。

党的十一届三中全会后，中共惠东县委、县政府以邓小平理论、"三个代表"重要思想、科学发展观和习近平新时代中国特色社会主义思想为指导，坚持改革开放方针，充分利用惠东邻近香港的优势，多渠道筹集资金投入交通、通讯、能源、供水和工业园区等基础设施建设，积极引进外资，激活民资，大力发展外向型经济和民营经济，经济和社会各项事业取得长足进步，老区面貌发生了翻天覆地的变化，老区人民摆脱了贫困，迈向全面小康社会。

为贯彻落实习近平总书记"发挥红色资源优势，深入进行党史、军史、老区革命史优良传统教育，把红色基因代代传下去"的指示，中国老区建设促进会于2017年6月决定，组织全国1599个革命老区县（市、区、旗）编纂《全国革命老区县发展史》丛书。中共惠东县委、县政府对这项工作高度重视，县委领导要求"务必高质量，高水平完成编纂任务"，县政府提供经费保障，县委党史研究室、县志办等部门积极提供史料，县老促会组织专门的编纂队伍，根据县党史、地方志部门的研究成果，按照国家和省老促会的要求开展编纂工作，力求做到史料准确，文字通俗易懂。经过两年多的努力，编成《惠东县革命老区发展史》一书。该书忠实记录了从1922年无产阶级革命家彭湃同志赴高潭点燃农民运动星火至2019年全面建设小康社会，惠东人民在中国共产党的领导下，革命、建设、改革和发展的光辉历程及所取得的成就，彰显了惠东革命老区的精神。作为爱国主义、革命传统教育的教材，此书将鼓舞全县人民为惠东老区建设和发展，为国家繁荣、民族复兴，为实现伟大的中国梦而努力奋斗！

《惠东县革命老区发展史》编委会

2020年11月

# 1

## 第一章

### 区域和老区镇村概况

# 第一节 区域概况

　　惠东县地处广东省东南部，东连海丰县，西邻惠州，南临大亚湾、红海湾，北接紫金县。全县地势自东北向西南倾斜，地形分为沿海、山区、丘陵三部分。境内群山耸翠，河流纵横。位于北回归线南侧。全县陆地总面积3526.73平方千米，有大小山峰1569座，其中海拔千米以上高峰26座，最高峰莲花山1337.3米。有大小河流63条，东江一级支流西枝江，自东北向西南横贯中部。海域面积3200平方千米，海岸线长218.3千米，浅海（指等深线5米以内，下同）8666.67公顷，滩涂2666.67公顷。有18个港湾，55个海岛，其中最大的盐洲岛3.25平方千米。

　　秦始皇三十三年（前214）惠东属南海郡傅罗县，县治设在今惠东县梁化镇梁化屯。三国吴甘露元年（265）改傅罗县为博罗县。东晋咸和六年（331）将南海郡东部划出，新置东官郡，同时析博罗县地置欣乐、安怀两县，欣乐境域在今惠阳区、惠东县西枝江以南的范围，属南海郡。安怀县属东官郡，南朝齐改安怀县为怀安县，县境在今惠东县、惠阳区境内西枝江以北地区及紫金县一部分，县治所在今惠东县梁化镇。南朝梁天监二年（503）改东官郡为梁化郡，治所在今惠东县梁化镇境内，辖欣乐、怀安两县。隋开皇九年（589），欣乐、怀安合并为归善县。开皇十一年（591），废梁化郡，设循州总管府，归善县属之。南汉乾亨元年（917）改循州为祯州，宋天禧五年（1021）改祯州为惠州，皆治归善县，元、明、清各朝归善县皆隶属于惠州府（路）。民国元年（1912）归善县易名为惠阳县。

1945年4月，在中共广东省临时委员会和军政委员会的领导下，在惠阳县东部（今惠东县境内）曾建立惠东行政督导处（县级抗日民主政权）。1949年5月，根据中共中央华南分局的决定，在惠阳县东部成立惠东县人民政府。1949年10月13日，全县解放。同年12月15日，惠东与惠阳合并为惠阳县。1950年，属东江专区。1952年，属粤东行政区。1956年12月，属惠阳专区。1958年4月，从惠阳县析置惠东县，同年12月合并，改属佛山专区。1963年恢复惠阳地区专员公署，惠阳县属之。1965年7月，复置惠东县，属惠阳专区。1968年，属惠阳地区。1988年1月，撤惠阳地区析置惠州市，惠东县属惠州市至今。

2019年，全县管辖2个街道，12个镇，3个度假区。分别是平山街道、大岭街道、白花镇、梁化镇、稔山镇、平海镇、吉隆镇、黄埠镇、铁涌镇、多祝镇、白盆珠镇、安墩镇、高潭镇、宝口镇、巽寮滨海旅游度假区、港口滨海旅游度假区、九龙峰旅游度假区。下设38个社区居民委员会、245个村民委员会。户籍人口89.8万人，常住人口94.36万人。县内居民以汉族为主，另有畲族同胞聚居的自然村5个，畲族人口600多人。方言以客家话、闽南话、惠州话（粘米话、本地话）为主，还有部分居民讲军声、平婆话、广州话。畲族同胞有自己的语言，但没有文字。

惠东县资源丰富。土地资源类型多，有耕地、林地、草地、滩涂。全县土地总面积35.26万公顷。其中，耕地3.31万公顷，林地25.51万公顷，草地3.57万公顷，可供发展水产养殖的浅海滩涂9000公顷。热带、亚热带农业资源颇具特色。盛产稻谷、花生、糖蔗、梅菜、马铃薯、荔枝、芒果、龙眼、茶叶等。水产资源丰富。沿海7个镇（区）盛产青蟹、鲍鱼、石斑、马鲛、鲳鱼、鱿鱼、牡蛎、龙虾、贝类、藻类等优质海产品。已开发利用的天然渔港有6处，水深100米内的渔场有7处，可终年作业。内陆淡水水域有7093.33公顷。水资源充足。年平均降雨量为1860毫米，集雨面积100平方千米以上的河流有9条，全县多年平均径流深1123毫米，径流量38.2亿立方米。浅层地下水储量6.5亿立方米。水能资源理论蕴藏量22万千瓦，其中可开发量6.2万千瓦。盐业和矿产资源丰富。沿海地区利用海水制盐已有900多年历史，盐田面积603公顷，1980年以前常年产量4万吨左右，"稔白盐"颇负盛名。矿产资源也很多，已探明金属和非金属矿共有30多种，储量较大的有铁、钨、锡、钼、水晶、录柱石、石灰石、石英砂、瓷土、硅矿、钾长石。旅游资源丰富。全县有港口国家级海龟自然保护区，港口双月湾旅游开发区，大星山炮台，古田、莲花山省级野生动植物自然保护区，明清海防重镇平海古城，巽寮省级旅游开发区，九龙峰祖庙、南山寺、西来庵等宗教旅游区，巽寮海湾、稔山长沙湾、平海南海湾等海滨浴场，安墩热汤、平海鹧洞、白盆珠扶圳等温泉。红色旅游资源主要有大革命及土地革命期间高潭中洞系列革命旧址16处。其中较为著名的有中洞革命纪念广场，中共东江特委、东江革命委员会、红二师师部旧址百庆楼，红军军需处旧址百祥楼。在高潭圩镇有马克思街、列宁街、苏区纪念堂、纪念亭等各种纪念场地。还有抗日时期的惠东行政督导处办公旧址白花镇苏茅垄，东江纵队第七支队成立旧址白花镇西山月村何氏宗祠。解放战争时期的安墩镇黄沙村中国人民解放军粤赣湘边纵队司令部旧址，广东人民解放军江南支队（东江第一支队）司令部旧址忠义堂等等。此外，全县百年以上的古村落有9处，古屋数百座。

国民政府统治前期，由于战乱频生，自然灾害多发，经济不振。抗日战争时期，惠州沦陷，外地商品来源和本地商品输出受阻，市场萧条，手工业作坊生产萎缩，有的歇业关闭。抗战胜利后，国民政府发动内战，征兵征粮，农民受反动政府和封建地主的双重压迫，加上水、旱、病、虫等自然灾害严重，经常失收，常年缺粮半年以上，再加上货币贬值，投机商人的囤积居奇，造成物价飞涨，人民生活处在极端贫困之中。当时以农业经济为主，工业除晒盐、砖瓦窑和挖矿工场外，只有几间食品、竹木加工和农具修造手工作坊，近代工业是空白，经济非常落后。1949年，全县地区生产总产值7208万元（按1990年不变价，下同）。其中，第一产业5858万元，第二产业136万元，第三产业1214万元。全县财政收入69万元。

交通设施极差，1949年全县只有5条沙土公路，总长143.9千米，因缺乏养护管理和战争破坏，能通车的只有10.2千米。教育、科技相当落后，1949年全县仅有初级中学5所，小学（多数是私塾）208所，中小学生13713人，教师1000人。科技是空白。

中华人民共和国成立后，经过土地改革，农业、手工业、私营工商业社会主义改造，解放了生产力。全县经济建设步入正轨，经济建设速度加快，至改革开放前的1978年，经济状况比1949年以前有了较大的改善。

地区生产总值稳步增长。1978年全县地区生产总值32519万元，比1949年翻了两番多。

工业面貌有了变化。至1978年底，全县兴办了冶金、机械、电力、化工、建材、文教用品、食品等全民所有制工业企业33家，拥有固定资产原值1731.24万元，年创税347.99万元，占全县税收的11.3%。

农业生产条件得到了改善。兴修了大批水利工程，提高了农业抗灾能力。一些地方用上了拖拉机、手扶拖拉机、电动脱粒机、榨油机、榨糖机、碾米机等农业机械。由于农业生产条件得到了改善，全县粮食播种面积从1949年的57442.73公顷增加到1978年的66513.60公顷，总产从51840吨增加到82243吨。

财政收入逐年增加。1978年全县财政收入1381万元，比1949年的69万元增加约20倍。

交通运输得到了发展。1978年，全县公路通车里程704千米，有汽车129辆，机动船32艘，驳船154艘，木帆船31艘。然而，由于高度集中的计划经济体制和"左"的错误影响，再加上原来基础差、底子薄、起步晚，惠东县在改革开放前的经济仍然比较落后，人民生活未能摆脱贫困。

党的十一届三中全会后，中共惠东县委、县政府认真贯彻执行改革开放的方针、政策，充分发挥毗邻香港、交通便利、资源比较丰富和港澳台同胞、海外侨胞众多等优势，多渠道筹集资金投入能源、交通、通讯、供水和工业园区等基础设施建设，不断推进行政审批、商事制度改革，提高政府工作效率，努力改善投资软硬环境，积极引进国内外资金、技术、设备、人才，发展外向型经济。扶持鼓励民间资本投资发展民营工商业，引导群众充分利用耕地、山地和海洋资源发展现代农业，积极实施创新发展战略，大力发展先进制造业和高新技术产业。在发展经济的同时，大力发展教育、科技、卫生、文化、体育等事业，不断改善民生，提高人民生活水平，使惠东县的经济社会事业发展取得显著成效。

据统计，2017年全县实现生产总值620.38亿元，是1949年全县生产总值的860倍，是1978年全县生产总值的190倍；一般公共预算收入37.9亿元，是1949年的5492倍，是1978年的274倍；固定资产投资459.1亿元，96宗重点项目新增投资133.8亿元；年末金融机构各项存款余额428.3亿元；各项贷款余额282.6亿元。经济社会各项指标基本达到全面建成小康社会要求。

老区镇村简况

　　惠东在土地革命战争时期属海陆丰革命根据地，在抗日战争时期属东江抗日根据地，解放战争时期属粤赣湘边游击根据地。1957年，惠阳县人民委员会根据广东省人民委员会《关于评划老根据地标准的通知》，开展评划第二次国内革命战争和抗日战争时期革命老根据地和游击区的工作。经报省人民委员会批准，属现惠东县的老区村庄共176个，其中，红色根据地村庄62个，红色游击区村庄44个，抗日根据地村庄12个，抗日游击区村庄58个。1989年补评红色根据地村庄9个，抗日根据地村庄10个。1992年，根据广东省民政厅《关于开展评划解放战争游击根据地和确定老区乡镇、老区县工作方案》，惠东县评划并报惠州市人民政府批准，评划了解放战争游击根据地村庄939个，确定有老区村庄的镇19个，其中老区镇（老区村庄或老区人口超过全镇总村数或全镇总人口一半以上的镇）16个：高潭、马山、宝口、新庵、白盆珠、石塘、安墩、松坑、多祝、增光、梁化、白花、稔山、吉隆、平海、巽寮。①

　　按1997年的统计，经广东省民政厅评划确认，惠东县有老区村庄的镇19个，有老区村庄的村委会（居委会）178个，有老区

---

　　①　数据来源，见惠东县地方编纂委员会编：《惠东县志》，中华书局，2003年，第666页。

村庄1232个。老区人口321574人。

有老区村庄镇、村（居）名单：

**高潭镇：** 黄洲村、普联村、新联村、金坑村、黄沙村、公梅村、大星村、水口村、水下村、福田村、甘溪村、中洞村、星光村

**马山镇：** 国和村、禾多村、佐坑村、马山村、兴家村、五一村

**宝口镇：** 塘南村、大围村、新化村、井湖村、联和村、龙坪村

**石塘镇：** 石塘村、上洞村、下洞村、梓横村、杉园村、仙洞村

**安墩镇：** 水美村、洋潭村、南华村、大布村、新村村、珠湖村、和岭村、黄沙村、左华村、澄华村、石珠村、热汤村、宝安村。

**新庵镇：** 布心村、横坑村、新丰村、鹿窝村、坑屯村、横瑶村

**白盆珠镇：** 双金村、白盆珠居委、新和村、白马村、共和村、横江村、沐化村

**松坑镇：** 河北村、河南村、园岭村、上村村、大径村、石溪村、白沙村

**多祝镇：** 新联村、启南村、下鉴村、大和村、明溪村、永和村、守望村、靖安村、水口村、皇思杨村、八维村、塘田村、下埔村、大道村、三胜村、多祝居委、丰年村、三角村、横塘村、洋口村、下松坑村

**增光镇：** 增光居委、集联村、新光村、全昌村、大路村、桵圩村、联新村、田心村、长坑村、

**梁化镇：** 新民村、黄竹浪村、马安岭村、齐眉塘村、吕屋坪

村、大地村、星湖村、四民村、七星墩村、育民村、水联村、大禾洞村、小禾洞村、光长村、环联村、四眉山村、梁化屯村、梁化居委

**白花镇：**西山村、太阳村、樟山村、莆田村、联进村、黄塘村、凌坑村、湖球村、联丰村、白花居委、石陂村、集联村、夏竹园村、长沥村、长联村、田屋村、谟岭村、长塘村、福田村、明星村、南龙村、田洋村、高埠村、坦塘村、水口村

**平海镇：**鹧洞村、东和村、平海居委、渔业村、径口村、六乡村、礤头村、油麻园村、咸台村、碧甲村、佛元村

**吉隆镇：**轿岭村、汉塘村、平政村、吉联村、吉隆居委、大华村、埔仔村、招贤村

**稔山镇：**坝仔村、雁湖村、老坑村、船澳村、长排村、五配村、竹园村、盐灶背村、联丰村、牛牯墩村、白云村、新村村、涧背村、莲蓬村

**巽寮镇：**巽寮居会、榄冲村、赤砂村

**平山镇：**青云村、黄排村

**大岭镇：**桥星村、光明村、澄溪村委沙岭村小组

**盐洲镇：**西冲村

# 第二章

党的创建和大革命时期

# 第一节 农民运动的兴起

## 一、彭湃点燃惠东农民运动的星火

1922年，无产阶级革命家彭湃在海丰发动农民运动，海丰农民运动得到迅猛发展。是年深秋，彭湃为使农民运动向惠阳、紫金方向发展，专程步行来到惠东的高潭区，住在黄沙乡农民黄星南家，开展建立农会的活动。不久，经过黄星南、杨国辉、张佐忠、钟金凤等人的串联发动，高潭区水口乡成立第一个农会，钟金凤任会长。随后，锦江、黄沙、五邻等十几个乡也相继建立农会。

1923年元旦，在彭湃的领导下，海丰县成立总农会，会员有两万多户，革命形势对高潭区农民影响很大。黄星南等人认为高潭条件基本成熟，应着手建立区农会，以便统一领导全区农民运动。3月，彭湃再次翻山越岭来到高潭，与黄星南等人商议成立区农会一事，希望能通过成立区农会，壮大农会声势，吸收更多的农民到农会组织中来。临别时，彭湃将自己的相片分别送给黄星南、杨国辉、张佐忠等人留念，并将一副眼镜赠与黄星南。几天后，黄星南约杨国辉、张佐忠、黄伯坤、黄子琦等人在水口乡鹿子印锅厂研究成立区农会事宜，由黄伯坤起草农会宣言。同时，彭湃还委派钟景成、何子宗前来高潭，住在黄星南家，帮助指导建立区农会工作。

## 二、高潭区农会、农军的建立

1923年4月初，高潭区农会在高潭区水口乡蔚起山房（学校）正式成立。会场挂着鲜红的农会犁头旗，两旁贴着"宁为奋斗死，不为妥协生"的大幅对联。会场大门口所贴对联则曰："革命锄开平等路，农民辟出自由天"。出席大会的各乡农民代表共约300多人，选举黄星南为会长，杨国辉为副会长，张佐忠为秘书长，黄伯坤为农会秘书，黄元隆为财政委员，黄子琦为宣传委员，黄奋、黄伯梅、黄龙、黄潭娘、黄晋其、张绍卿、罗炽卿、钟金凤为农会委员。区农会设立军事部，由黄子琦兼任秘书，稍后，区农会建立了农民自卫军，由张佐忠任自卫军大队长，高潭农会始有自己的武装。会上通过了农会宣言和农会纪律，并发给每个会员农会证。区农会按照彭湃的指示，"以减租为对付有产阶级之第一条"，"所取的政策：（一）对付田主；（二）对付官厅；即经济斗争与政治斗争并进，使农民有经济斗争的训练及夺取政权的准备"。开办"农村义务教育，设立农民医院，创办农村合作机关，维持救济一部分农民的窘迫生活"。区农会成立后，全区24个乡均成立了农会，会员有六七千人。同年5月，高潭区农会组织数百会员，到海丰县城参加由海丰、陆丰、惠阳三县农会联合举行的"五一"劳动节庆祝大会。同月，海丰县总农会改组为惠州农民联合会，7月，又改组为广东省农会，会址设于海丰，彭湃任执行委员长，高潭区农会直接在彭湃的领导下开展工作。

7月26日，高潭受强台风暴雨袭击，山洪暴发，房屋倒塌，田地被淹，人畜伤亡，农作物失收，是历史上较为严重的灾害。高潭区农会决定"以三成交租为标准，如收不及三成者，照数递减，全无收者，则免交"，并领导农民进行减租斗争，取消"三下刮""伙头鸡"等一些地主强加在农民头上的铁规矩。农会还兴办平民学校，让贫苦农民子弟免费入学。

1923年4月初高潭区农会成立时，设有军事部，后又成立区农会农民自卫军。此时各乡村民有枪械若干，多为土枪。建立区农军时，凡有枪械者登记姓名，编成小队、中队和区大队，区大队由张佐忠任队长。农军人数虽多，但极少训练，也少集中，唯有开武装大会时才有集中，却对乡村的土豪劣绅有较大的威慑。1923年农历七月初五，海丰县总农会遭当地驻军师长钟景棠带领的300多人围攻，杨其珊等20余人被捕，彭湃脱险，农会被迫解散，此为"七五农潮事件"。高潭区农会由于有农民自卫武装保护未受损失。

国共合作后，高潭农民运动进一步发展。1924年1月，高潭区农会召开第二次委员会议，总结了农会初期斗争经验。会上补选黄亦南、朱云石、罗北（其光）为区农会委员，加强区农会领导。8月5日，高潭区农会派出350多人，手持土枪、梭镖参加海丰县农会为纪念"七五"农潮一周年而举行的农民武装大会。8月8日，高潭区农会在下圩埔举行全区农民大会，海丰县农会组织五六千农民前来参加，使参加大会总人数达万人之多。整个会场人山人海，红旗如林，锣鼓喧天，鞭炮齐鸣，声势浩大。会后举行提灯游行活动，形成"深山火龙"的壮观场面，显示了农民联合起来的巨大力量。声势浩大的农民运动，有力震憾了封建势力，地主豪绅和国民党右派势力相互勾结，联合反动军阀压制农民运动。陈炯明下令解散东江各地的农会组织。当时，紫金县南岭农会会长钟界成和海丰县西坑农会会长曾阿德被反革命分子杀害的消息传到高潭，农村中人心浮动。为了安定人心，高潭区农会贴出告示，要农民不轻信谣言，坚持实行二五减租。地主罗鼎臣马上贴出告示覆盖其上，扬言："风旱不欠，二五不知，十足交清，违者严拿究办！"顿时农村中谣言四起，风云骤变，形势发生急剧变化。区农会在黄星南主持下，召开委员会议，纠正了张佐忠与敌人硬拼的盲动思想，同时也纠正了杨国辉主张暂时解散农会的消极思想，决定采取三项措施：一是坚持农会不倒，坚持二五减租；二是各乡农会加强联系，共同对敌；三是农会活动夜聚日散，自卫军提高警惕，行动带枪。会后，区农会派出宣传员，向农民宣传革命，稳定人心。由于高潭农会采取强硬措施，以农军作后盾，坚持二五减租，迫使地主罗鼎臣撤回告示。紫金南岭大地主钟堃记管家钟乌宗带着家丁到高潭锦江收租，农会组织农民起来进行针锋相对的斗争，坚持二五减租，钟乌宗慑于农会力量，连忙逃走。农民黄阿梅等人把地主收租用的风柜砸烂。斗争胜利的消息迅速传遍各乡，鼓舞了农民兄弟的斗志。

### 三、高维全将农运火种带回稔山

1923年初，惠东稔山雁湖村贫苦农民高维全听闻农运领袖彭湃的各种传闻之后，遂到海丰投身彭湃领导的农民运动。是年秋，高维全受彭湃派遣回稔山组织开展农民运动。高维全先在雁湖村建立农会组织，地点设在高氏祖屋楼下屋中厅，高维全被选为农会会长，高立为农会副会长，高贵湘、高庚松、高维仕为农会委员。不久，高维全又在稔山圩、范和乡等地建立了农会组织。当时这些农会有会旗，会员有农会证，还组织农民自卫军，自卫军有土枪、刀剑等武器。

1926年夏，彭湃组建海（丰）陆（丰）惠（阳）紫（金）交通情报联络站，总站设在雁湖村，任命高维全为总站长。当年广州农民运动讲习所教员萧楚女、陆沉到海丰考察农民运动，返程就是沿着这条交通线来到雁湖，在高维全的护送下，经大鹏乘船至香港，然后回到广州。这条交通情报联络线布置严密，横贯四县一港（香港），中途还设立许多分站，在漫长的革命斗争中起到重要作用。

## 四、朱观喜在平山开展农民运动

1923年，高潭、平山、白花、多祝、稔山等地一些乡村相继建立农会组织。是年5月1日，以彭湃为会长的惠州农民联合会在海丰县城召开海丰、陆丰、惠阳农民代表大会，平山百丘田农会的朱观喜，平山青龙潭农会的林喜、戴催武，白花农会的何友，太阳农会的游继修等人出席了大会。1925年2月，平山区农会和区农军大队在青龙潭成立，朱观喜为区农会会长，游继修为区农会秘书，戴催武、何友、何聪、林喜等为区农会委员，林喜为区农军大队长，吕金为副大队长。不久，平山区农会在糍粑山举行大会，选举朱观喜、戴催武、戴亦3人代表平山区农会出席广东省第一次农民代表大会筹备工作会议，会后，朱观喜、何友、林喜、吕金率区农会会员30多人往海丰找彭湃，请求拨给武器。事后，海丰县农会支援平山区农会步枪20支、土枪10支，用以加强平山区农会农军的武装。

是年，广东革命政府派何友逊、罗伟疆回惠阳县组织政府，但军阀杨坤如仍盘踞在惠州，惠阳县政府只好设在淡水镇。其时罗伟疆委派林海山组织警备司令部，任命横沥土匪头子谭甫林为团长，然而谭甫林匪性难改，到处鱼肉人民。3月底，谭甫林部到惠东碧山上寨洗劫村寨，收缴农民武装，朱观喜闻讯，组织农军在陈塘径水桥伏击敌匪。农军得胜，缴获兵匪枪支32支及财物一大批。其后，平山区农会函报广州中央农民部。平山区农军因此声威大振。5月1日，平山区农会朱观喜、林喜、游继修、戴催武、戴亦5名代表出席了广东省第一次农民代表大会。会上，平山区农会受到嘉奖，获"为民除害"锦旗一面，朱观喜被选为省农民协会候补执行委员。

# 两次东征推动农运发展和党组织的建立

## 一、东征期间周恩来两次到惠东指导工作

1925年2月，广东革命政府发动第一次东征。东征军进驻平山后，东征军政治部主任周恩来会见了朱观喜、林喜等农会领导人和贫苦农民，听取农会负责人的汇报，对当地农运工作提出指导意见。平山区农会派出农友为东征军带路、运输物资和搜集情报，积极支援东征军东进。

1925年2月24日，周恩来与时任国民党中央农民部秘书的彭湃从平山经牛牯径，到三分水经过木桥，沿雁湖河岸到达稔山雁湖村，雁湖村农会会长高维全带领农会会员热情接待周恩来和彭湃一行，并安排部队领导住进可靠的农会会员高潭坤家。

1925年10月17日，广东革命政府发动第二次东征。东征军再次到达平山、多祝等地。东征军抵平山后，在三王爷庙召开军民大会，时任东征军政治部主任的周恩来在会上讲话，指出，东征军是革命的部队，为打倒军阀陈炯明的反动势力，人民群众和农会会员应该积极支持东征军作战。会后，平山区农会即动员蕉田、黄泥排、青龙潭、百丘田等乡村农民100多人为东征军做向导，帮助运输和侦察。

## 二、东征推动高潭农运发展

1925年2月23日，广东革命政府的东征军攻占海陆丰。3月上

旬,海丰县农会举行欢迎东征军大会,高潭区农会派出黄星南等人参加,聆听了周恩来和彭湃演讲。随后,高潭区农会在高潭圩召开全区农民大会,由黄星南传达周恩来、彭湃的讲话精神。大会举行前夕,驻防高潭圩的陈炯明军翁冠焘部100多官兵慑于农会力量,半夜时分结队向多祝方向逃跑。4月,广东革命政府东征军打败了军阀陈炯明的主力,攻克潮汕。陈炯明的一股败兵逃经高潭杨梅水,被埋伏在四面山上的高潭农军阻击。农军只用一阵土枪射击,就把败兵吓得丢下80多支枪向紫金方向逃跑。此役后,高潭区农会更加活跃,迁会址至黄家祠,门前挂起"惠阳第三区农民协会"的木牌,并升起了鲜艳的犁头旗。随着形势的发展,高潭还建立了由蓝阿运为会长的工会,以罗其光为会长的商会,以黄亦文为主任的学联会,以江梅为会长的妇女会等各种群众团体。由于高潭区旧政权已不存在,区农会实际上已行使区一级政权的权力。区农会根据农民要求将减租额度增为四成。广大农民喊出了"一切权力归农会"的口号,纷纷检举不法地主并捆送到区农会要求惩办。高潭区农会还派人到多祝等地指导农民组建农会。

5月,东征军400余人进驻高潭。为适应农民运动发展的需要,区农会组织农民自卫军训练,由东征军战士任教官,组织农军进行军事技术训练,对农会巩固发展起到重要作用。

6月,东征军回师广州,而撤离高潭的陈炯明叛军乘机卷土重来,地主豪绅、地痞流氓疯狂向农会反攻倒算。罗鼎臣、江达三、钟蛮新等地主指使罗鼎臣儿子罗瑞初领头,串通罗仁庵等人组织三合会(又名"挟脓头会"),对抗农会,公开蔑称农会为"脓会",农会干部为"脓头",扬言要"挟脓头"。区农会觉察后,将罗瑞初、罗仁庵镇压,将江达三、钟蛮新逮捕并罚款7000元。斗争的胜利,推动了农民运动进一步发展。

8月31日，区农会派副会长杨国辉赴新庵横坑乡农会指导工作，遭反动流氓赖火照等开枪击伤。区农会获悉情况后，立即派张佐忠率领农民自卫军500余人奔赴横坑；海丰县公平农会闻讯亦集中人马支援。当晚将赖火照擒获并将其处决。这次农会联合行动，促进了高潭和海丰农民的团结，增强了对敌斗争的力量。

1926年冬，高潭区大茂乡大地主江达三凭借其坚固的松茂楼，纠集组织20多人的武装，恢复三合会，与农会对抗，并以其父江锡卿名义写信告发到惠阳县府，请求派兵镇压农会。区农会决定围攻松茂楼，砸烂三合会。1927年1月的一天晚上，张佐忠、黄伯梅率农军10多人前往大茂乡，天亮时分出其不意地进入松茂楼，击毙江达三的父亲和叔父两人，江达三被击伤逃脱，三合会匪徒被击溃，收缴了枪械一批。此役影响很大。2月下旬，彭湃得知高潭农会打击江达三反动武装的消息，亲自到高潭对此行动表示支持。3月4日，彭湃率农会领导人，参加高潭区农会副会长杨国辉之父杨荣高的葬礼。葬礼由农会主持，被称为冲破"族权、神权"束缚，移风易俗的"文明葬礼"。

### 三、高潭党组织的建立

1925年初，革命声势日益高涨，中国共产党在第四次全国代表大会上，决定在全国范围内建立党组织，加强对革命斗争的领导。1925年4月，以彭湃为书记的中共海陆丰特别支部成立后，派人到高潭发展党员，建立隶属于海陆丰特支领导的党组织。当时在水口乡蔚起山房后面小山下的谢家祠，经过两年多农民运动锻炼的黄星南、杨国辉、张佐忠、马子荣、黄奋、黄子琦、钟金凤七名同志参加了中国共产党，成立了中共高潭特别支部，黄星南为书记，黄子琦为宣传委员。支部以"高添寿"为代号开展工作。至此，高潭的农民运动有了中国共产党的直接领导。1926年

2月，中共高潭特别支部发展第二批党员，主要对象是区农会领导成员及24个乡农会主要负责人，如甘溪乡的钟乃水、钟金娘。此时，高潭特别支部有党员50人。不久，高潭特别支部又发展了朱正光等第三批党员。

1925年年底，平山、梁化、白花、多祝等地也分别建立中共党支部或党小组。

# 第三章

## 土地革命战争时期

第
一
节

# 平山、高潭农军参加东江讨蒋起义

1927年4月12日，蒋介石在上海发动四一二反革命政变，国民党反动派在广州、惠州相继实行"四一五""四一六"大屠杀，以国共合作为基础的革命统一战线在广东彻底破裂，同时也宣告大革命在广东的失败。中国共产党在广东领导的革命斗争进入土地革命战争时期。

## 一、第一次、第二次平山暴动

四一二反革命政变前夕，鉴于严峻的紧张局势，中共广东区委曾先后召开多次紧急会议，讨论应对时局的突变。当获悉广东国民党右派头目参加上海反共会议的消息后，中共广东区委迅速部署和下达自卫反击、准备武装起义的命令，同时派专员分赴各地指挥起义。4月下旬，中共海陆丰地委、汕头地委和惠州地委负责人相互取得联系的同时，也与中共广东区委恢复了联系。为统一指挥东江地区的革命斗争，"决定组织东江特别委员会，负责指挥全东江党务、政治、军事"。随即，以彭湃、郭瘦真、杨石魂、林甦、张善铭、何友逖等7人为委员的中共东江特别委员会在海丰成立。何友逖以特派员身份，负责领导和组织惠阳县的讨蒋武装起义。

惠阳县的讨蒋起义，按计划是与海丰、陆丰、紫金等县统一部署、同时进行的。根据广东区委的指示，何友逖首先与国民党军第十八师中的中共秘密党员、营长邹范取得联系，向邹范传达了率部策应起义的部署和任务。同时，平山联防办事处撤离平山圩，转移到圩外的青龙潭、百丘田待命。平山联防办事处义勇军撤离平山之前，烧毁了平山区警察署，打乱敌人的行动部署。根据中共广东区委指示，蓝璇均取道香港到海丰与中共东江特委取得联系。按照中共广东区委的指示和东江特委关于在惠阳县平山暴动的部署，蓝璇均与东江特委委员何友逖、杨石魂一起回到惠阳，立即在镇隆四大半围召开惠州地委紧急会议，决定潼湖联防办事处主任黄卓如率领四大半围农军300多人，何友逖、罗焕荣率领平山、多祝农军300多人，于1927年4月30日发动平山暴动。总指挥部设在平山百丘田，计划以里应外合方式攻占平山。4月30日夜，黄卓如、何友逖、罗焕荣等率农军攻城。战斗打响后，作为内应的驻平山国民党军第十八师范世安团邹范营，因起义计划泄露，被敌师长胡谦调刘秉粹一个团的兵力包围，无法按计划作内应。由于敌军已有防范，农军攻城受挫，邹范立即处决了向胡谦告密的国民党右派连长萧铮，并由共产党员何炳光代理连长。邹范率一个连突出重围，由何友逖指挥农军接应向农村转移。镇隆四大半围等各路农军也撤出平山返回原地，第一次平山暴动失败。此次暴动虽然失败，但阻滞了胡谦的军事"清党"行动，配合了海陆丰武装起义。

　　1927年6月，为了支援海丰、陆丰、紫金等县的革命斗争，根据中共广东区委的指示，中共惠州地委决定再次在平山组织武装起义。中共惠州地委负责人蓝璇均和黄卓如、温毓明等从镇隆四大半围赴平山青龙潭，会同何友逖、罗克文召集平山各乡农军负责人开军事会议，部署第二次平山起义。此时，平山驻军为胡谦部第三补充团王尧营，此敌多为新兵，战斗力不强，多祝圩驻军为胡谦部万炳臣营，此敌实力较强，随时可来援平山。而潼湖、平山农军只有400人。为了增强农军武装实力，何友逊、罗焕荣提出通过统战工作，动员土匪武装游瘢华联合行动，攻打平山。为了便于指挥，总指挥部由百丘田移至旱坑仔。6月16日夜，起义总指挥罗焕荣率平山、白花、潼湖农军400余人分三路包围平山圩。第一路占据三联坳至飞鹅岭高地，以火力控制整个平山圩；第二路在平山河背布防；第三路由青龙潭农军主攻高厝栅圩门。平山圩南面黄牛山一带，则由游瘢华的土匪武装设防。起义前，何友逊与敌军一名排长约定，当夜12时打开圩门，以便攻城农军神速出击。游瘢华表面上支持农军，但暗中与敌勾结，在农军还没有下令攻击前就开枪，暗中通敌，使敌有所准备。27日凌晨，农军开始发起攻击，因约定打开圩门的敌排长失约，农军进攻受阻。由于农军没有重型武器装备，且兵力过于分散，主攻点高厝栅圩门无法突破，双方激战3小时后，农军开始撤出战斗。敌100多人即向农军追击。农军退至大布涉水过河后，才摆脱追击之敌。当夜，罗焕荣回到青龙潭农军大队部，因未觉察游瘢华已通敌，仍派员与游瘢华联系。因农军疏于戒备，游瘢华率匪突袭青龙潭农军大队部，中队长林喜中弹牺牲，罗焕荣及副中队长吕金、曾水源3人被捕，并先后被杀害。平山第二次武装起义又告失败。

## 二、高潭农军反击国民党反动势力

1927年5月1日，高潭区农会为反击地主江达三联合平山、多祝一带民团的进犯，动员农民拿起武器，迎击敌人。区农军大队和各乡农军在张佐忠的指挥下，分赴企潭缺、淘金坑、佛子坳等地挖壕布防。2日早上，江达三率48个乡的反动民团共2000多人，分三路进犯高潭，遭农军迎头痛击。中路的企潭缺阻击战，激战10天9夜。江达三见屡攻不下，收买李阿彪等人带路，领着民团由桐子窝翻越大山到黄竹坑，从左侧进攻企潭缺，农军腹背受敌，且粮弹缺乏，遂撤出战斗，退守杨梅水。区农会也转移到中洞乡。江达三民团进入高潭圩后，疯狂报复，洗劫店铺，并捕杀了黄南秀、罗丙福等10多位农民。

为了反击国民党军和地方反动势力的疯狂进攻，5月15日，高潭区农军联合海陆丰农军反攻高潭圩。高潭区农军和陆丰激石溪农军为东北路，由张佐忠带领；海丰黄羌农军为东南路，由高伟带领。分两路开赴黄竹坑会合，向高潭进军。东北路农军因故未能按时抵达高潭。高伟率东南路农军依时发起攻击，但在黄沙高简陇遭敌两面夹击，高伟等5人牺牲，反攻高潭圩失利。反动民团气焰嚣张，疯狂屠杀共产党员和革命群众。大茂乡共产党员张阿红冒着危险发动群众支援农军而被捕，与妻子钟嫂一起遭杀害，其3岁幼儿被劫卖他乡。为打击反动地主民团的嚣张气焰，张佐忠、黄伯梅率高潭区农军埋伏于松茂楼路口，将江达三派往高潭圩送信的团匪江伯福擒获处决。7月12日，胡谦调其部属胡宏堂营300多人配合民团进犯中洞、杨梅水，遭农军顽强阻击。20日，国民党军和民团再次进犯杨梅水，由于农军力量薄弱，杨梅水失守。

第二节 高潭革命根据地的建立和巩固

1927年8月3日，南昌起义军撤离南昌，8月4日，中共中央临时常委会在武汉召开会议，指示"粤省委即刻以全力在东江接应"。5日，中共中央致信广东省委，要求广东省委与南昌起义前敌委员会取得联系，迅速在东江组织农民暴动，以策应南昌起义。8月20日，张太雷在香港主持召开广东省委会议，贯彻党的八七会议精神，制定全省农民秋收暴动计划，旋即派黄雍前往海陆丰，以省委特派员名义开展工作，筹建东江革命委员会，进行武装起义的准备工作。8月下旬，黄雍到达海丰后，进入高潭会见张善铭、刘琴西，召开会议决定立即在高潭中洞组建海陆惠紫工农讨逆军，设立工农讨逆军总指挥部，由刘琴西任总指挥，林道文任副总指挥，下设海丰、陆丰、紫金、惠阳、五华县工农讨逆大队，分别由林道文、张绍良、刘乃宏、张佐忠、古大存任大队长。同时成立东江革命委员会，由黄雍任主席，统一指挥海陆丰第二次武装起义，指挥部设在高潭中洞。

9月初，工农讨逆军分成3路，从高潭中洞出发攻打海陆丰和高潭圩。张佐忠一路攻打高潭圩。当时高潭圩只有民团驻守，风闻工农讨逆军攻打高潭圩，无心恋战，望风而逃。工农讨逆军顺利收复高潭圩，区农会随即从中洞迁入高潭圩办公。9月7日，工农讨逆军攻占陆丰县大安圩，8日攻占陆丰县城。随后，工农讨逆军相继攻占海丰县的青坑、梅垅、公平、汕尾。9月15日，各路工农讨逆军围攻海丰县城。16日，守城的国民党军第十八师陈学顺团退回平山，海陆丰第二次武装起义成功。陈学顺团于25日卷土重来，海陆丰农军主动撤离县城，但仍牢牢控制着广大乡村。海丰县北部、陆丰县西部、惠阳县东北部、紫金县东南部紧紧相连，这就是海陆惠紫边区。在这块纵横百里的土地上，群山逶迤，沟壑纵横，道路崎岖，关隘险要。以惠阳县高潭区中洞乡为中心，山势从边缘向中心合拢而来，其间以莲花山、银瓶山、吊崅山、黄竹嶂、鸡公冠山、小髻子山、岩石山、马头嶂最为巍峨。高潭的中洞，海丰的朝面山、埔仔洞、大安洞，陆丰的激石溪，紫金的炮子等千百个自然村分布其间。由于山高岭峻、谷深林密、道路崎岖、交通不便，加上磜头坳、大坳头、麻角嶂、杨梅水、岩石等险隘，进可攻、退可守，利于屯兵，自古以来，这里就流传"岩石乌坉离天三尺，人去磜头马须脱鞍"的客家民谚。因此，中共东江特委和海陆丰地委吸取第一次武装起义失利的教训，决定撤离县城后，退守山区，建立革命根据地，作长期斗争的准备。

就在海陆丰举行第二次武装起义的同时，南昌起义军进入赣闽粤边境。由于历经数战，起义军给养困难，弹药缺乏，伤病员多。周恩来致信中央，提出"我方目的在先得潮、汕、海陆丰，建立工农政权，如情势许可，自以早取广州为佳，并请中央电告广东省委号召东江、潮、汕工农响应一切，以巩固工农政权及其武装"。根据中共中央和广东省委关于接应南昌起义军的指示，中共东江特委和东江革命委员会随即确定以高潭中洞为中心，在海陆惠紫边区建立革命根据地。为接应南昌起义军，及时解决起义军的给养问题，并为长期坚持斗争作准备，中共东江特委和东江革命委员会在退出海丰县城、进入山区时，将攻占海丰、陆丰县城后所没收的大量金银、货币、布匹、印刷机等物资，以及积蓄储存的大量粮食装船运往黄芜，再转运高潭中洞。

随后，中共东江特委和东江革命委员会在高潭中洞展开革命根据地的各项建设，动员群众，组织群众，从人力、物力、财力各个方面做好充分准备，为接应南昌起义军、坚持长期的革命斗争创造条件。

## 一、南昌起义军到中洞改编

南昌起义军进入三河坝后，先后攻占潮州、汕头、揭阳等地。此后在丰顺、揭阳、普宁等地，起义军遭到国民党军队的围攻，部队损失严重。第二十四师等部由董朗带领，进抵陆丰东南部，遂与东江特委派出的联络员取得联系，于10月10日当天离开陆丰东南部，经激石溪于12日进驻惠阳县高潭区中洞乡。

由董朗率领的南昌起义军余部，在历时两个多月的长途跋涉和连续多次激烈战斗，特别是在普宁莲花山战斗失利后，给养缺乏，部队无法休整，战士衣履破烂，疲劳至极，致使伤病员日益增多，部队普遍存在消极情绪。进驻高潭中洞后，中共东江特委、东江革命委员会和海陆惠紫边区的农民群众热情地欢迎这支部队的到来。起义军到达的第二天，附近各乡农会就派出代表，抬着生猪，挑着稻谷、瓜果蔬菜，前往慰劳。

按照原定计划，中共东江特委拟于南昌起义军到达海陆丰时，立即动员和指挥部队开展暴动，并同时招募补充兵员。由于部队刚到时，思想情绪不稳定，且官兵极度疲乏，中共东江特委决定首先让部队休整。为此，派林道文、杨望负责解决部队给养问题。一次就集中了500担稻谷供给部队做军粮，筹款为部队发薪饷，调集布匹为部队做军服，并发给斗笠、草鞋、毛巾等，请医生为伤病员治疗。同时，在部队官兵中开展政治思想教育工作，部队的情绪很快得到稳定。

董朗所率部队属叶挺指挥的第十一军二十四师。这个师的前身是国民革命军第四军独立团（即叶挺独立团）。这个以共产党员、共青团员为骨干组成的独立团，能征善战，在北伐战争中立下赫赫战功，被誉为"铁军"。董朗是叶挺老部下，中共党员，跟随叶挺征战多年，革命意志坚定。这支部队进入中洞时，约千余人，只有步枪500余支，机枪5挺，每枪子弹约50发，能直接参战的官兵不足700人。为了避免目标太大引起敌军注意，中共东江特委和东江革命委员会将原来的番号撤销，改称为工农革命军第一大队。

部队经过初步休整后，协同海、陆、惠、紫农军攻打紫金南岭地主武装。南岭是紫金县的一个大乡村，与高潭中洞接壤，附近方圆数十里的土地，大都是地主钟堃记所有。南岭境内层峦叠嶂，交通不便，地主储有大量粮食，拥有相当力量的武装和坚固的炮楼。中共东江特委、东江革命委员会认为，攻下南岭，不仅可以解决部队的粮食问题，而且可以开辟一个地势险要的根据地。1927年10月17日晚，工农革命军和农军离开中洞向南岭进发。18日拂晓，先头部队抵南岭瑞邱陂下宫，与钟堃记、钟汉平的地主武装接触。敌人抢先占领制高点，居高临下向工农革命军和农军射击，但工农革命军和农军很快就攻占了高地。地主武装则退缩炮楼顽抗。因炮楼坚固，部队无法攻克，被迫趁黑夜撤退，于20日返回中洞，虽初战未捷，但士气未受挫。

中共中央南方局和中共广东省委对南昌起义保存下来的部队十分关注。10月15日，中共中央南方局和中共广东省委在香港举行联席会议，认真讨论南昌起义军余部的改编等问题。会议决定：南昌起义军余部以及全省的工农武装一律改称工农革命军，部队直接受中共中央南方局指挥。工农革命军的主要任务是发动农民武装起来夺取土地与政权。工农革命军的给养，必须有计划地筹备，管理好征收、没收的地主、富商的财产与粮食。军队必须密切联系农民群众，与民众打成一片。联席会议后，中共中央南方局领导了对南昌起义保存下来的部队的改编工作，多次派人与朱德、陈毅率领的部队联系；建立了由香港至海陆丰各港口和通往高潭中洞、朝面山的交通线。南方局决定朱德、陈毅率领的部队为中国工农革命军第一师，在海陆丰的部队为中国工农革命军第二师，为加强部队领导，派颜昌颐前往海陆丰。颜昌颐于1927年10月20日前后到达中洞。

根据中共中央南方局和广东省委的指示，中共东江特委在中洞对南昌起义军余部进行了改编。部队番号定为中国工农革命军第二师（简称"红二师"），考虑到部队现有人数不足一个师，因此虽然对外名义上称一个师，但实际上只组建了一个团，即中国工农革命军第二师第四团，下辖第一营、第二营。团、营、连干部均由共产党员担任。颜昌颐为师党代表，董朗为第四团团长；张宝光任第一营营长，刘立道任第二营营长。这次改编打破了过去军队一贯实行的雇佣制，在部队内实行民主制度，稍后又在团、营、连由士兵组成经济委员会，各连队还设有小规模的俱乐部。至此，东江地区的共产党人和革命人民，始有一支正规的军队。

## 二、海陆丰第三次起义与高潭区苏维埃政权的建立

1927年10月中旬，与南昌起义领导人一起撤退到香港的彭湃参加中共中央南方局和广东省委联席会议后，按照会议的决议，开始积极筹划海陆丰第三次武装起义。

10月25日，彭湃发布举行海陆丰第三次武装起义的命令。中共东江特委和东江革命委员会原计划在11月7日举行起义。10月

下旬，国民党军李济深部与张发奎部发生冲突，驻惠州的李济深部第十八师师长胡谦被张发奎部所杀，引起驻海陆丰的胡谦部陈学顺团的恐慌。东江特委决定利用敌人内部混乱的有利时机，提前举行海陆丰第三次武装起义。

在彭湃发布第三次武装起义命令的同一天，工农革命军第二师第四团第二营就在农军的配合下从中洞出发攻占海丰黄羌圩，迫敌于28日逃回海丰县城。10月30日，工农革命军第二师第四团第一营在海丰公平区农军的配合下，攻占公平镇。各地农军纷纷响应。梅陇、汕尾等地先后为农军所占领，海丰县城处于农军的包围之中。国民党军陈学顺团见大势已去，遂于11月1日撤出海丰，向惠州方向溃退，农军乘胜占领海丰县城。工农革命军第二师第四团第二营在陆丰农军配合下攻占大安、河口一带，于11月5日对陆丰县城发起攻击，将守敌保安队200余人击溃，夺取陆丰县城。与此同时，惠东高潭、紫金炮子及五华的部分地区也先后举行起义，并取得了胜利。随后，东江革命委员会发出通电，向中共中央和全国人民报告起义取得胜利的消息。

海陆丰第三次武装起义胜利后，中共广东省委立即致电东江革命委员会和红二师，要求"更积极扩大土地革命之宣传"，没收一切土地归农民，"根本覆灭地主阶级之势力，且进而动摇推翻东江反动军阀之政权，以促成全省农工之大暴动"。为了迅速创建苏维埃政权，实行土地革命，中共广东省委致函海陆丰县委，指示县委"召集工农兵代表大会组织苏维埃，乡区即以当地之农民协会接收政权，实行分配土地，……详细具体办法，可与（彭湃）同志协商一切执行。"

11月初，根据中共广东省委的指示，中共东江特委、东江革命委员会在中洞召开联席会议，就召开工农兵代表大会、建立苏维埃政权等问题进行研究和部署。高潭区农会会长黄星南、区农会委员黄奋、黄子琦等参加会议。中共东江特委决定："限海陆（丰）各县于五天内召集工农兵代表大会，实行产生苏维埃政府"，同时就工农兵代表大会召开、苏维埃政府组织选举办法、招募兵员扩大部队等问题作出决定。会议当晚，高潭区农会在高潭圩盈丰当铺召开了区农会会议。会上，黄星南、黄奋分别传达中共东江特委和东江革命委员会会议精神，会议就高潭区工农兵代表大会召开时间、代表名额分配、选举产生办法、区苏维埃政府组织等问题进行了认真的讨论。会议决定：工农兵代表大会代表由全区24个乡选举产生，大乡3至4人，小乡2至3人，以各乡农会长、妇女会长为代表人选。少数代表由高潭圩各界人士协商推举产生。会议还就工农兵代表大会日程作出安排。根据中共东江特委指示，11月7日举行俄国十月革命十周年纪念大会；8日，召开高伟牺牲半周年追悼大会；9日至11日召开高潭区工农兵代表大会暨区苏维埃政府成立大会。

11月7日，高潭区纪念俄国十月革命十周年大会在高潭下圩埔举行，参加大会的群众有上万人之多。参加大会的群众有枪的带枪，没有枪的则带着镰刀、漏针（外形似标枪的铁制冷兵器），每人戴的竹笠都写着"农民协会"或"妇女解放协会"等字样。中洞、甘溪乡的童子团穿着蓝色上衣、短裤，戴着红领巾，手持红色的童子枪，列队参加大会，给会场增添热烈气氛。大会由黄星南主持并讲话，高潭平民学校教员戴君鹏和黄逊先后介绍俄国十月革命的历史。大会热烈隆重，激奋人心，宣传了十月革命和马克思主义革命精神。

11月8日，是高伟牺牲半周年纪念日。12时，高伟追悼大会开始，高潭各乡群众9000余人参加追悼会。主席台两旁悬挂着张佐忠撰书的挽联。联曰："能奋斗，敢牺牲，普救工农数万万；哭烈士，悼英灵，同胞泪珠一双双。"黄星南在烈士墓前宣读祭文，会场庄严肃穆，与会群众悲愤不已，决心为烈士报仇。

11月9日—10日，高潭区工农兵代表大会在高潭圩黄家祠举行。参加大会的代表近百人。中共东江特委、东江革命委员会和红二师的领导黄雍、王备、刘琴西、傅大庆、于以振、傅朝贞等参加大会。黄星南在会上作报告，东江革命委员会主席黄雍发表演说。大会讨论通过《没收分配土地》《镇压反革命》《妇女解放问题》《严禁盗贼和禁绝烟赌》《改良工人农民士兵生活》等决议案及《高潭区工农兵代表大会宣言》，宣告高潭区苏维埃政府成立，选举黄星南、黄奋、张佐忠、黄伯梅、黄子琦、罗炽卿、罗玉燕、马子荣、朱云石、江梅、钟金凤、黄潭贵等人为高潭区苏维埃政府委员，黄星南为主席，黄奋为副主席，黄伯梅、张佐忠分别为赤卫大队大队长和党代表。大会还决定将高潭圩老街和新街分别命名为"马克思街"和"列宁街"。11日，举行高潭区苏维埃政府成立庆祝大会，宣告高潭区苏维埃政府正式成立。参加大会的群众有1万多人。当天晚上，各乡同时举行提灯游行活动，通宵达旦，盛况空前。

高潭区苏维埃政府成立后，高潭农民武装改编为赤卫大队，由黄伯梅任大队长，张佐忠任党代表。同时建立中共高潭区委，由黄星南任书记。高潭区妇女会、工会、商会、学联会等群众团体也相继恢复和发展。各乡相继建立乡苏维埃政权和联乡办事处，领导农民焚烧地主的田契，没收地主的土地和浮财分配给农民，破除封建迷信，禁烟禁赌。同时还镇压了一批反革命分子。

### 三、扩充工农革命军，巩固革命根据地

海陆丰第三次武装起义取得胜利后，中共东江特委、东江革命委员会就清醒地认识到，这次武装起义基本上没有与敌人的正规部队作战，即使是地主民团、保安队，也没有真正被消灭，

敌人随时都有反扑的可能，斗争必然是长期的、残酷的。因此决定，一方面发展革命武装，在扩充农军的基础上，建设一支可以统一指挥、能机动作战的正规部队；另一方面建立以高潭中洞为中心，进可攻，退可守的根据地。没有巩固的革命根据地，斗争将难于长期坚持。

为了扩充中国工农革命军，1927年11月5日前后，东江革命委员会发出布告，招募志愿军，组建东江工农革命军。首期计划在海陆丰招募1000人。布告规定，报名参加东江工农革命军的，入伍时间为一年；在伍期间，一切装备费用均由部队供给；凡携枪参军者，将受到特别优待，枪支可由东江革命委员会照价收购，并给予相当的奖金；如不愿意将枪出卖的，亦可得到相当数量的奖金，并允许退伍时将枪带走。招募工作由海丰县委、陆丰县委具体负责。同时设立招募处，各县设立招募分处。募兵布告发出后，报名者络绎不绝，很快就招募了500余人。东江革命委员会将招来的兵员编为东江工农革命军第一大队和第二大队。

彭湃从香港回到海丰后，主张将这两个大队"补充到第四团去扩充第二师"。广州起义失败后，中共广东省委进一步认识到建立革命军队的重要性，同意彭湃提出的把海陆丰组织的东江工农革命军并入第二师组建第五团的意见。12月18日，中共广东省委致信中共东江特委并所属各县委，指出要扩充中国工农革命军第二师，组建第五团，"工农革命军第二师师长暂由董朗同志代理，第四团、五团团长由东委决定"。

根据中共广东省委的指示，中共东江特委帮助第二师正式组建了第五团。第五团的士兵均为从地方赤卫队和青年团中挑选出来的积极分子，共520人。中共东江特委任命在第四团担任过第二营营长的刘立道为第五团团长，张寿徽任党代表，彭桂任副团长。第五团下辖两个营，分别由高山子、于以振任营长。各连连长和党代表则由地方的党员干部担任。此时，中共广东省委对红二师的领导班子也做了调整，任命董朗为代理师长（稍后为师长）兼第四团团长；颜昌颐为师党代表兼第四团党代表；王备为中共东江特委办公厅主任兼参谋长。中共工农革命军第二师委员会，由颜昌颐任书记，颜昌颐、董朗、何培真、何一平、张德大、汤才、何志忠为委员。同时设立党代表办公厅，秘书彭仕华，经理处长蓝新，工作人员有傅兆丰、吴陶、周铁忠等。全师共有官兵1800人。

在扩充工农革命军第二师的同时，中共东江特委和东江革命委员会加强了以中洞为中心，包括朝面山、岩石、激石溪、炮子在内的后方根据地的建设。建立和巩固以中洞为中心的后方根据地的设想，是由黄雍向彭湃提出并确定的。12月初，黄雍奉调返回香港。黄雍离开东江前，向彭湃提出如何保存红二师第四团这支革命武装问题，制定一个既可进攻又可退守的计划，即以中洞为中心，在进攻的时候，不打惠州，而应向惠来、普宁方向发展；在退守的时候，则以紫金、五华、河源一带为依靠，或退到赣粤边境地区。

为了巩固中洞后方根据地，中共东江特委、东江革命委员会和红二师党委着力加强如下几个方面的工作：

一是征收粮食。中共东江特委明确提出："征收粮食的原因，是为要供给第二师伙食，准备反动势力到时，第二师可退回中洞（后方根据地），无缺乏粮食之虑。"为使征收粮食工作顺利进行，东江革命委员会向各地发出征粮通告，向群众说明征收粮食的理由，同时在海丰、陆丰、惠阳、紫金各县、区、乡组织征粮委员会。规定征粮委员会由7—11人组成，内设主任及宣传股、征收股，专门负责征粮工作。计划征粮3200担，任务分配到各县，其中海丰县1500担，陆丰县1000担，惠阳县500担，紫金县200担。征粮通告还规定，为减少运费，可以银折谷。农民群众对此"表示十二分愿意输纳"，"这些粮食征收后，即解到中洞去收藏。三千担米谷计算起来，已足供一千人三个月的伙食了。"

二是筹款。筹款的主要办法，一是没收地主、土豪劣绅的财产。二是没收当铺财物，将其中的金器收藏或拍卖，对其他货物则限7天内以原价的五成赎回。农具如犁、锄等，由农民带当票来认，免赎取回。第三次武装起义后的10多天，海丰、陆丰分别筹款2万多元和1万多元，分别解送中共东江特委、东江革命委员会。中共东江特委、东江革命委员会拨出2000元给红二师第四团发饷，战士1元，干部3至5元不等，并购买毛毯几百张，还给官兵每人一套新军服，进一步调动了士兵的积极性。

三是加强中洞的基本建设。为了加强中洞后方根据地建设，中共东江特委设立办公厅，由王备兼主任。办公厅下设军事、宣传、经济3个委员会，分别由颜昌颐、陈赤华、陈子岐任主任。军事委员会下设参谋部、军需部、交通处、情报处；宣传委员会设有俱乐部、报社、印刷厂；经济委员会设有财政处、军医处、后方留守处等机构。根据中共东江特委和东江革命委员会的指示，高潭区苏维埃政府成立后，立即发动群众，支持和帮助红二师在中洞的各项基本建设，因而在很短的时间里，就在中洞中心村的萧家祠建立了红军医院；在邱家祠建立军人俱乐部，师部的军乐连驻扎在这里；在附近的村庄建立了兵工厂、军服厂、印刷厂。印刷厂印刷出版各种宣传资料，如中共东江特委、东江革命委员会编的《革命日报》《红旗周报》《布尔什维克》《海陆惠紫暴动简报》等报刊和各种宣传品。此外，还在中洞的制高点构筑碉堡、挖战壕，设立瞭望所；在白洋湖村设立电话所，架设通往激石溪、炮子、高潭、黄羌和海丰县城的电话线路。经过一系列建设，使高潭中洞成为红二师师部、中共东江特委和东江革命委员会驻地，被称为东江"革命根据地的中枢""大革命时代的'红都'"。

1928年春，惠阳县各地掀起的年关暴动后，中洞后方基地和红军后方勤务工作进一步加强。中洞储备了相当充足的粮食和物资。中洞医疗所扩大为红军医院。红二师成立时，中共东江特委派徐汝霖担任军医处处长，同时成立以肖坚为队长的卫生队，医务员除钟容娜外，还有庄启瑞、梁寿之、陈秀文（以上均为女同志）、张炳辉、许师慎、张子洪、陈河源、韦静、温焕卿等。随着红色苏区的扩大，其后在海丰银瓶山、大安洞、明热洞、陆丰激石溪、芹菜洋、普宁的山坑，惠来的望天石等地设立了红军医院分院。中洞红军医院则成为后方医院。

这时，中洞的兵工厂、被服厂也进一步扩大。中洞兵工厂的前身是军械厂，它是东江特委领导第一次东江武装起义失败后，为修理农军枪械而建立起来的。初时只有几个修理土枪和打铁的工人。红二师建立后，军械厂扩大为兵工厂，厂址设在中洞大畔坑和炮台崀（因山头有一个由军队建筑的炮台而得名）的山脚下。兵工厂的工具大部分都是当时攻打海陆丰县城时缴获的，工人人数最多时有上百人，其中戴权、许阿年、钟木娇、邹伯林、邹伯佑等都是技术熟练的老工人。兵工厂除了修理枪械外，其主要任务是制造子弹。兵工厂专门组织人员到各地收购子弹壳，带回兵工厂洗干净，用煤油泡浸去锈擦亮，装上火药、引信，把从地主家里没收来的或收购来的锡茶壶、锡酒壶、锡罐子之类的锡器熔制成弹头，钳装在弹壳上，子弹就制造出来了。兵工厂除制造子弹外，还能造土枪、小土炮、炸药、铁弹等。兵工厂还常常根据部队的需要，派出修理组到前线为战士们修理枪械。

中洞军服厂设在中洞车寮排炮台崀脚下，最多时有上百工人。主要任务是制作红二师、红四师的军服，同时还用油布为部队制雨衣。1928年1月间，中共东江特委指挥工农革命军准备分兵东进，协助农民暴动，军服厂赶制了3000多件油布雨衣供部队使用。

12月11日，广州起义爆发。失败后起义军余部1000多人在花县整编为中国工农红军第四师（后称"红四师"）。在师长叶镛、党代表袁裕的率领下向东江转移。根据中共广东省委的指示，中共东江特委全面展开接应红四师的工作，要求各地苏维埃政府和农民协会，组织工农武装接应，准备粮食等物资，下令中洞被服厂赶制军服。12月18日，红四师从花县出发，经从化、龙门，于30日抵达河源康禾，31日进入紫金城，活捉国民党军少将、紫金县长丘国忠。1928年1月2日，红四师与红二师第五团、紫金赤卫队会师于龙窝，击溃张发奎部，歼敌40余人，缴枪30余支。在炮子稍事休整后，进入高潭，沿途受到高潭区苏维埃政府组织的群众的热烈欢迎，东江革命委员会组织高潭群众将伤病员送到中洞红军医院治疗。红四师全体官兵在中洞换上新的军服后，进抵海丰县城。红二师、红四师在东江胜利会师，加强了东江地区的革命力量，推动了东江地区土地革命战争的发展。

## 四、发动年关暴动，拔除地主武装据点

1927年12月18日，为扩大红色武装割据区域，形成东江割据局面，中共广东省委向中共东江特委及各县委发出指示，认为"广州暴动的暂时停止，并不是说我们已经失败""暴动是目前政治斗争的唯一方式，而且得到许多武装到乡村去实行土地革命""广东暴动将有第二次更大的爆发，因此你们必须公开或秘密的用尽方法扩大广州暴动的宣传"。中共广东省委致函中共惠阳县委，强调"平山、淡水、三多祝一带，必须坚决勇敢起来"暴动，要求海陆丰方面"帮助平山、淡水、三多祝一带农民起来

暴动"，同时强调"惠阳工作十分重要，必须在斗争中建立起党的基础"。

1928年1月，惠阳县各区、乡掀起暴动高潮，惠东的平山、梁化、白花、多祝等区纷纷举行暴动，当时整个惠阳县参加暴动的农民达数万人，没收地主豪绅稻谷4万余担，缴获枪械弹药一大批，镇压了一大批反动地主、恶霸分子，狠狠地打击了反动封建势力。

1928年1月中旬，红二师第五团第二营在高潭赤卫队的配合下，围攻高潭大茂乡反动地主江达三的老巢松茂楼。松茂楼是用花岗岩石建造而成的碉堡式大石楼，楼高墙厚，易守难攻，没有重型武器难以攻克。松茂楼又备有足够的枪支弹药和大量的粮食。江达三依仗此楼气焰嚣张，并与紫金南岭大地主钟堑记家族结盟，公开与苏维埃政府对抗。为拔掉这一反动据点，董朗亲率红二师第五团第二营及张佐忠、黄伯梅带领的赤卫队共400人围攻松茂楼。经几次攻击，虽攻下炮台，但无法攻下石楼。围攻部队只好采用围困办法，并断绝松茂楼的水源，将地主民团围困于楼内。攻打松茂楼时，为防紫金南岭地主民团救援江达三，由紫金工农革命军第二大队大队长缪冠儒率领红二师一部和赤卫队武装首先占领与南岭交界山的礤头坳，并布防于礤头坳。南岭地主民团得知大茂乡松茂楼被围攻时，果然出动民团100多人救援江达三。缪冠儒指挥红军和赤卫队将其击退，随后，董朗率队包围南岭钟堑记老巢。因钟堑记住宅均为石楼，部队没有攻坚武器难以攻克。董朗命令红军、赤卫队连夜挖掘地道，用棺材装上炸药运进地道，炸毁石楼。攻克南岭后，缴获稻谷1000余担和重机枪一挺，其他枪支、弹药、财物一大批。

1月22日，大茂乡松茂楼已被围困10多天，江达三从窗口打出白旗假装投降。地主民团打开大门时，一边开枪射击，一边派人到河中抢水，2名红军战士中弹牺牲。民团被击退回石楼。1月27日午夜时分，江达三乘夜雨指挥民团打开大门潜逃。红军和赤卫队冲进石楼将地主江超等俘获，并没收松茂楼地主的财物和枪械。此役是高潭区苏维埃政府成立后，区赤卫队配合红二师进行的一次规模较大、战绩显著的战斗。至此，中洞周围剩下的两个反动据点被拔除，高潭苏区和中洞后方根据地得到进一步巩固。

1928年1月底，中共中央致信广东省委，就区乡政府和农会组织问题发出指示：已成立苏维埃政府的县区乡，不必再保留农民协会，要向农民说明，即农民已经暴动胜利，建立代表会议的政府，人人都可参政。此后，中共广东省委强调："马上将区乡政府改组，实行组织苏维埃政府（工农兵代表会议的政权），兵士或许很困难参加苏维埃，但是一定要有工人代表参加，并且要设法使工人代表在苏维埃中能占十分之一以上。"1月间，多祝区召开多祝区工农兵代表大会，成立多祝区苏维埃政府，由林仿任主席，张仁亮任秘书长，林桂芳、黎光、马新垣等为委员。接着，惠东各区、乡农民协会陆续改组成苏维埃政府，或举行工农兵代表大会，选举产生有工人代表参加的区乡苏维埃政府。

# 浴血奋战，保卫苏维埃政权

## 一、保卫中洞，英勇抗击国民党军队"围剿"

东江各地苏维埃政权的建立，震动了国民党南京政府。为了摧毁红色政权，国民党调集几个师的兵力，将海丰、陆丰、紫金、惠阳、五华、惠来、普宁等县重重封锁。东江苏维埃区域面临着大兵压境、恶战将至的严峻形势。针对这一情况，根据中共广东省委反"围剿"斗争的指示，中共东江特委确定了对付敌人军事进攻的总策略，这就是"发动群众的力量，用群众作战的方法来消灭敌人"。同时号召全东江工农群众及革命士兵起来反抗国民党军队对苏维埃区域的进攻。

从1928年2月下旬开始，国民党军队分四路进犯海陆惠紫苏区。在大兵压境的危急关头，高潭区苏维埃政府发出号召，动员全区民众拿起武器，积极配合红二师、红四师作战。组织民众高唱"慷慨离乡井，从容上战场，血花开主义，情泪湿衣裳"的战歌，纷纷起来反击国民党军的"围剿"。

在"围剿"海陆惠紫苏区的数路敌军中，以东路国民党军第四军第十一师最为疯狂。2月下旬，敌师长陈济棠、副师长余汉谋率4个团共3000余人向海陆丰扑来。红四师300余人在赤卫队的配合下，在陆丰县境内英勇抵抗东路敌军的进犯，因力量悬殊而撤退。国民党第十一师迅速占据陆丰县城，并切断陆丰苏区与高潭中洞根据地的联系。3月初，陈济棠部一个团和保安队攻占公平镇，形成对海丰县城的包围，并切断海丰与高潭的联系。不久，东路之敌配合南路进犯之敌攻占海丰县城，陆丰、海丰失守。

从西路"围剿"海陆惠紫苏区的是国民党第五军（军长徐景唐）下辖第十三师（师长云瀛桥）、第十五师（师长李群）、第十六师（师长由邓彦华兼）、第十八师（师长李务滋）及蔡腾辉补充团。最先"进剿"的国民党第十五师、第十六师到达惠东平山后分为两路，补充团会同第十五师各团由鲘门、梅陇进攻海陆丰之南，第十六师各团由惠东多祝直逼新庵（今白盆珠镇）布心，进攻海陆丰之北，进攻的主要目标是海陆丰苏维埃和红二师、红四师的后方根据地中洞。

国民党军蔡腾辉部被红四师第十团于赤石狠狠打击之后，败退惠东黄埠。其后由黄埠进入海丰鲘门，企图经南山岭直趋梅陇。此时，红二师一个连在杨望的指挥下，配合当地赤卫队500余人设防于南山岭，据险与蔡腾辉部相持2小时后，红军和赤卫队退守浅沙圩，改在雷打不卑溪畔埋伏，试图截击蔡腾辉部，但被蔡部察觉而受冲击。红军退入大嶂山抵达孔子门。敌尾随而至，红军在农民数千人的配合下奋起抵抗，激战数日，牺牲400多人，杨望率部向高潭退却。梅陇为蔡腾辉部所占领。敌第十五师亦于3月13日进占公平，旋即与已到达紫金县城的敌第七军第六师师长黄旭初及在陆丰的敌第十一师取得联系，商定"会剿"岩石、中洞的计划。

为了组织力量抗击国民党军的"围剿"，中共东江特委指示紫金工农革命军独立营以及高潭、五华大梧等区乡赤卫队直接由红二师指挥。红二师采取以连或营为单位的作战方式，逐步收拢兵力，在中洞、岩石周围设置防线，并令附近一带赤卫队对正在准备配合敌军进攻的地主民团、保安队进行监视和打击。

3月18日，国民党军第十一师进占紫金龙窝后，以全师兵力进逼红二师所在地炮子圩。一路由龙窝进攻炮子圩，另一路绕道洋头进攻。中共紫金县委书记吴健民率紫金工农革命军独立营和赤卫队顽强抵抗，红二师也派出一个连队助战。因敌重兵压境，红二师被迫退守南岭。敌尾追而至，红二师再次战败于南岭。中洞、岩石的第一道防线被敌突破。红二师转而退守紫金和惠阳交界的礤头坳。红二师与赤卫队在礤头坳据险阻击敌军，打退黄旭初师发动的多次进攻。

3月23日，国民党西路军黄旭初部陆满团1000多人，加上地主民团经甘溪乡攻打高潭中洞。甘溪乡赤卫队30多人，据守甘溪乡墩头村四角楼大屋，用土枪土炮阻击国民党军队一天，消灭敌人40多名，至深夜与100多村民突出重围，转移至鸡公髻寨又坚守一天至天黑，奉命撤至水口乡柑树下村与区苏维埃机关会合。

红二师和赤卫队的顽强抗击，为中洞的后方机关、医院、兵工厂的人员赢得了时间，使他们安全撤退上山，并转移出储存的大量物资。负责转移物资的中洞后方基地留守处主任戴焕其，在红军与敌人激战期间，把个人生死置之度外，不断组织人员转移物资。就在敌人即将进入中洞时，戴焕其下令将来不及转移的剩余物资放火烧毁，将难于搬运的印刷厂、军服厂的设备毁坏，将铅字粒倒入河中。因敌人攻入中洞，戴焕其等人来不及撤退，被敌人枪杀于坳下村前。礤头坳失守后，红二师一部在赤卫队数百人的配合下，又在大坳头抗击敌第十一师、第十五师共数千人的联合进攻，结果被敌包围，情况十分危急。红二师决定将第五团全部约200人分散到各乡村隐蔽，第四团及师部直属部队开赴惠来。

礵头坳和大坳头之战，是保卫海陆惠紫苏区以来最为激烈的战斗。红二师和高潭、紫金赤卫队牺牲400余人，国民党军"伤亡亦巨"。随着礵头坳和大坳头的失守，敌军旋即进入高潭，占据了海陆惠紫苏区和红二师、红四师后方根据地中洞，进行了骇人听闻的烧杀抢掠。

为了减轻海陆丰的军事压力，支援海陆丰苏区的反"围剿"斗争，中共广东省委多次致函中共惠阳县委。要求中共惠阳县委组织力量对付入侵海陆丰的"西路主力的第五军"，"必须使他在惠州境内便行崩溃，无法进入海丰、陆丰与东路军汇合，然后才能保障苏维埃政权的巩固，与东江暴动的发展"，强调"惠州必须马上发动暴动，……然后会合各区群众，向平山之三多祝进攻，打通与海、陆丰的交通，借此骚扰敌人，使敌人不敢深入，并为群众的伟大势力所瓦解"。

为贯彻中共广东省委指示精神，恽代英等来到惠阳之后，帮助指导中共惠阳县委组织发动群众，以镇隆四大半围为根据地，组织发动第三次平山起义。平山是惠州外围屏障，又是通往海陆丰的咽喉，占据平山，截断敌人从惠州进入海陆丰的交通，威胁惠州，敌人必然回顾平山，分散兵力，以减轻对海丰、陆丰、高潭等苏区的压力。这时，驻守平山的只有第五军第十三师第三十七团的第五连以维护交通。按预定计划，起义目标首先夺取平山，攻占平山后，立即发动潼湖、平山、横沥、淡水、白花、多祝等地农民武装攻打惠州。恽代英派何友逊到平山，何聪到白花，李国英、戴云芳、叶锡康到淡水；黄卓如、林道文负责潼湖和镇隆赤卫队的组织工作；并派钟勋如联系横沥、平潭等地，组织武装配合，趁惠州敌之兵力空虚，做好攻打惠州的准备。由于准备时间仓促，各地赤卫队驻地分散，离攻击目标平山较远，动员组织工作难度很大，各地仅集结赤卫队200多人。3月28日，正当各路农民赤卫队准备集结平山起义时，进攻海陆丰、高潭等地的国民党军黄旭初部折返惠阳，敌人力量骤然增大。为避敌锋芒，恽代英下令已进抵平山的潼湖农民赤卫队由林道文、黄卓如率领返回镇隆，其余各路武装也只好中途折返原地。第三次平山起义遂告夭折。

在国民党军对高潭苏区进行反复"围剿"的同时，以江达三为首的地主民团组织"清乡剿共委员会"，江达三自封主任，疯狂叫嚣："杨梅水、中洞一带要统统杀绝，换过人种。秆扫头也要过三刀！"宝口、马山等地反动分子也组织"抗红队"遥相呼应，疯狂进行反攻倒算。"清乡剿共委员会"成立后，在高潭圩周围构筑围墙、栅栏、碉堡，并配合国民党军队天天搜山杀人，下乡抢劫，实行残酷的"三光"政策，在高潭圩新街搭起了杀人的场所，下圩埔成了杀人埔。在下圩埔的一个山窝里，一次就有30余名红军和群众被杀害。许多被捕的红军战士和赤卫队员被施以割肉、膝盖钉竹钉等酷刑，活活折磨至死。有的红军战士在山头隐蔽被捕后，被砍掉手和脚，推到山窝里，在痛苦中死去，或被野兽吞食，其状惨不忍睹。尤其残忍的是地主江达三及其反动民团。大茂乡农会秘书张娘先因送情报不幸被捕，反动民团将张娘先活活打死后，当着张娘先母亲陈二的面，将张娘先的头颅砍下，强迫陈二用衫襟包着儿子的头颅游街，并要陈二呼"杀绝共产党"的口号。陈二强忍悲愤，紧咬嘴唇，鲜血直流，宁死不屈。江达三见达不到目的，狠狠毒打陈二，并将张娘先的头颅吊在高潭上圩门榕树下，指使民团团丁将其头颅作靶射击。敌之残暴，亘古未闻。国民党军和地主民团的血腥屠杀，并不能让红军战士、赤卫队员和高潭人民屈服，高潭赤卫队女队员刘罗氏在敌人搜山时不幸被捕，敌人用尽酷刑，但她坚贞不屈，面对敌人的屠刀，她挺起胸膛大声高呼"我要革命到底，生要红，死也要红",英勇就义。据统计,高潭苏区先后有2868人被杀害,其中全家被杀绝的有412户,被烧毁房屋8000余间。中洞村原有900多人,最后仅剩下300多人。

由于敌众我寡以及军事斗争方针策略失误等原因,虽然海陆惠紫根据地人民群众和红二师、红四师顽强地坚持斗争,但未能粉碎国民党军的"围剿",海陆惠紫苏维埃区域终于失守。

## 二、雁湖交通站护送红二师、红四师官兵转移

1928年冬,海陆惠紫苏维埃区域失陷后,红二师、红四师经多次激战伤亡较大,按照中共广东省委的指示,负责人和幸存者陆续经海路和陆路交通线撤离海陆惠紫苏区,史称"红军出东江",亦称"红军出港"。其中较重要的一条交通线是从中洞经海丰公平、埔仔洞、大安洞,然后分两路到香港。一路经热水洞往北到惠东多祝,再转西经平山、惠州到樟木头乘列车到香港。另一路往西到惠东吉隆塘肚、稔山的鲜水塘、雁湖,经淡水转至宝安盐田、沙头角进入香港;或由雁湖经坝仔、平山青龙潭、惠州,再到樟木头乘列车到香港。交通线上设有交通站,交通员的主要任务除护送党组织领导人和红军之外,还负责情报、重要文件、经费、医疗药品的护送。徐向前、刘校阁、周铁忠等就是从这条交通线撤离东江苏区的。当年,李涛(开国上将,曾任中国人民解放军总参三部部长)因负伤在稔山雁湖治疗,伤愈后化名陈万年,留在雁湖交通站任联络员,与共产党员、交通站站长高维全一起负责护送工作。

1928年12月,在经历多次恶战挫折之后,红军第二师和第四师已减员至300人,其中还有许多是伤病员。此前,中共中央巡视员陆更夫分别于1928年9月7日、9月14日、12月4日致信中共中央,报告有关情况,反映了这部分红军干部战士要求撤离东江

的意见。中共中央和广东省委遂决定将他们转移至香港，再从香港前往上海，由党中央分派各地参加武装斗争，或从事其他方面的革命活动。当时，中共广东省委派原红二师第五团团长刘立道到海陆丰，负责红军出港的有关工作。而沿途护送红军的任务，交给了以高维全为总站长的中共广东省委雁湖秘密交通情报总站具体执行；同时派李涛长驻雁湖村，协助组织红军转移工作。李涛、高维全结拜为兄弟，共同以高度的革命责任心，精心策划，严密布置，做了大量艰苦细致的工作，总共护送了五批红军干部战士安全到达香港，出色完成了中央和省委交给的任务。被护送者包括红四师师长徐向前、红二师师长董朗等红二师、红四师官兵。1929年1月，红四师师长徐向前、政委刘校阁等22人，从海丰热水洞汤糊村到惠东雁湖总站后，徐向前由交通员护送，先秘密转移至惠（州）樟（木头）公路，然后坐汽车到达东莞樟木头，再秘密乘火车安全到达香港，从香港乘船到上海，再由党中央派到鄂豫皖革命根据地工作；刘校阁到雁湖总站后，先行出发，并与徐向前约定到香港九龙会合，因在黑夜里搞错了方向，误上了樟木头至惠州的汽车，进入惠州城内而遭到敌人捕杀。红二师师长董朗和女红军危拱之等人，从海丰大安洞出发，沿着交通线到惠东吉隆塘肚交通站（站长张兴）、稔山的鲜水塘交通站（站长刘香），最后由雁湖村交通情报总站秘密护送安全到达香港，再由中央分派到湘鄂西革命根据地工作。李涛胜利完成护送红军出港任务后，也由香港转至上海，再由党中央派遣进入赣西南苏区工作。

# 第四节 百折不挠，再举战旗

## 一、组建红四十九团，恢复高潭根据地

面对国民党军队的重兵"围剿"，地主民团的残酷镇压，高潭区的共产党员、赤卫队员和人民群众重新拿起武器，自发开展武装斗争，以灵活机动的游击战反击国民党军队和地主民团的疯狂屠杀。

1928年深秋，高潭区赤卫大队大队长黄伯梅护送家人前往揭阳县河婆镇（今揭西县，下同）隐蔽，由于带路人告密而遭反动民团伏击，父母、弟弟被杀害，妻子失踪，弟媳被抓后卖到外地。黄伯梅经拼死反抗，且战且走，连夜返回中洞，在石船山隐蔽。不久，黄伯梅在山上找到10多名赤卫队员，取出埋藏的武器，昼伏夜出，展开游击战争。到1929年春，赤卫队发展到30多人枪。

1929年3月底，"蒋桂战争"爆发，中共海陆惠紫特委抓住军阀混战的有利时机，积极恢复和发展党的组织，扩大革命武装力量，开展游击战争，加强和重建苏维埃政权，恢复海陆惠紫革命根据地。

6月下旬，黄伯梅带领赤卫队在高潭与海丰交界的石山嶂伏击敌人。接着，又夜袭海丰黄羌灰窑头反动乡长钟金裕老家，毙其弟及民团数人。驻海丰县的国民党军闻讯出动300多兵力分两

路"进剿"中洞，黄伯梅率赤卫队采取诱敌深入，声东击西，据险阻击等灵活机动的战术，毙伤敌数十人。胜利的消息频传，在山上隐蔽或出走外地的高潭区赤卫队员闻讯纷纷归队，至9月间，黄伯梅率领的高潭区赤卫队已扩大到100多人。与此同时，海丰县的彭桂，紫金县的古鸿光亦各组织起100多人枪的赤卫队。是月，根据中共广东省委的指示，中共海陆惠紫特委召开全体会议，决定从扩大党的影响，增强武装斗争的实力，深入开展游击战争的需要出发，组建新的中国工农红军部队。10月初，中共海陆惠紫特委决定，将此三支赤卫队合编为中国工农红军第六军第十七师第四十九团，彭桂任团长，黄强任政治委员。高潭区赤卫队编为第一营，黄伯梅任营长。海丰县赤卫队编为第二营，陈伯虎任营长。紫金县赤卫队编为第三营，古鸿光任营长。除红军第四十九团之外，海陆惠紫各县还有赤卫队组织。赤卫队分为调动队和预备队。海丰县调动队有10个中队，陆丰县有3个中队，惠阳、紫金县各有1个中队，约600多人。

红四十九团成立后，海陆惠紫特委将辖区分为东北、西南两个作战区，分别设立指挥处指挥两区的红军和赤卫队。东北作战区包括海丰公平、惠东高潭和紫金、陆丰两县范围，配置红军第四十九团第一营和第三营；西南作战区包括海丰的赤石、梅陇和惠东沿海地区，配置红军第四十九团第二营。红军第四十九团由彭桂、黄强带领分别在东北、西南两区展开游击战，并将武装斗争与发动群众结合起来，不断扩大斗争成果。此时，由于两广军阀之间爆发战争，海陆惠紫地区兵力空虚，朱德率领红四军转战东江地区。为了配合红四军的战略行动，迅速扩展东江红色区域，创造海陆惠紫斗争新局面，海陆惠紫特委于11月28日和12月1日连续致函中共广东省委，报告海陆惠紫举行暴动的决定，并请示省委派遣军事领导人前来指导。报告称"我们已坚决决定暴动，先夺取海丰城，次第消灭各区敌人""再夺取紫（金）、惠（阳），向惠（来）揭（阳）发展与东江及朱、毛联成一气"。同时，以海陆惠紫四县革命委员会名义发布政纲，以反对帝国主义、推翻豪绅地主资产阶级的反动统治、建立苏维埃、没收地主土地、取消苛捐杂税等为纲领、口号，借以发动群众起来参加暴动。到12月底，红军在赤卫队和人民群众的支持配合下，仅两个多月的时间，就先后收复了紫金的炮子、洋头，海丰的公平、梅陇、赤石，陆丰的新田、河口、陂沟、大坪，惠东的高潭、多祝、稔山等地，使海陆惠紫红色区域连成一片，海丰、陆丰两县苏维埃政府及高潭区苏维埃政府恢复，惠阳、紫金两县革命委员会相继建立，海陆惠紫革命根据地初步恢复。

攻克高潭圩的战斗经过：12月2日，高潭区正尾乡塘窝村地下党员朱观贤前往高潭圩和生堂药店为红四十九团中洞伤兵处（医院）买枪伤药，药店老板陈观生从处方认出是红军军医张子洪的笔迹后向民团告密，朱观贤被捕，民团团总江达三严刑拷问朱观贤，见朱观贤宁死不招，命民团头目罗楚屏带几十个团丁赶到塘窝村，包围了朱观贤的家，枪杀了朱观贤的妻子、哥哥和嫂嫂及前往朱观贤家开会的朱木恩、朱火清、朱清等六人，其中朱观贤的嫂嫂已怀孕数月。区苏维埃干部杨海南、黄北旺不幸被捕，不久，与朱观贤一起被民团杀害于高潭圩，造成九尸十命的"塘窝惨案"。

江达三民团的暴行，激怒了在中洞的红四十九团官兵。为打击江达三的嚣张气焰，替几年来惨遭杀害的众多烈士和无辜群众报仇，红四十九团命黄伯梅率第一营的红军，于19日晚上开始围攻高潭圩，由于没有重武器，几次攻坚未能奏效，于是改为围困战，切断高潭圩的水源，圩内民团因缺水乱成一团，江达三派人出来抢水被红军击退。为解高潭圩之围，江达三派人到多祝，许下重金请多祝民团团总黎汉光增援。红军为避免受内外夹攻，同时也想通过黎汉光引江达三出来，主动撤围退到黄沙乡一带，放黎汉光的民团进入高潭后再包围。江达三见黎汉光援兵到，慌忙分三路往新庵方向逃跑，其中主要的一路逃到水口埔被红军伏击，死伤几十人，多祝民团团总黎汉光被生擒，缴获机枪一挺，步枪百余枝，可惜江达三率另一路逃脱。高潭圩获得解放。高潭区苏维埃政府迁入高潭圩办公。到12月初，红四十九团扩大到1000多人。一支在中共海陆惠紫特委领导下的主力红军，经过战火的洗礼在革命斗争中迅速壮大起来。

1930年初，在海陆惠紫革命力量进一步壮大的形势下，海陆惠紫特委部署了年关暴动。拟以夺取海丰全境，向陆丰发展，与潮（阳）普（宁）惠（来）揭（阳）等县连成一片；同时，分兵向紫金发展，并与五华方面取得联系；进而夺取惠阳东南部地区，进逼广州。为了实施暴动计划，拓展苏维埃区域，红军第四十九团集中主力，由黄强带领向陆丰进军。红军迅速攻占陆丰新田、河口、博美，并袭击河田，扩大陆丰的苏维埃区域。2月22日，中共广东省委充分肯定了海陆惠紫特委的工作，指出："最近海陆丰工作的恢复发展，苏维埃区域已逐渐普遍，鲜红的旗帜仍旧是飘扬于海陆丰"。此时，在海陆惠紫革命根据地内，许多区、乡苏维埃政权及农民协会等群众组织恢复活动，红色乡村进行土地革命，白色区域的群众进行抗租抗税斗争，革命力量呈现一派复兴的景象。特别是收复高潭之后，军威大振，民心振奋，高潭区苏维埃政府迁回高潭圩办公，由谢锡灵任主席，恢复公开活动，领导人民群众恢复生产，重建家园，并在中洞重新恢复伤兵处（医院）、枪械修理组等后勤机构，组织赤卫队、童子团，配合红军第四十九团作战，迎接新的革命斗争高潮。

4月初，中共广东省委指示海陆惠紫特委在"五一"劳动节期间，发动群众进行罢工及示威游行活动，以推动苏维埃区域发展和扩大红军的工作。随后，红四十九团向大南山进军，会合红军第四十七团及当地的赤卫队反击进攻大南山的国民党军队。在林嶂打垮敌军一个主力团，取得战斗的胜利。此后，中共广东省委多次指示海陆惠紫特委和东江特委，继续扩大东江红军，并将红军第四十九团划归中国工农红军第十一军，实现东江红军的统一指挥。

从5月底开始，在李立三"左"倾冒险主义错误的影响下，中共广东省委对海陆惠紫特委发出多次指示，强调东江地方全面暴动的条件已经成熟，要组织"以惠州为中心的整个东江地方暴动""争取整个东江暴动首先胜利，便是整个东江党当前任务"。中共广东省委一再要求海陆惠紫特委组织以惠州为中心的东江地区暴动，争取东江地区暴动首先胜利，以实现中央的一省或数省夺取政权的目标与前途。从此，"左"倾冒险主义错误方针，对海陆惠紫及整个东江地区的革命斗争，以及党组织的发展产生了消极的影响。

5月下旬，中共广东省委派省委常委卢永炽到海陆惠紫地区巡视。6月1日至5日，海陆惠紫特委在惠东多祝区三坑村（今惠东县安墩镇水美村）召开党的代表大会，卢永炽在会上作政治报告，贯彻省委对东江及海陆惠紫地区工作的指示。会议选举产生新的海陆惠紫特委，由陈舜仪、古鸿江、钟燕林、林彬、杨捷芳、钟战群组成，陈舜仪为书记。与此同时，根据省委的指示，召开惠州十属工农兵代表大会，成立东江苏维埃惠州十属特别委员会，选举陈舜仪、彭桂等13人为委员，形成统一的指挥机构，实施以惠州为中心的暴动计划。至此，海陆惠紫特委领导下的苏维埃区域，逐步向博罗、河源等地发展，革命根据地进一步扩大，辖区纵横百余千米，人口20万，党员达5000余人。1931年5月1日，红军第四十六团、第四十七团、第四十九团联合整编，在高潭中洞正式成立中国工农红军独立第二师，彭桂任师长，黄强任政治委员。第四十九团编为第一团，彭桂兼任团长，黄伯梅任副团长。

## 二、中共惠阳、惠州县委在梁化领导地下斗争

1925年春，惠东梁化谢洞村农民协会成立，会址设在庄坑王氏祠堂，农会会长王潭英、农军队长王潭连。1928年春，农军参加平山第三次武装起义以后，受到国民党军的大规模"清剿"，农会暂时停止公开活动。

1929年7月，中共惠阳县委负责人刘威、陈允才、傅燊霖来到谢洞，开展地下革命活动。经农会会长王潭英安排，食在陈茂兰家，住在一所茅草房子。县委机关领导就在这所房子里办公。因房子太小，县委机关工作场所不够，县委委员叶青率油印编辑出版人员到高围山边树林中一座平房建秘密油印厂，出版印刷《党的生活》《工农小报》《群众》等报刊和传单。在惠阳县委的直接领导下，谢洞的农民运动迅速恢复发展起来，建立起以王潭英、王潭连、王松、王完、王香、王云、陈茂兰等人为核心的领导小组，开展发动群众、宣传党的政策等工作，号召村民加入农会。年底，在庄坑王氏祠堂门前的晒谷场召开农民协会第二次成立大会，由王潭英任主席，王潭连任副主席。当时全村80%的农户加入农会，之后发展到95%的农户加入农会。

1931年5月，惠紫河博边县委（简称"惠州县委"）在谢洞村成立，划归两广省委直接领导。陈允才（陈木）任中共惠州县委书记，组织部长叶青（刘高），宣传部长蔡步墀。下辖惠阳、紫金、河源和博罗四县边区的党组织。为此，紫河特区委划入到

惠州县委管辖。

1932年春，谢洞村发生了"二二八"事件，惠州县委机关所在地遭到反动武装的突然袭击，县委机关的同志冲出敌人包围，迅速转移，来不及收藏的农会花名册等一批重要文件落入敌手，油印机、钢板、钢笔等物品被洗劫一空，县委办公房子被敌人烧毁。中共惠州县委主要领导撤出谢洞后到平山的青龙潭、淡水的土湖、镇隆等地流动办公。

"二二八"事件后，国民党军连续三年对谢洞进行"清剿"，赤卫队员先后有10人被残杀，农会会员受到迫害，倾家荡产。谢洞村党支部书记、农会会长王潭英多次外出寻找党组织未果，归途中被国民党军队捕杀。谢洞村农会停止了活动。

## 三、东江红军在乌禽嶂开展游击战

乌禽嶂海拔1186米，横跨惠东、紫金边境。1929年冬，中共紫（金）河（源）特区委领导和红军游击队员共7人在乌禽嶂山上打游击，武器只有5支手枪50发子弹，2支步枪没有子弹。1930年除夕，区委领导率领游击队员和动员来的多祝区三坑村的8名群众，在除夕夜爆竹声掩护下，突袭惠东多祝区洋潭乡公所，驻守乡公所的民团团丁闻讯丢下武器落荒而逃。红军游击队攻破乡公所大门，缴获6支步枪。然后，红军游击队冲进乡长家，缴获大米、猪、鸡和被服等给养一批。战斗结束后，红军游击队返回三坑村，与当地群众一起用战利品过了一个丰盛的年。春节后，红军游击队从三坑村向紫金县转移。

1930年秋，东江红军第十一军军长古大存到惠（阳）紫（金）两县边界的乌禽嶂三坑村建立红军游击根据地，召集紫河特区红军游击队队长蓝蔚林、惠阳县委书记刘威等人到三坑村，商量如何在惠州地区建立苏维埃政权的行动计划，并在三坑建立惠州十属红军游击队总指挥部。古大存在离三坑村不远的梅坪村建立交通联络站，任命古粤民为站长。梅坪村地处深山峡谷之中，是三坑红军游击队基地进出峡谷的必经要道，梅坪交通站是红军的耳目，古大存每隔三天就亲自到交通联络站听取情况汇报，同时把交通员采购的食盐、药品等物资背回三坑基地。1931年9月，古大存离开三坑上大南山。为加强惠紫河博苏维埃区域的武装力量，12月间，东江军委把红军第十一军第四十九团第一营第一连改编为惠阳青年游击大队，大队长黄少珠（黄谭锡），副大队长陈专，政委罗立（李华）。下辖三个中队，以乌禽嶂为基地，以鸡笼山、坪天嶂、石人嶂、燕岩山等高山为屏障，回旋余地较大。与此同时，以蓝蔚林为队长的紫河特区游击队也划归惠州党组织领导，因此，乌禽嶂红军游击队的力量得到较大的发展，200多名游击队员就驻扎在乌禽嶂，平时主要依靠周边老百姓送粮、送菜、送情报，外村的地主民团都称三坑人是"共匪"，三坑村是"共产窝"。

1931年春，红军游击队组织三坑村的铁匠张军生、张育等人，在三坑村上村庵田坑深山沟建立简易枪支弹药维修厂。同年9月，因暴露，维修厂转移到梅坪与三家村交界处的驳牛坳重建。至1932年6月，新造驳壳枪、单机头、五扦共20多支供游击队使用。

1933年初，古大存率领东江红军400余人转移到乌禽嶂三坑村，计划取道紫（金）河（源）边北上中央苏区，遭到国民党重兵"围剿"，东江军委和红军在乌禽嶂山区遭国民党军围困达3月之久，损失惨重，古大存在战斗中脚部受伤，隐蔽在深山窑洞里疗伤，伤愈后返回大南山领导游击战争。最后，红军只剩100余人在东江军委书记朱炎、军委委员彭桂率领下分别突围到紫金龙窝和海丰大安洞。至此，乌禽嶂红军游击根据地完全陷落。随后，国民党军营长邹道远率200余人"围剿"三坑村及乌禽嶂游击队，到处张贴标语："窝匪者杀，知匪不报者杀""宁可枉杀三千、切莫放过一匪之徒"，并把三坑村划为共匪村，不准村民居住，限时离开。根据地人民被迫逃荒，有家不能归，有田不能种，只能投靠亲友，四处流浪，翌年才得以回家。当年三坑村参加红军游击队十二人，其中六人遭杀害，其余外逃惠州黄洞等地，十多年后才回到老家。

## 四、红旗不倒，甘溪乡党支部在深山中坚持斗争

1927年11月15日，甘溪乡苏维埃政府成立，领导农民分田分地。在此期间，甘溪乡党小组吸收了12名在革命斗争中经受了考验的积极分子入党，建立了中共甘溪乡党支部。1928年6月，由于国民党军队重兵"围剿"，高潭区苏维埃政府机关转移至岩石、乌坭一带隐蔽，甘溪乡党支部党员朱正光、钟金娘、钟李仁、钟帝康等则撤至鸡公髻寨的麻竹窝搭草寮栖身，并负责掌握全乡情况，设法筹集粮款接济区苏维埃机关。他们白天在山上烧炭或采集山货，然后由可靠的群众挑到高潭圩出售，换回盐、米，待钟乃水、朱远平回来交换情报时再带回岩石等区苏维埃机关隐蔽点，一直坚持至1929年冬。红四十九团收复高潭圩后，甘溪乡支部的党员除参加红军和区苏维埃机关工作外，其余党员和乡民一起返回家乡重建家园，发展生产支援红军。1931年8月，国民党军队和地主民团围攻高潭，甘溪乡党支部几名党员仍然回鸡公髻寨的麻竹窝据点隐蔽，秘密筹集一些大米、番薯、花生、鸡蛋等物资，利用夜色掩护，走十多公里山路，送到中洞乡的指定地点交给红军独立第二师第一团（原红四十九团）后勤，一直坚持到1933年春红一团瓦解。

1932年，国民党军队以5个师的兵力"围剿"东江革命根据

地，由于受王明"左倾"机会主义路线和苏区内部肃反扩大化错误的影响，加上国民党军队的重兵"围剿"，东江红军作战失利，到1933年，红军兵力损失殆尽，各级党组织遭受严重破坏而停止活动。

甘溪乡党支部的党员除在战斗中牺牲和出外隐蔽的之外，仅存党员朱远平（第三任高潭区苏维埃主席）、朱正光、钟金娘、钟蔚强、钟李仁5人，朱远平任党支部书记。他们在甘溪乡牛栏肚深山密林隐蔽一段时间后，主动外出寻找党组织。1934年夏，朱远平化装到淡水、香港等地寻找上级党组织，无法取得联系，直至8月返回高潭甘溪乡。1935年7月，朱远平再次前往揭阳县河婆一带寻找，依然一无所获。1936年，朱远平又先后两次以经商为掩护，到香港及揭阳河婆秘密寻访也无结果。这五位共产党员在先后4次寻找党组织未果的严峻形势下，凭着对党的无限忠诚和对中国革命必胜的坚定信念，在深山老林里度过了长达6年之久、几乎与世隔绝的艰苦生活，始终没有解散这个在土地革命战争的惊涛骇浪中经受考验的党支部，直至1939年才与上级党组织取得联系。

**4**

# 第四章
## 抗日战争时期

## 第一节　在民族危亡时刻

### 一、抗日救亡运动的兴起及党组织的恢复

1931年秋，九一八事变后，广州市中等以上学校学生10万多人举行集会和示威游行的消息传到惠东，平山、多祝等镇的学生、工人、居民积极投身抗日救亡运动，举行集会和示威游行，抗议日本侵略中国。位于平山青龙潭的惠阳县立简易乡村师范学校，由校长金步墀，教师盛震权、肖盟泉等三位共产党员组织了一支30多人的抗日宣传队，分赴平山、白花等圩镇和农村开展抗日宣传，通过文艺演出、口头演讲、粉刷标语等形式，向群众揭露日本帝国主义的侵略罪行，抨击蒋介石"先安内后攘外"的反动政策。简易乡村师范学校师生的爱国反蒋活动引起国民党当局的注意，国民党当局派遣特务混进学校进行侦察监视。1932年春的一天凌晨，大批军警突击包围搜查学校，校长金步墀和教员肖盟泉被捕。肖盟泉经多方营救无效，于是年端午节在惠州被杀害。金步墀被营救后，辞去校长职务，学校被迫迁往平山观音堂。

1932年6月，中共惠州县委第四次扩大会议对九一八事变提出应对措施。号召惠紫河博苏区人民群众武装起来，"实行民族革命战争""积极发展反帝大同盟组织，组织扩大反帝力量"。要求各区圩镇的"检查日货队"要普遍组织起来，用"没收日

货，救济失业饥民""没收日货，创办免费平民学校、医院"等
口号去动员群众进行反帝斗争。在斗争中要加强工人纠察队的工
作，惠州、平山、多祝应于最近建立工人纠察队，运用检查日货
队、工人抗日义勇军等公开名义，去组织群众武装，更可以利用
公开活动去进行反帝工作。

1934年9月，中共惠阳县委、中共香港工委被破坏后，惠阳
县党组织被迫暂时停止活动，地方党组织与上级失去联系，一部
分党员和革命者分散在各地以不同形式继续坚持斗争。

1936年初，中共中央北方局书记刘少奇为恢复和发展南方的
党组织，派薛尚实（罗根）到香港负责南方党组织的恢复和重建
工作。9月，在各地抗日救亡运动蓬勃发展的基础上，薛尚实在
香港成立了中共南方临时工作委员会（简称"南临委"），负责
人为薛尚实。南临委的成立标志着中断两年多的广东党组织领导
机关重新建立，华南各地的组织活动开始恢复。在南临委的直接
领导下，广东各地党组织相继建立和恢复。

1937年2月，南临委分别派党员李志坚、彭泰农到惠阳县恢
复和建立党组织。李志坚、彭泰农到位于平山的惠阳县立简易乡
村师范听取了学生会开展抗日宣传活动情况汇报，吸收了在抗日
救亡运动中涌现的先进分子卢伟如、黄道明、叶子良等人入党，
组建中共惠阳县立简易乡村师范支部，由叶子良任书记。

1937年4月，严尚民等人在香港麻油地庙街正式成立"香港
惠阳青年会"（简称"惠青"），旨在团结旅港的惠阳进步青
年，进一步开展抗日宣传活动。惠青选举李庆祥为会长，会员
近500人，1939年增加至5000人。惠青成立不久，卢沟桥事变发
生，全面抗战爆发，中共香港市委和海员工委决定，以惠青名
义，组织成立香港惠阳青年会回乡救亡工作团（简称"惠青救亡
工作团"），回内地沿海一带进行抗日救亡宣传活动。从1937年

8月至1938年底，惠青救亡工作团先后组织三批爱国青年回到惠阳、宝安沿海开展抗日救亡活动。1937年8月起，惠青救亡工作团利用公开合法的名义，在惠东平山、多祝等地建立抗日后援会、青年抗敌会、妇女抗敌会等抗战救亡团体。1938年1月，严尚民等人带领第二批惠青救亡工作团成员到惠东的稔山、平海一带开展抗日救亡活动。1939年冬，罗哲民率领东江华侨回乡服务团到梁化一带活动，在黄竹浪村开展抗日救亡宣传工作。不久，发展了朱清权、朱喜、朱启明、朱得宏、朱裕明等党员，建立了黄竹浪党支部，朱德明任党支部书记。

1938年8月，以中山大学共产党员为核心的进步青年组成的随军服务队（队长李康寿，一个月后由李光中接任）到平山驻军中开展学文化、教唱抗日歌曲、讲故事等活动，与国民党官兵建立了良好关系，使之提高民族觉悟、一致对外、团结抗日。

香港惠阳青年会除了组织惠青救亡工作团之外，还于1939年6月在香港组建了惠阳青年剧团（简称"惠青剧团"）。同年8月初，惠青剧团回到惠（阳）宝（安）地区开展抗日救亡宣传工作。1940年1月中旬，惠青剧团先后在惠东白花、多祝等地演出，受到家乡父老的热烈欢迎。

全面抗战爆发后，中共中央对抗日武装斗争高度重视。1937年8月12日，中共中央发出《关于抗战中地方工作的原则指示》，指出：要利用一切旧政府的武装组织，组织群众和武装群众，共产党员应以抗日积极分子的面目参加到政府与军队中去，并取得其中的领导地位；在日军占领区域及其后方，发动广泛的游击战争。日军攻占南京后，为了加速开展抗日武装斗争的准备工作，中共广东省委制定了战时工作的初步计划，要求各地党组织做好开展抗日游击战争的思想准备，按照进行游击战争的形势要求，发展党的组织。强调游击战争准备工作的重点在沿海，尤其是东江地区，并将东江划分为两个游击战略区。一是以海丰、陆丰、紫金为一战略区，以紫金为后方基地；二是以东莞、宝安、惠阳、增城、博罗、龙门为另一战略区，以增城、龙门为后方基地。这两个游击战略区都以和平、连平、龙川为总后方根据地。

1938年夏秋间，面对日军南侵，中共广东省委在广州召开武装工作会议。就建立和掌握民众抗日武装问题进行研究和部署。会议决定：各地党组织应把建立自卫团等民兵抗日武装作为中心工作任务，要利用各种发展方式，组织群众抗日武装。要求各地党组织，要有目的地从思想上、组织上做好开展抗日游击战争的准备，要参与建立并以灵活方式掌握地方自卫武装，主动争取到自卫团任职，同时要在自卫团中建立共产党的支部。党组织要求全体党员，努力学习军事，积极参加民众抗日武装，掌握武装力量，为开展敌后抗日武装斗争打下基础。中共广东省委指示各地党组织要"提高军事活动，实现'党内军事化'的目标，把武装工作提高到第一位，而民众自卫团的工作又是最中心的工作"。中共广东省委认为，党领导抗日武装将采取两种形式："一种是在统一战线下，组织非公开由我党领导的地方人民武装与游击队，这是主要的一面；另一方面也必须准备将来独立在我们党领导下的武装。"中共广东省委强调：最值得注意的问题是"在于真实掌握地方武装组织基础，和实际领导游击战争干部的培养与安插"。为了做好开展抗日武装斗争的准备，惠阳县党组织按照中共中央和广东省委的指示，通过开展抗日救亡运动，开展各阶层的抗日民族统一战线工作，利用各种关系，采用不同的方式，纷纷建立群众抗日武装队伍。

惠阳地处东江腹地，面临大亚湾、大鹏湾海域，地理位置十分重要。因此，卢沟桥事变后，中共广东地方组织就对在惠阳沿海一带开辟敌后游击战场高度重视。1937年8月开始，惠青回乡救亡工作团就在惠阳沿海各地发动青年开展救亡运动，成立了惠阳县第二区抗敌后援会和淡水文化界救亡工作团。经过一年时间的努力，惠阳各地民众抗日自卫队、游击小组纷纷建立起来。惠东的稔山、吉隆、平海、铁涌、多祝、梁化、高潭等13个乡先后建立了民众抗日武装队伍。

## 二、日军在大亚湾登陆，暴行罄竹难书

1938年10月11日，日军第21军主力由司令官古庄干郎率领，满载着3个师团4万兵力的舰船，在第五舰队的护卫下，在大亚湾海面集结。12日凌晨，4万日军分三路从大亚湾登陆，分别向惠阳县的澳头、东涌、虎头门、坪山、稔山、平海、淡水等地进犯。为掩护登陆后的日军向惠州、广州推进，日军出动飞机轰炸沿途城乡。

10月12日刚好是平山圩的圩日，大街小巷赶圩的人川流不息，早上8时起，6架日军飞机轮番飞临上空，冲向街市对人群投下了大量重磅炸弹，爆炸声震耳欲聋。霎时，平山圩火光冲天，烟雾弥漫。在唐街顶的大榕树旁，被炸死的无辜百姓的肢体、烂肉横挂在树枝上，溅射在墙壁上。都赛埔一带的民居，黑烟滚滚，直冲云霄。火海即时吞没了整个平山，百姓的生命和财物在硝烟中化为灰烬；在西枝江大桥头，日军飞机投下重磅炸弹把桥炸断，用机枪向逃命的人群不停扫射，无数死难民众的尸体漂流在西枝江水面，鲜血把江水都染红了。平山圩被炸的情景，惨不忍睹。据毛屋巷老人毛鹤年、周应芬、黄道明回忆："平山圩第一次被日机轰炸，到处是残墙废瓦，弹坑屡屡，残腿断肢，血泊滩滩，到处都是一片废墟，死尸遍地，使人惶恐不安。成千死里逃生的难民，悲痛欲绝，在废墟中寻觅亲人的遗体。有的父母

抱着残体断肢的亲人、幼子悲恸欲绝，痛不欲生。"下午，日军飞机又往平山投燃烧弹，圩镇顿成火海，几间煤油店铺、布店中弹，风随火势，把很多民居都烧毁了。恐慌到极的平山居民，纷纷出走四乡逃难。大火连烧了两天。轰炸当天，平山大桥、杉厂、沙坝尾、都胜街、高街、打铁街等地共炸死民众400多人，伤200人，炸毁烧毁房屋1000多间。

同日，日军飞机轰炸了惠东的多个圩镇：梁化圩的米行街、魁星楼、林屋、孤文祠、龙颈筋、上堂、老苏尾、昌盛庙、下圩尾等地被炸，炸死18人，炸伤30多人，炸毁50多间房屋。多祝圩的双严堂（地名）被炸死数人，洪胜爷（地名）被炸死30人，东街被炸毁4间房屋，在塘背炸死吴金水母亲谢氏等数人，圩街的肖少科被炸掉下巴，回家后死亡。吉隆镇的梵阿田、黄曲如、杨阿生妻子、蔡阿林母亲等40多人被炸死，另有100多人受伤，车轿、老圩咸鱼街、唐街的8间商铺被炸毁。稔山圩的白云小街，有10多间店铺被炸，一妇女背着女儿逃亡，女儿的头被弹片削掉，成了无头死尸。

日军在大亚湾登陆后，把稔平半岛作为后勤支援基地，指挥部设在稔山的牛牯墩村，后勤兵站设在稔山的盐灶背村，并在该村海滩修建了临时机场。

1941年4月8日，日军到吉隆平政圩烧杀抢掠，村民林阿华奋起反抗，用自制的土炮袭击日军，击伤多人，日军撤退。翌日，日军重返平政圩报复，杀害一名老大娘，强暴多名妇女。5月，日军飞机轰炸惠东梁化圩龙颈筋，炸死在此隐蔽的国民党军独九旅官兵和群众80多人，炸伤100多人。是月，日军扫荡惠东铁涌乡，杀死村民3人，饿死3人，活埋1人，强暴8名妇女，抓走4人，抢掠1家布店，烧毁7间民房。12月1日下午，日军"上海号"运输机在惠东平山圩狮朝洞坠毁。机上7人，有3人当场死亡，4人被击毙，机内携带有发动太平洋战争的绝密军事文件和大量的鸦片。日军为防泄密，竟出动24架飞机，轮番轰炸平山圩，圩内一片火海，大火几天几夜不息，炸死100多人，炸毁房屋约2000多间，损失极其惨重。几天后，日军经过海、陆、空接连三天的现场监察、监听电讯、破译电文，最后确认作战密令为坠机时焚毁，才解除了对平山的特急"扫荡"行动。

1942年3月，日军"扫荡"惠东梁化圩，村民江阿福、胡须石、周天一等近200人被抓捕，遭受酷刑折磨，其中万炳夫妇等12名村民被杀害。4月16日，日军到惠东白花圩鸡子岭村奸淫烧杀，村民何潭凤为保护妻子而反抗日军，被日军捆绑在大树上用机枪扫射而死。日军将一青年妇女奸污后，用刺刀捅死。8月中旬，日军进犯惠东平海暗街，枪杀一村民。1943年，日军到惠东多祝区田坑村古城烧杀抢掠，杀害村民陈潭秋，烧毁房屋30间，抓走村民数十人，村里牲畜和粮食被洗劫一空。

1944年2月，100多名日军先后两次到惠东多祝、新庵、宝口烧杀抢掠，宝口圩的陈李金、大围村的徐阿裕被杀害，塘南村的两名妇女遭强暴，30多名村民被抓走。6月26日，日军出动飞机7架，在大亚湾沿岸的平海、稔山一带侦察，并用机枪扫射渔民。

1945年1月至5月间，日军为抗击盟军在沿海登陆，强征劳工，在沿海修筑工事，在惠东山区修筑多祝至海丰的公路。惠东山区的多祝、新庵（今白盘珠）、高潭的群众被强征做劳工，粮食、财物、牲畜被抢劫一空。

从1938年10月12日至1945年8月15日日本无条件投降，日军先后4次在大亚湾登陆，狂轰滥炸烧杀抢掠无恶不作，犯下的罪行罄竹难书。

# 开展游击战，打击日伪军

## 一、抗战堡垒村——雁湖

日军的暴行吓不倒惠东人民，相反，激起了惠东人民的坚决反抗。1939年春，为躲避国民党特务的追捕，在稔山坝仔老田村后山隐蔽了近5年的雁湖村老党员、原中共广东省委雁湖秘密交通情报总站站长高维全悄悄潜回老家雁湖村，联络了高佩泉、高佩（史）良等老农会会员，以高家醒狮队的名义，秘密组织了30多人的抗日武装——青苗队，每天下午在高氏祠堂开展军事训练。是年夏的一天，有一小队日军从平山沿广汕公路前往稔山。高维全闻讯后，立即召集高帝保、高昌牯等10多名青苗队员拿起武器赶往铁马关设伏。高维全持一支"单响漏底"步枪，高帝保、高昌牯、高本等各持一支破旧的"七九"步枪，他们刚刚在铁马关靠南的山腰占领了有利地形，便远远望见一小队日军大摇大摆地往铁马关走来。高维全对大家说：没有我的命令不能开枪，要等敌人靠近瞄准了才开枪，我打那个骑马的，你们各人都瞄准一个目标，一定要让日本崽偿偿稔山人民复仇的子弹。突然"砰"的一声枪响，不知是谁因为过度紧张扣动了扳机，其他队员听到枪声也接着开枪射击，但由于距离目标过远，没有击中日军，反而过早暴露了自己。日军被突然的枪声吓得赶紧卧倒在地上，缓过神来的日军官抽出指挥刀，命令部下用步枪、机枪和掷弹筒向青苗队设伏的山腰射击。高维全见队伍过早暴露，且日军的火力太猛，为避免损失，下令撤往夹长窝隐蔽。日军狂轰了一阵后，日军官用望远镜观察了一下，没有发现目标，只好悻悻地往稔山去了。雁湖青苗队这场伏击战因实力悬殊，队员缺乏实战经验，过早地暴露了自己而没有取得战果，但打响了稔平半岛人民抗战的第一枪，体现了惠东人民反抗侵略的决心和勇气。

9月，中共惠阳县委派高健以县委特派员的身份，化名高筱燕到稔山雁湖小学任校长，以教书职业为掩护，秘密开展党的工作。经过一段时间的考察，与老党员高维全接上头，恢复了高维全的组织关系。然后与高维全一起，在雁湖吸收了高佩（史）良等第一批4名新党员，成立雁湖村党支部，由高维全任党支部书记。接着，高维全发动村党员干部，想方设法筹集资金，到良井购买了29支步枪，6支手枪，加上原有的10多支长枪，扩大了村自卫队。不久，高健把自卫队改为雁湖游击队。随后又在村里组织了农抗会、青抗会、妇抗会、儿童抗敌会等抗日群众组织，还办起了农民夜校，组织村民学文化，大张旗鼓地宣传抗日救国。高维全则重建地下交通网络，把雁湖和上级党组织及周边的党组织紧密联系起来，使稔平半岛的抗日救亡工作如火如荼地开展起来。1941年夏天，雁湖村党支部吸收了高杏林等8名新党员入党，到抗战胜利，雁湖村党支部先后共吸收5批20名党员。除了在雁湖发展新党员外，高健、高维全还在白云、长排、稔山圩等6个村镇发展新党员，建立党支部。同年冬，中共惠阳县委根据斗争形势的需要，调高健回淡水出任惠阳县游击大队大队长，雁湖村的高佩（史）良、高佩泉等党员和村民随高健参加游击大队。

高健离开雁湖不久，中共惠阳县委派邓秀芳到雁湖，仍以教师职业为掩护，开展党的组织活动，他与高维全一起，到周边村庄开展党组织发展工作，吸收了30多名积极分子入党，充实各村党支部。

1943年冬，邓秀芳与高维全根据上级的指示精神和抗日游击队作战的需要，决心开通稔山直达香港的交通运输线和情报联络线，他们一起到长排村找到在惠阳县招商局任职的陈嘉瑗，在交谈中得知陈嘉瑗也是地下党员，他答应利用在招商局任职的便利，建立稔山至香港的交通运输线和情报联络线，为抗日游击队的给养运输和情报传递提供便利。

1944年，高维全按照上级的指示精神，对活动于大亚湾一带以吕铁琛为首的海帮开展统战工作，争取将其引上抗日的道路，以扩大稔平半岛的抗日力量。为做好对吕铁琛的争取工作，高维全派与吕铁琛有亲戚关系的地下党员吴光找吕铁琛做动员说服工作。在早已潜伏于吕铁琛身边、与吕铁琛结为夫妻的游击队女民运队员刘群的共同努力下，吕铁琛于同年秋率其海帮参加了东江纵队，被改编为稔山自卫大队。1945年2月东纵第七支队成立，稔山自卫大队改为吕铁琛大队，不久，与曾城大队合编为东江纵队第七支队第四大队。

1944年春夏之交，青黄不接，稔山一带很多农民已断粮多时。面对严重的春荒，中共惠阳县委派高峰来到雁湖，找到高维全、高立商量如何发动群众开展减租减息斗争，督促地主开仓放粮，帮助群众度过春荒的问题。高维全、高立坚决执行县委的指示，提出以雁湖游击队为武装骨干，发动忠信乡、和平乡及周边乡村的农抗会会员上千人，到盐灶背地主家中要求减租减息，开仓放粮。为防止地主武装的反抗，高维全安排高立负责带领农抗会会员前往地主家，自己则带领雁湖游击队，忠信乡常备队及其他村的农民自卫队，负责保护这次要求减租减息大行动。行动那天，一千多名农抗会员挑着箩筐，扛着红旗，在高立的带领下，涌向盐灶背村，周边的群众闻讯纷纷加入要求减租减息队伍。地主开始还想用武力反抗，一边派人去稔山区公所求援，一边组织家丁持枪集结。稔山的警察闻讯后倾巢而出，警长见雁湖游击队等人民武装早有防备，立即缩了回去。地主见援兵无望，只好接受农民减租减息的全部条件，开仓放粮，群众分到救命的粮食，度过春荒。

随着抗日游击队的发展壮大，军粮供应的矛盾日益突出。为解决游击队粮食供应问题，上级将筹粮和加工任务交由高维全负责。接到任务后，高维全立即召集雁湖村党员骨干开会研究，决定从以下几方面进行筹粮加工：一是党员干部发动亲戚、朋友、大户人家出售粮食作军粮。二是把高家祖宗的公偿田23亩出租所收的全部租谷作军粮。村民向外村地主租耕的土地只交钱，不交谷，租谷转为军粮。三是发动其他村的农抗会大量收购稻谷。高维全把党员高戍开的米店改成加工厂。村民们吃过晚饭后悄悄地集中起来为游击队加工粮食，到半夜时分，又把加工好的大米挑到凌坑，交给前来收粮的部队后勤。1945年7月的一天，由于汉奸告密，驻稔山的日伪军突袭雁湖村，米店店主、共产党员高戍被日军枪杀，共产党员、农抗会长高立及20多名来不及转移的村民被俘。后经组织营救，20多名村民才获救，但高立因身份暴露被日伪军押送惠州，关押至1949年惠州解放前夕被国民党军队杀害。粮站遭日伪军突袭后，高维全吸取教训，改变办粮方式，把集中加工大米的工作分散到各家各户，加工好的大米打好包后马上运走。收购到的粮食也分散在村民家中存放，并增派哨兵站岗，发现敌情吹海螺号通知村民转移隐蔽。直到抗战胜利，雁湖村都是游击队粮食收购贮存加工基地。

## 二、新编大队东移高潭

1938年10月12日2时45分，日军第18师团、第104师团和及川先遣支队分三路在大亚湾登陆。由于国民党当局腐败无能，未能组织有效的防御，仅10天时间，惠阳、广州及东江下游地区相继沦陷。为开展敌后游击战争，打击日本侵略军，12月2日，中共惠宝工委在惠阳县秋长周田村正式成立惠宝人民抗日游击总队。总队长曾生，政委周伯明，全队共100多人。1939年5月，惠宝人民抗日游击总队改称为第四战区游击指挥所第三挺进纵队新编大队（简称"新编大队"）。此后，新编大队在惠阳、宝安沿海地区一带，开展敌后游击战争，与敌人作战30余次，取得较大的胜利，初步开辟了惠宝沿海游击区。1940年初，新编大队共有官兵500多人。

1939年1月，国民党五届五中全会制定"溶共""防共""限共""反共"的反动方针。此后，国民党顽固派逐步由对外转向对内，陆续制订和秘密颁布了《限制异党活动办法》等一系列的反共文件，积极推行反共反人民的政策，并发出进攻中国共产党领导的抗日武装的密令。从1939年冬开始，国民党顽固派在全国掀起第一次反共高潮。

面对这种形势，中共中央明确提出"坚持抗战，反对投降；坚持团结，反对分裂；坚持进步，反对倒退"三大政治口号和"发展进步势力、争取中间势力、孤立顽固势力"的策略方针及"有理、有利、有节"的斗争原则，要求全党正确处理民族矛盾和阶级矛盾的关系，坚持抗战，坚持抗日民族统一战线，推动时局向有利于抗战、团结、进步的方向发展。

1939年夏，国民党广东当局首先把矛头对准在华南抗战中表现最为出色的抗日先锋队（即广东青年抗日先锋队东江区队）。

至1940年4月，整个东江地区抗日先锋队及进步群众团体被强迫解散。国民党顽固派在下令解散抗日先锋队的同时，加紧对东团（即东江华侨回乡服务团）进行迫害活动。国民党顽固派东江当局在强行解散抗日先锋队、迫害东团的同时，更是时刻伺机扑灭活动于惠（阳）东（莞）宝（安）地区的人民抗日武装力量。惠东宝人民抗日武装建立初期，国民党东江当局虽然迫于无奈给这支人民武装授予番号，承认其合法地位，但不给粮械，而且始终包藏祸心，处心积虑地伺机打击和消灭。第四战区游击指挥所主任香翰屏企图削弱和消灭曾生、王作尧部队的阴谋破产之后，又以走私贩私、封官加爵为诱饵，企图拉拢曾生等领导人，以达到其瓦解这支人民抗日武装的目的。这一阴谋被识破后，又以协助工作为名，强行派员到曾生部队任职，企图监控新编大队。中共东南特委和东江军委及时组织新编大队与之进行针锋相对的斗争，采取严密措施，使国民党东江当局的阴谋再次破灭。1940年2月初，香翰屏强令新编大队到惠州"集训"，以便集中包围，一网打尽。尽管东江军委洞悉其奸，但为顾全团结抗战大局，仍然委派新编大队副大队长周伯明到惠州谈判。周伯明到惠州后，发现集训地点竟然安排在西湖中央的孤岛上，便进一步识破了国民党顽固派要新编大队到惠州"集训"的不轨图谋。周伯明在谈判中，以前线敌情紧张为由，坚持就地整训，与国民党东江当局展开针锋相对的斗争，再一次挫败了香翰屏的阴谋。香翰屏的阴谋彻底败露后，加紧调集兵力，悍然发动了对新编大队和活动于东（莞）宝（安）边境的第二大队的军事进攻。

对国民党顽固派的军事进攻，东江军委早已有所预料。早在1939年12月下旬，东江军委就在坪山召开会议，就如何反击国民党顽固派的反共逆流和部队的战略行动等问题进行讨论。会上出现意见分歧。一方意见认为：部队应向西转移到东（莞）

宝（安）敌后，坚持敌后抗战，从政治上、军事上同国民党顽固派进行坚决的斗争；另一方意见认为：国民党顽固派掀起反共高潮，抗日民族统一战线必定破裂，全面内战再起，部队应东移土地革命战争时期的老苏区海陆丰，在群众基础较好的老苏区，以高潭为中心，以海（丰）陆（丰）惠（阳）紫（金）边区为根据地进行斗争。最后，东江军委采纳了第二方面的意见。

当东江军委对国民党发动军事进攻有所警觉时，就产生了部队向东转移的思想倾向，因而从地方党组织、部队抽调一批干部到高潭、多祝地区工作。派往高潭的有李华、王柏、黄畅、黄秉、黄云鹏，派往多祝的有蓝造、魏仕优、钟吉麟、黄一鸣、潘应宁等。他们进入多祝、高潭后，开展抗日救亡宣传活动，发动群众，组织群众，建立和发展党组织，先后在高潭、多祝建立了中共支部。与此同时，又于1939年7月间派黄琴化名黄育光，以教师身份到高潭开展统战工作，争取了大革命时期高潭农会的创始人之一、乡长黄伯坤等人的支持。

1940年2月底，东江军委接到打入第四战区东江游击指挥所任作战科科长、政治大队大队长的中共地下党员李一之和张敬人送出的紧急情报，得知国民党东江当局正部署进攻新编大队和第二大队，遂于3月1日在坪山竹园村召开紧急军事会议，决定部队向海陆丰方向转移。

3月初，国民党广东当局纠集第一八六师第五五八团，保安第八团两个营，汕头、东江地区的四个支队及地方武装共3000余人，开始向曾生、王作尧部队发动进攻，分别从北面和东面向坪山逼进。3月7日，国民党顽固派军队从龙岗、坑梓、淡水三个方向，逐步形成对新编大队的包围。与此同时，国民党顽固派军队以2个营的兵力进驻东莞梅塘，另一部进驻宝安观澜，形成对第二大队的包围态势。

为了摆脱国民党顽固派军队的包围，梁广、梁鸿钧、曾生等率领新编大队从惠阳坪山向东突围。与此同时，第二大队也从宝安乌石岩出发，穿过敌人封锁线和广九铁路，向淡水方向突围。

新编大队从坪山突围后，3月10日晚在三间店穿过澳（头）淡（水）公路，翌日拂晓前在白云以北通过稔（山）平（山）公路。下午，当部队抵达吉隆以北5公里处时，遭顽固派军队罗坤支队截击。新编大队坚决迎击顽固派军队，一部登上高地与顽固派军队激战，掩护大队部和其他部队向北转移，至晚上摆脱顽固派军队，于15日下午到达大安洞。18日，新编大队由吊贡到达高潭。中共高潭党组织发动群众积极支援部队。

3月21日，国民党顽固派军队一八六师五五八团（团长凌育旺）从多祝、新庵方向向高潭进逼，李坤支队从陆丰方向进抵公平，对高潭形成包围态势。22日，新编大队撤离高潭圩，开进水口地区。大队部驻大联村大夫第，政工队驻柑树下村仪吉楼，邬强率第一中队和特务连驻草塘背村，周伯明率第三中队驻黄头坝村，叶清华、黄业率第二中队在高潭西北面的陈田坝担任外围戒备。24日，根据东江军委3月18日会议的决定，派副大队长周伯明同顽固派军队谈判，没有任何结果。下午，顽固派军队第五五八团利用暴雨天气偷袭，第三中队30余人被俘。顽固派军队偷袭得手后，随即向大队部驻地进攻，第一中队和特务连隔河阻击敌人，打退了顽固派军队的进攻，掩护大队部撤至水口北面山头。顽固派军队进攻未果，派副团长与曾生谈判，妄图诱奸新编大队，阴谋未能得逞。当晚，部队摆脱顽固派军队后，向杨梅水地区转移。第二中队向大队部靠拢途中与凌育旺团后续部队遭遇后，迅速撤往五指嶂，翌日与凌育旺团激战。中队长叶清华英勇牺牲，政治指导员黄业等负伤，副中队长陈其禄率部突围，部队损失严重。在新编大队面临生死存亡的危急关头，高潭地下党和广大人民群众冒着生命危险，引导新编大队跳出顽固派军队的包围圈，转移到中洞、朝客、牛栏肚等地隐蔽。与此同时，地下党组织和人民群众还积极抢救和掩护伤员，让他们痊愈归队。二中队指导员黄业负重伤后，就是经当地群众救治伤愈归队的。国民党军五五八团驻扎高潭"围剿"新编大队期间，大革命时期曾任乡农会会长的进步人士黄伯坤，以乡长身份为掩护，积极配合中共高潭支部和进步人士，发动群众掩护游击队员，帮助失散队员与部队取得联系，积极为游击队筹粮筹款，保存游击队留下的武器弹药，为失散的队员安全撤离高潭重新归队，摆脱顽固派军队搜剿创造了有利条件。

3月26日，新编大队大队部及第一中队、干部队、政工队经中洞进抵陆丰县境的激石溪隐蔽。又派出大队副官李燮邦与顽固派军队谈判。27日，新编大队与中共海陆丰工委取得了联系，工委书记郑重派人来到部队驻地石山村帮助部队开展工作。这时，陈其禄带领突出重围的10多名战士也来到石山村会合。新编大队在转移过程中损失严重，部队由500多人减至100多人。4月中旬，部队重新整编后，进入公平、梅陇以及可塘、汕尾一带活动。

当新编大队抵达高潭之后，东江军委书记梁广于3月25日离开高潭，30日抵达香港。廖承志会见梁广后，当即将曾、王部队东移受挫的严重情况电告中共中央和南方局。中共中央对东江游击队的行动极为关注，当获悉东江游击队东移海陆丰受到严重挫折的消息后，于4月1日致电中共广东省委，要求"立即将东江发生之重大事变的真相，查明电告。"4月12日，梁广将部队东移经过及受损失的情况向中共中央和中共广东省委作了报告。4月23日，廖承志、尹林平、梁广、周伯明等人，就部队东移情况进行了研究和讨论。一致认为部队东移并遭受严重挫折的主要原因是对抗战形势的变化估计错误，对国民党顽固派的反共本质认识不清，缺乏高度的政治警惕性；而对顽固派的军事进攻，采取消极的逃避办法，导致政治上、军事上陷于被动地位，使部队遭受严重挫折，兵力由800人减至100多人。23日当天，廖承志将东江游击队受挫情况及困难处境电告中共中央南方局和中共广东省委书记张文彬。

在曾生、王作尧部队处于十分困难的紧急关头，廖承志转达了中共中央书记处5月8日的电文指示（即"五八指示"）。电文指出：目前全国尚是拖的局面，现不易整个投降分裂，也不易好转。当局尚在保持抗日面目，同时进行反共准备投降中，但地方突变随时可能。在此局势下，我们必须大胆坚持敌后抗日游击战，同时不怕摩擦，才能生存发展；曾、王两部仍应回东、宝、惠地区，在日本与国民党矛盾间，在政治与人民优良条件下，大胆坚持抗战与打摩擦仗。曾王两部决不可在我后方停留。不向敌人进攻，而向我后方行动的政策，在政治上是绝对错误的，军事上也必归失败，国民党会把我们当土匪剿灭，很少发展可能。如去潮、梅，人地生疏，顽固派仍可以扰乱抗日后方口号打我，将牵动当地灰色武装的暴露。电文还对回防抗日前线的工作，作出了具体的指示。8月初，曾、王部队在地方党组织和人民群众的帮助下，遵照中共中央"五八指示"，重返惠东宝地区开展敌后游击战。①

### 三、组建护航大队，建立稔平半岛抗日游击根据地

为拓展敌后抗日游击根据地，摆脱回旋余地狭小的不利局面，早在1943年夏秋间，广东人民抗日游击总队就做出了由沿海

---

① 资料由作者整理而得。见中共惠阳区委党史研究室、中共惠东县委党史研究室、深圳市龙岗区史志办公室著：《中国共产党惠阳地方史》，中国社会出版社，2004年，第239—240页。

和山区两个方向向东发展的战略部署。地处大亚湾东岸的稔平半岛与大鹏半岛隔海相望，既是大鹏半岛海域向东伸展的咽喉要道，又是由海上进入内陆腹地的重要门户，而且土地肥沃，物产丰富，战略地位尤为重要，为历代兵家必争之地。因此，开辟稔平半岛，进而取得其控制权，成为向东进军，建立海陆丰乃至东江、韩江间敌后根据地的关键。

为了实施向东发展的战略部署，1943年夏秋间，广东人民抗日游击总队，在惠阳地方党组织的配合下，派练铁、蔡端、曾城等带领民运队到稔平半岛，秘密开展工作，建立党组织，发展抗日自卫武装，在铁涌、东和、西涌、吉隆、稔山、暗街等地建立了党的组织，并先后建立13个乡的抗日自卫队、突击队、联防队、常备队等民众抗日自卫武装。8月间，为进一步实施开辟和控制稔平半岛的战略部署，广东人民抗日游击总队决定以刘培的独立中队为基础，组建广东人民抗日游击总队护航大队，由刘培任大队长，曾源任政治委员，叶基任副大队长，下辖4个中队、一个独立小队。第一中队由叶基兼任中队长，韩藻光任指导员；第二中队由赖祥任中队长，林英任指导员；独立小队由袁贤任小队长，刘贤任指导员；海队第一中队，由吴海任中队长，在大鹏湾西部海域活动；海队第二中队由邓金任中队长，在大亚湾东部海域活动。是年，护航大队派出武装进驻巽寮牛背印据点，建立军事情报网络，为抗日游击队在稔平半岛站稳脚跟打好基础。

护航大队建立后，主要在稔平半岛展开对日、伪、顽的军事斗争，先后取得澳头、暗街、霞涌、平海等陆地战斗和一系列海上战斗的胜利，给日伪军和顽固派军队及土匪以沉重的打击。至1944年初，护航大队控制了整个稔平半岛三分之二的乡村，游击区人口达6万人。1944年9月，东江纵队司令部决定以独立第四大队为基础，包括农工民主党掌握的抗日武装和稔平半岛的民众抗日武装，组成大亚湾人民抗日自卫总队，为进一步开辟、巩固稔平半岛抗日游击根据地而斗争。

## 四、惠东突击队开创新局面

1944年1月，日军为实现打通大陆交通线的目标，准备向惠东一带进攻。而国民党顽固派趁机大肆镇压惠阳中共党组织和人民群众，惠东地区国民党军队兵力空虚，稍有战斗力的部队只有陆如钧部200余人和吉隆平政赖耀庭部，其余都是战斗力较弱的联防队和盐警队。为了争取主动，保存地方党力量，牵制敌人兵力，4月30日，中共前东特委决定在惠东白花皇田仔村成立突击队，活动于淡水河以西的由蓝造领导，活动于淡水河以东的则由邓秀芳领导。惠东突击队由邓秀芳、高固、高史良等12人组成，高固任突击队长，邓秀芳兼任政委，高史良任副队长。

惠东突击队成立后，放手发动群众，开展统战工作，大力发展抗日武装。高固负责开辟东江沿岸一带，高史良负责开辟平山棠阁、梁化等地区。突击队所到之处，因有地方党组织和群众支持，工作很快打开了局面。高史良、吴红、罗彬到棠阁后，不久便发展了张志忠、巫炳等一批抗日同盟会员，后由张志忠、巫炳牵头成立了一个中队。经过高史良、饶利、高汉华做统战工作，梁化土匪周磨壁表示不干涉突击队的活动。经过邓秀芳、周彬、周浩然等人做统战工作，梁化另一土匪周蛋家表示愿意出钱出枪支持抗日。

7月，突击队员饶利、卢茂在白花圩市场收缴了两名伪联防队员的枪支。高史良、吴新等人在平山区坐陂村的黎子山袭击前来收税的稔山盐警队，缴获8支步枪。8月，高史良带队前往平山，在碧山与敌遭遇，打死3名敌人。高固带队前往稔山途中，包围了白云乡伪乡长陈德群家，缴获手枪2支，步枪3支。

1945年初，为配合打通粤汉线，建立沿海据点，保住陆路运输线，阻止盟军登陆，日军第3次在惠东宝地区沿海登陆。国民党正规军不战而逃，惠东只剩下一些国民党地方武装，其中一部分还投降了日军而成了伪军。

日军登陆后，突击队在中共惠东县委的领导下，放手发动群众，组建地方武装部队，打击日伪军，并提出"有钱出钱，有枪出枪，枪不离人，人不离乡"的号召。卢振彪在白花区坦湖村组建常备大队，黄秉在白花区大山口组建饶震欧常备中队。护航大队在平海组建曾城大队，巫炳在棠阁组建自卫中队，罗哲民在大洋、高围、谭公、增光组建自卫大队，吕铁琛在稔山组建自卫大队，邓金在多祝组建自卫大队，突击队在惠东境内共组建了13支正规武装队伍。

1945年1月，在党的统战政策感召下，国民党惠紫博河护航第一大队第三中队长朱星一、国民党惠海联防中队长翁汉奎率部在多祝区马趾垄起义，部队开赴罗浮山根据地整训，改编为东江纵队独立第六大队，朱星一任大队长，翁汉奎任副大队长，游扬任政治委员，王磊任教导员。部队整编后开赴增城、博罗、东莞边境东江沿岸地区活动。

## 五、东江纵队第七支队在白花成立，惠东抗日武装力量日益壮大

1944年冬，中共广东省临委为适应抗日战争新形势斗争的需要，把原惠阳县划分为路东（广九铁路以东）和惠东（淡水河以东，东江河以南）两个县级区域。11月，中共惠东县委成立，黄宇任县委书记，方定任县委副书记兼组织部长，邓秀芳任宣传部长，黄闻任民运部长，练铁任政权部长，高健任武装部长，黄道明、李华为委员。1945年初春，东江纵队司令部秘书长、中共广

东区党委宣传部长饶彰风和高健、黄闻率领惠阳大队一部到惠东白花一带活动，配合中共惠东县委领导的地方武装，组建东江纵队第七支队。

1945年2月，东江纵队在白花西山月排下村何氏宗祠成立第七支队，支队长高健（后叶基）、政委黄宇（后曾源、邓秀芳）。支队下设参谋处、政治处、副官、交通站、情报站、税站、民运队等机构。参谋处有作战参谋赖祥、邱强、赖奕庄、林凤时、刘振龙等人；政治处主任黄闻，副主任邓秀芳。下设组织、宣传、保卫股。组织股长李洁（后陈慧）；宣传股长潘燕修；保卫股长邱林；副官高亮；交通站长叶香（后陈芬）；情报站长刘立；税站长张德，指导员李和；民运队长潘清、杨彩萍。支队下辖10个大队，共1500多人。这些大队的名称及领导人是：突击大队大队长高固，副大队长高史良，政委邓秀芳（兼）；曾城大队大队长曾城，政委魏仕优（后林英）；高宏大队大队长高宏，教导员叶森；卓绍基大队大队长卓绍基，政委李潭桂；邓金大队大队长邓金，政委林镜秋；陈可永大队大队长陈可永；沿江大队大队长邓治平，教导员黄道明；罗哲明大队大队长兼政委罗哲明，副大队长蔡奇；吕铁琛大队大队长吕铁琛，特派员刘振光（后高史良）；卢振彪大队大队长卢振彪。不久，下辖的武装部队进行整编，从10个大队整编为6个主力大队：第一大队赖祥大队（含原高固大队、罗哲明大队），大队长赖祥，政委罗哲明；第二大队高宏大队（含原高宏、陈可永大队），大队长高宏，教导员叶森；第三大队邓金大队，大队长邓金，政委林镜秋；第四大队曾城大队（含原曾城、吕铁琛大队），大队长曾城，政委魏仕优（后林英）；第五大队高乔大队，大队长高乔；第六大队沿江大队，大队长邓治平，教导员黄道明。原卢振彪大队编为督导处自卫中队，中队长陈枢（陈启光），指导员罗彬。与此同时，东江纵队在海丰成立第六支队。2月中旬，东纵第六支队第五大队由韩藻光带领到达高潭，在地下党协助下，趁国民党顽固派军队不及提防，缴获钟超武部驻海丰新圩1个小队的枪支，又袭击了钟超武部设在杨梅水的盐站并没收其全部食盐，还缴了反动头子罗欣其驻在石门沥的自卫队1个班的武器，一举拔掉高潭周围敌人的据点，削弱了敌人的力量。第五大队还以高潭为基地，向紫金、五华等县边区扩展，发动群众建立抗日武装，积极打击日伪军。

东江纵队第七支队建立后，主要活动在惠东稔平半岛一带，积极打击日伪军。1945年3月中旬，盘踞在惠东沿海稔山、盐灶背、鹤嘴港的日军300多人，向白花忠信乡的凌坑、白田埔、西山月、海路各村民众逼要粮食。忠信乡地下党和自卫中队组织村民共200多人，于牛史典至凌坑途中的宝塔下伏击进犯日军。战斗打响后，附近西山月、海路、白田埔等村民3000多人举着柴刀、锄头、扁担等，鸣锣、吹螺号喊杀声冲天，赶来助威，日军吓得狼狈逃窜，滚回据点。

4月14日，东纵第七支队曾城第四大队为挖掉日军监视大亚湾东江纵队护航大队的"眼睛"——巽寮油甘埔瞭望哨所，巧施妙计，深入敌巢，摸清敌人内情后，趁黑夜发动奇袭，一举消灭日军11人，缴获机关枪1挺、掷弹筒1个、步枪8支、手枪1支、指挥刀1把、海防瞭望镜1台、弹药物资一大批，彻底拔掉了这个据点。此役曾城第四大队伤亡2人。当天下午，驻稔山盐灶背、船沃后勤大本营的日军100多人到稔山圩抢粮，东纵第七支队吕铁琛自卫大队吕坤副大队长率钟秀、蔡金泉等100多人在日军返大本营必经之路竹园、竹背河段埋伏，等日军进入伏击圈内，自卫大队集中火力出其不意地开枪射击卡住敌去路；吕铁琛大队长在高处用交叉火力猛烈向敌阵射击，竹园、竹背、水浸围、雁湖村的村民举着柴刀、锄头、扁担等，鸣锣、吹螺号喊杀声冲天，为自卫大队助威。日军不敢恋战，丢下抢劫的物资，夺路而逃。此战打死日军8人，缴获防毒面具2个、粮食、衣物一批；15日，驻稔山赤沙的日军100多人，驻盐灶背日军100多人，分别到巽寮、竹园报复，进行烧杀抢掠。为打击从盐灶背出动报复的这路日军，东纵七支队曾城第四大队和吕铁琛自卫大队又在竹园、竹背段小路两边埋伏。当日军返防时，进入埋伏地段，两个大队同时开火猛打，当即击毙日军官佐1名，士兵2名。日军精疲力倦，败退逃窜。两个大队速猛追击，日军逃进老鸦山村树林中隐藏。两个大队对日军实施包围，志在全歼这股日军。正当日军走投无路时，从船沃增援的100多名日军，以大炮、重机枪对两个大队阵地轰击。两个大队没有重武器，主动撤出战斗。此战两个大队无人员伤亡。东纵七支队两天内三战三捷，打出了威风，鼓舞了惠东抗日军民，受到上级通报表扬。从此，日军不敢随便派小分队外出骚扰百姓了。

1945年春，中共惠东县委派黄振到高潭协助工作，建立了由罗星开、林海亭、罗振南、罗少华等人组成的高潭区委。在高潭区委领导下，高潭人民群众踊跃捐钱献枪，组建了由罗觉环为队长的抗日自卫中队，积极开展抗日活动。4月间，东纵六支队第五大队和高潭抗日自卫中队紧密配合，主动出击，取得了佛子坳、石壁湖、柑树下等地伏击日军的胜利，迫使日军不敢冒犯高潭。

5月中旬，第七支队和第六支队协同作战，先后在海丰县赤石、热水洞击退顽固派军队陆如钧部的进攻，并乘胜收复赤石圩，歼敌两个排，拔掉顽固派军队在惠（阳）海（丰）边的据点，打通惠、海之间的联系。7月，第七支队第一大队在大队长赖祥的指挥下，在新庵（今白盆珠镇）七斗种桥伏击日军运输车队，摧毁汽车两辆，缴获弹药一批。经过一系列战斗，第七支队有力地打击了盘踞在稔平半岛和平（山）西（坑）公路沿线的日伪顽军。在此基础上，中共惠东县委广泛发动群众，组织群众武装，建立民主政权，创建拥有45万多人口的抗日根据地。

在向东发展的战略行动中，在地方党组织的密切配合下，第七支队与第六支队协同作战，取得一系列战斗的胜利，部队迅速发展壮大，建立了惠东和海陆丰根据地，并与在韩江活动的抗日游击队取得了联系。

1945年5月7日，海（丰）陆（丰）惠（阳）紫（金）五（华）边区代表会议在高潭公梅马氏宗祠举行，宣告海陆惠紫五边区抗日民主联合政府成立。会议由东江纵队第六支队第五大队政委韩藻光主持，各县人民代表、游击队部分指战员、高潭党组织负责人黄振、民兵代表、抗日开明人士共400多人参加大会。

## 六、成立惠东行政督导处，巩固惠东抗日根据地

中共中央对在敌后抗日根据地中建立民主政权，一直高度重视。抗日战争进入相持阶段后，中共中央就抗日根据地的政权建设问题，向党内发出指示。指出："在抗日时期，我们所建立的政权的性质，是民族统一战线的。这种政权，是一切赞成抗日又赞成民主的人们的政权，是几个革命阶级联合起来对于汉奸和反动派的民主专政。它是和地主资产阶级的反革命专政区别的，也和土地革命时期的工农民主专政有区别。对于这种政权性质的明确了解和认真执行，将大有助于全国民主化的推动，过左和过右，均将给予全国人民以极坏的影响。"中共中央一再强调：凡是能够发展的地方，"均应发展"，"所谓发展，就是不受国民党的限制，超越国民党所能允许的范围，不要别人委任，不靠上级发饷，独立自主地放手地扩大军队，坚决地建立根据地，在这

种根据地上独立自主地发动群众，建立共产党领导的抗日统一战线的政权，向一切敌人占领区域发展。"

1944年1月20日，中共广东省临委书记、东江纵队政治委员尹林平，就如何在东江抗日根据地建立和扩大抗日民主政权问题请示中共中央，要求中共中央给予具体的指示。1月31日，中共中央发出《关于东江游击区建立抗日民主政权问题》的指示，指出："东江游击区的抗日民主政权的基本精神应该是新民主主义的，'三三制'的。但实际上既不必照国民党的形式，亦不必抄华中、边区的办法，而要因地制宜，根据你们当地具体情况采取某些便于游击发展和军队转移的政权形式。如东宝某些区、乡可开代表会者则开代表会选举区乡政府，如不可能开代表会，而其地区又经常被敌伪侵占者，则不妨组织武装工作队，统一军政工作。县级代表会亦可名参议会。县以上是否成立联合政权，视情况需要定之。选出各级政府应实行民主集中制。关于'三三制'，一方面应注意我党领导权的确立；另一方面应吸收党外联共的和不反共的人士参加，施政纲领可参照陕甘宁边区的纲领，结合当地实际情况制定。"

根据中共中央的指示精神，东江纵队政治部向全军发出建立抗日民主政权的指示：凡是部队所到之处，都宣布废除国民党统治时期的一切不合理的制度和苛捐杂税，发动群众组织起来，建立民主政权；在老区凡未成立民主政权的地方，立即成立，有计划地组织地方武装，积极大胆地提拔地方干部。以民主政权机构为主，进行抗日根据地的建设，使东江抗日根据地成为有武装、有政权、有广大群众基础的抗日根据地。

根据中共中央关于东江抗日民主政权建立的指示精神，1944年秋，路西解放区和路东解放区先后建立了抗日民主政权。为了建立惠东抗日根据地人民民主政权，1945年4月中旬，东江纵队第七支队在惠阳永湖大坑口召开国事座谈会，邀请惠东地区的农民、工人、商业、教育各界及进步民主知名人士魏珠伯、高特峰、陈友芳、陈南勋、陈仕锦、严荫荣、苏景云、苏崇德、梁文杰、陈福昌、黄震环、李逢春、邓佩伦、罗文芳、冯承烈、冯梦如、陈国荣、肖志宏、练永康、陈浩然、陶陶然、赖锡畴、邓耿庵、陈育祥、叶隐香、陈同苟、陈荣华、陈森和、李云庭、张月云、杨万成、饶荣、饶伟南等300多人参加座谈会。座谈会由东江纵队第七支队支队长高健主持，政治委员曾源作《关于当前抗日形势及我们的任务》的报告。报告提出在惠东抗日根据地建立人民民主政权——惠东行政督导处，以结束无政府状态，行使民主政权的职能，施行各项抗日政策法令。与会代表一致赞同成立惠东行政督导处，同时推举惠东行政督导处主任、副主任人选。5月，惠东行政督导处在白花苏茅垅正式成立，练铁为主任，陈志期为副主任。下设行政科，科长陈志期（兼）；军事科，科长古梅修，直接掌握区短枪队和警卫中队；文教科，科长陶陶然；民运科，科长潘清；粮税征收处，主任罗晋琛；督导专员邓明。全区面积约2000平方千米，人口30多万。划分为5个行政区，23个乡。新一区，区长陈志期（兼，后由陈可永继任），下辖永湖（今永湖淡水河以东）、长安（今沙田、十围、石桥等地）、澳万（澳头及万年乡）、淡环（淡水河以东的淡水镇环城乡村）、马安、鹤山等乡；新二区，区长古梅（后李爱农），下辖白花、高河、忠信、海安、凌坑、良井等乡；新三区，区长陈华生（女），下辖河南、河北、永东、永西、多祝（镇）等乡镇；新四区，区长高雁亭（后曾城），下辖稔山、铁涌、东和、西涌、吉隆、平海（镇）、暗街（镇）等乡镇；新五区，区府未建立，由区委行使职权，下辖梁化乡、棠阁乡。

惠东行政督导处是惠东最早的县级政权，它以"十大政纲"

为施政纲领，开展武装抗日、减租减息、生产自救、战时教育、锄奸反特、维护社会治安、禁烟禁赌、统一战线等工作，对巩固以稔平半岛为中心的惠东抗日根据地起到保障作用。

## 七、攻克稔山，驱逐日寇

稔平半岛是大亚湾的战略要地。1945年8月15日，日本天皇宣布无条件投降时，稔山、平海、暗街（港口）和大亚湾的三门岛等地驻扎的日军和伪军，拒绝向东江纵队投降。东江纵队第七支队决定以支队的主力解放白花后，向稔山挺进。命令第四大队首先拔除稔山以南暗街、平海的敌人据点，然后配合支队主力夹击日伪的重要据点稔山。

8月21日，东江纵队第七支队第四大队海上中队，首先展开解放三门岛的战斗，歼敌10余人，缴获山炮1门，机枪1挺及其他枪支一批。同日，第四大队以破竹之势解放平海、铁涌，俘伪军头目钟明岸及其所部；接着解放暗街，俘伪海军30多人。随后，第四大队海陆并进，攻占稔山南部的长排，并与海上中队配合封锁范和港。

东江纵队第七支队解放白花、白云等地后，沿稔平公路向南推进。支队领导人曾源、邓秀芳、赖祥等经过认真研究，决定集中兵力攻击稔山之敌。在稔山，驻有日军1个中队和伪军200余人。第七支队采取政治宣传和军事进攻相结合的策略，先派人向稔山圩内的日伪军送传单，劝其立即投降。同时，将第四大队、稔山自卫大队和第一大队，分别部署在稔山南面的长排、海洲和北面的石井、小门寨等地，对稔山形成南北夹击之势。大山口自卫大队则进入稔山至平山公路的白云一带，担任平山方向的警戒。9月8日，第一大队由西北小门寨、石井，第四大队由南面长排同时发动对稔山守敌的攻击。经两天激战，敌人仍负隅顽抗。10日傍晚，第四大队在海洲岛上以山炮向日伪军驻稔山据点轰击，第一发炮弹就击中日军占据的稔山小学，接着各突击队在猛烈火力的掩护下，两次发起攻击。日军被炮弹的爆炸声吓破了胆，趁黑夜向平山方向突围逃窜，留下伪军固守。东江纵队第七支队用炸药炸开稔山圩的两道闸门，部队冲进圩内，与敌展开巷战，歼灭顽抗之敌，解放稔山。这次战斗，毙敌数十人，俘虏伪护国军支队长罗华及其所部官兵180余人，缴获轻机枪及步枪数十支。在战斗中，企图从海上逃窜的伪军一部，也被第四大队海上中队俘获。至此，除吉隆平政外，稔平半岛全境光复。

# 第五章

## 解放战争时期

反对内战，争取和平

## 一、反击国民党军队围攻，保卫稔平半岛

1945年8月15日，日本天皇宣布投降后，国民党企图一举消灭广东人民武装，篡夺胜利果实。全副美式装备的新编第一军进入广东，于9月初调到东江，配合第五十四军的第三十六师，第六十三军的第一五二师、第一五三师、第一五四师，第六十五军的一八六师以及徐东来、陆如钧、钟超武等地方武装，对东江解放区实施全面的进攻。其中第六十三军的第一五四师及地方武装徐东来、陆如钧等部进入惠阳，对惠阳东部沿海的稔平半岛、大亚湾沿海的霞涌、澳头以及坪山、新墟、镇隆等地形成包围态势。

8月20日，中共江南地方委员会（简称"江南地委"）成立，由黄宇（吕良）、陈铭炎（金光）、卢伟良、张持平、陈达明组成，黄宇为书记，下辖东莞、宝安、惠阳、海丰、陆丰、紫金、五华及中山等地的党组织。

9月，广东区党委根据中共中央的指示，重新确定斗争方针和策略，对所属各级党组织做出具体工作部署，决定将东江纵队活动地区分为粤北、江南、江北和海（丰）陆（丰）惠（阳）紫（金）五（华）4个地区，建立4个地委和4个指挥部，实行党组织和部队统一的分区指挥和领导。与此同时，广东区党委针对国

民党军队对稔平半岛和大鹏半岛的进攻作了防御部署，并作出保卫稔平半岛的决定。具体防御部署为：由东江纵队东进指挥部第四团一个营、第五团两个营防守稔平半岛；东江纵队江南指挥部第七支队防守稔山以西、白花以南地区，第六团防守大鹏半岛，独立第六大队（即海上独立大队）在大亚湾保障陆地部队临海侧翼的安全。而在此时，东进指挥部还来不及贯彻分散坚持的斗争方针，就遭到国民党军第一五四师的进攻。国民党军以一个团的兵力占领稔山，两个团开至白花、平山一带，形成了进攻稔平半岛的态势。

　　11月初，东江纵队司令员曾生亲自到稔平半岛部署防御，首先到三门岛进行巡视，强调一定要坚守三门岛，与渔民群众一起，共同保卫抗战胜利果实，迎接新的斗争的到来。随后，曾生在平海龙泉寺召开东进指挥部团以上干部会议，确定东进指挥部的战斗部署。由卢伟良、李征率领东进先遣队挺进海、陆、惠、紫、五边境开辟新区，扩大回旋余地；由张持平、黄布率领第五团第一营和第三营、第四团第三营防守稔平半岛。

　　11月中旬，国民党军第一五四师1个团，对稔平半岛北面的鹅埠进行试探性进攻，第四团第三营在杀伤敌一部分后退守田坑、妈庙，隔海与敌对峙。12月中旬，当国民党新一军等部在进攻路西解放区的同时，第一五四师出动2个团的兵力，分东西两线向稔平半岛发动进攻。东进指挥部决定，第五团（缺第二营）防守西线；第四团第三营乘船从海丰鲘门、小漠登陆，迂回敌侧后，配合第五团作战；东线田坑、妈庙阵地由第五团第三营第八连接防。12月15日，西线敌军一个团沿稔平公路向平海推进，东进指挥部第五团在稔山王爷径与敌展开激战，从清晨至中午，打退敌军多次冲击，毙伤敌20余人。午后，国民党军一部企图从第五团阵地左翼侧迂回，遭到第五团埋下的地雷杀伤30余人。为保存力量，第五团决定撤至观音径（今铁涌镇境域）组织防御。第一营、第三营各一个排掩护主力后撤，坚守到黄昏，鏖战中排长陈象、刘国等30余人壮烈牺牲。16日，国民党军2个团东西并进，一个团于西线沿公路进攻东江纵队的观音径阵地，东进指挥部第五团居高临下，痛击敌人。敌人在炮火掩护下，进行了多次冲击，伤亡30余人仍无法攻下观音径。午间，敌军一个连在八坵田村（今铁涌镇境域）吃饭，第五团团长叶基抓住战机，令迫击炮班开炮轰击，敌军死伤30多人。东线敌军一个团，在猛烈炮火掩护下，渡海攻击田坑、妈庙阵地。由于力量对比悬殊，第五团第三营连长曾志强等50余人英勇牺牲。随后，第五团第三营撤出阵地转移。接着，东西两线国民党军夹击观音径阵地，第五团两次给敌军以重大杀伤之后，于当晚撤至平海暗街。18日，国民党军进攻暗街，第五团以部分兵力阻击敌人，坚持到晚上，登船从海上撤离稔平半岛。在此同时，第七支队于稔山至平山一线，多次出击，打击敌人，牵制敌人一个团的兵力，有力地支援和策应第五团的战斗行动。

12月19日，第五团在霞涌登陆，与第四团第三营会合。国民党军驻白花的一个团发动突然袭击，东江纵队各部队予以还击后，于下午退守格木洞。20日，国民党军分两路进攻格木洞，企图包围消灭格木洞的东江纵队各部队。第四团第三营和第五团第一营有力抗击国民党军的进攻，激战一天，于晚间摆脱敌之进攻后转移到桔子塱，与第七支队会合。21日，东江纵队各部队向指定地区转移，分散坚持斗争。

稔平半岛保卫战，从鹅埠到格木洞战斗，历时一个多月，给国民党军队以沉重打击，牵制国民党一个师的兵力，减轻了江南指挥部所属部队的压力，保卫了在大鹏半岛的广东区党委和东江纵队领导机关的安全。在保卫稔平半岛的战斗中，面对绝对优势的国民党军，东江纵队各部毫不畏惧，顽强战斗，表现了革命战士大无畏的英雄主义精神。第七支队女民运队员张涛（化名叶娇）在战斗中不幸被俘，被国民党军剥光上衣，把双乳割剩一层皮，鲜血淋淋，拉到平海城游街。张涛坚强不屈，沿途怒斥国民党反动派，高呼"打倒国民党反动派！""东江纵队抗日有功，国民党打内战有罪！""中国共产党万岁！"等口号，最后英勇就义，围观群众无不为之动容。

## 二、挥师东进，开辟海陆惠紫五边根据地

东江纵队东进指挥部根据江南地区的情况研究决定，建立海丰、陆丰、惠阳、紫金、五华等五县边界山区根据地（简称"海陆惠紫五边根据地"）。这些地方有革命斗争的历史传统，也有党的组织、群众条件也很好，特别是它远离国民党的统治中心，国民党统治力量比较薄弱，所有这些因素都有利于建立根据地。

1945年12月下旬，东江纵队江南指挥部副指挥员兼参谋长高健和政治部主任黄高阳，奉命率领第一支队突围出来的"壮大大队"、第七支队"猛攻大队"、东江纵队教导大队、港九大队独立中队和民运工作队员共1000余人，以"热河"为代号，挺进东江河以东的惠阳、紫金、五华边境一带活动，开辟根据地。东江纵队东进指挥部政治委员张持平，参谋长黄布则率领第四团、第五团各1个营进入紫金，与东进指挥部先遣队会合后，继续东进，又与梁威林、郑群率领的东江人民武装工作总队一起活动在紫金、五华、河源边境。

东江纵队东进指挥部把所属留在惠东的部队分散部署，深入老区农村活动。其中东江纵队第六支队独立第六大队在黄秉率领下，转移到多祝河坑、田心、园潭一带活动；东江纵队第七支队的邓金大队在多祝八维乡的南坑、麻地头、良田、黄坭寨等村及

大径村一带活动。随后，东进指挥部又把邓金大队并入独立第六大队，大队长邓金，政委黄秉，下辖大队部机关和黄友、邓木生2个中队，共约260人。

1946年2月2日，东江纵队第六支队独立第六大队大队部机关100余人和两个武装中队驻扎在多祝大径村。翌日天刚亮，国民党军一五三师黄涛荣营和多祝民团共700多人，尾追并兵分三路突然围攻大径村。战斗从早上6时开始持续到下午4时左右，激战近10个小时。独立第六大队在大队长邓金、政委黄秉率领下，最终突破敌人的包围转移到安全地带。此役击毙敌13人，击伤敌数十人；东江纵队独立第六大队20多名指战员壮烈牺牲，受伤5人，被俘4人。

### 三、胜利北撤，完成战略转移

1945年10月10日，国共两党在重庆通过谈判，签署了《政府与中共代表会谈纪要》（即《双十协定》）。为了实现国内的和平，中国共产党在不损害人民基本利益的前提下作出让步，同意让出广东等八个解放区，并将八个解放区的抗日部队逐步转移到陇海铁路以北及苏北、皖北解放区。在此之前，中共中央制定了"向北发展，向南防御"的战略方针。根据中共中央的指示精神，东江纵队等广东人民抗日武装准备北撤。

1946年1月10日，中共代表同国民党政府代表正式签订停战协定，同时双方下达于13日午夜生效的停战令。为监督停战协定的贯彻执行，由中共代表周恩来、国民政府代表张治中、美国代表马歇尔组成"三人小组"，三方同时派出代表在北平组成军事调处执行部（简称"军调部"），下设若干小组，分赴各冲突地点进行调处工作。军调部决定派出第八小组到广东解决停战及中共广东武装部队北撤问题。停战命令虽然下达，可是国民党广东军事当局置之不理，仍然按照原定计划对人民武装连续不断地采取军事行动。妄图在第八小组到达广州之前，将东江纵队江南、江北的部队消灭。

军调部第八执行小组到达广州后，国民党广东当局妄图阻断外界与第八执行小组的中共代表接触，同时制造舆论，矢口否认广东有中共领导的抗日武装存在。2月5日，张发奎在记者招待会上，公开否认中国共产党的合法地位，拒不承认中共广东武装力量的存在，宣称广东没有中共领导的武装部队，只有零星的"土匪"，广东只有"剿匪"，不存在执行停战令的问题，对军调部第八小组的到来"甚感惊诧"。在第八小组到达广州举行的第一次预备会议上，国民党军广州行营代表王衡也说，广东只有"土匪"，没有什么东江纵队，停战令在广东没有实际意义，并多方阻挠前来参加谈判的东江纵队代表。对此，中共代表方方当即给予驳斥，指出中共武装部队，统称华南抗日纵队，东江南北两岸的惠阳、东莞、宝安、增城、龙门、博罗以及英德、佛冈等10多个县的地方，都是东江纵队的抗日根据地。

为了迫使国民党广东当局履行停战协定，承认广东人民抗日武装的合法地位，中共中央和广东区党委除了指示各地人民武装坚持自卫斗争之外，还通过各种渠道对国民党当局开展强大的政治攻势。2月16日，中共中央发言人发表谈话，严正斥责国民党广东当局否认中共部队存在的谬论，指出中共领导的华南抗日游击队，自抗日战争爆发后即已开始组织，并英勇顽强地进行敌后抗战，建立了卓著的战功，要求重庆"三人小组"和北平军调部采取措施，纠正国民党广东当局的种种错误言论，立即停止对华南抗日纵队的进攻与污蔑，以保障国内的和平。在此前后，广东区党委发言人也通过报刊发表谈话，详细列举东江纵队的战绩，向国内各界人士表明事实真相，揭露国民党当局对人民武装的污蔑，并且动员各界知名人士，分别向政治协商会议、北平军调部、各省市县参议会、报馆、民主团体、海外华侨以及广州行营、重庆国民党最高当局乃至蒋介石本人发去电报，揭露国民党军队违反停战协定，进攻东江解放区的事实真相，要求国内外人士主持公道，派遣考察团到广东考察，督促国民党履行协定，停止对广东人民武装的进攻。

经过中共中央和广东区党委揭露事实真相和不懈的斗争，不少社会知名人士和海外华侨对广东人民武装都表示同情和支持，纷纷给国民党当局、各报馆写信，谴责国民党军队的暴行，呼吁国民党当局履行协定，停止进攻东江纵队，通过谈判解决争端和冲突。2月17日，香港会督何明华致电张发奎说："我以耶稣基督的名义，请求你训令你部下的将领们，立即停止进攻东江的爱国的中共军队。"3月22日，中国民主同盟港九支部在香港召开成立大会时也致电全国，呼吁"停止内战"；新加坡、马来亚、泰国等地爱国华侨纷纷集会，发出通电，呼吁和平，要求国民党军队停止进攻东江纵队。在香港的国民党元老何香凝、爱国民主人士蔡廷锴也发表声明，呼吁停止内战。

为了制止内战，实现中共武装部队北撤，根据中共中央的指示，广东区党委书记、东江纵队政治委员尹林平于3月9日到达重庆。3月11日，按照周恩来的指示，尹林平在重庆举行中外记者招待会，揭露国民党广东当局发动内战、阻挠军调部第八执行小组开展工作的卑劣行径。3月18日，中共代表团团长周恩来又在重庆举行记者招待会，让尹林平介绍广东内战情况，以及军调部第八执行小组在执行任务中遇到的困难。然后，周恩来代表中国共产党号召全国人民、盟邦朋友、各党派朋友，一致起来拥护并监督国共停战协定全部协议的实现。

经过一系列的斗争，终于迫使国民党当局不得不承认广东有中共部队的存在。3月底,重庆"三人小组"由美国代表柯夷、国民党代表皮宗阙、中共代表廖承志组成的"三人会议代表团"及尹林平等人到达广州。东江纵队司令员曾生、政治委员尹林平等以中共华南武装人员代表身份到广州参加谈判。4月2日,"三人会议代表团"就东江纵队北撤问题终于达成协议。确定:承认华南有中共领导的抗日武装力量;双方同意东江纵队北撤2400人,不撤退的复员,发给复员证,政府保证复员人员的生命安全,财产不受侵犯,就业居住自由;东江纵队撤到陇海路以北,撤退运输船只由美国提供。

在谈判过程中,国民党当局继续调集军队进攻东江解放区。在东江南岸地区成立以国民党广东省保安副司令韦镇福为主任的绥靖区指挥所,以保安第三、第七、第八、第十一、第十二团共5个团的兵力,加强对惠阳、东莞、宝安等江南地区的进攻。国民党军第一五二师、第一五三师、第一五四师、第一八六师在惠阳、博罗、增城、五华、紫金、河源、连平各县向东江纵队江北、东进、江南和粤北部队发动进攻。国民党广州行营向所属部队发布命令,声称"剿匪工作必须在月底以前完成,整军与人员改组,将依照剿匪功绩决定"。

针对国民党的阴谋,中共代表严正指出,国民党广州行营必须立即发布停止进攻令,停止一切造谣中伤,为谈判创造条件。经过各方努力和激烈的斗争,5月21日,达成了广东中共武装人员北撤山东的具体协议。

国民党虽然被迫接受东江纵队北撤的协议,但蓄意消灭人民武装力量的图谋丝毫未变。不久,何应钦下令国民党广东当局趁东江纵队集中北撤之际消灭之。国民党广东军事当局肆意破坏双方达成的北撤协议,在北撤部队各集结点和行军路线上加强兵力部署,制造事端,妄图消灭东江纵队北撤部队。东江纵队的江北部队、粤北部队先后遭到国民党第一五三师、第一三一师、保安第七团等部的袭击。

6月17日，东江纵队东进指挥部率独立第四营和张发兴连，集中到惠东多祝西南牛皮嶂下的园潭村时，国民党保安第七团1个营300多人乘机前来进犯。当敌进至距园潭4千米时，被武工队长段东生发现。指挥员下令坚决进行自卫还击。并指令由黄布和独立营营长赖祥指挥战斗。赖祥随即命令机枪连连长麦容带队占领园潭村东制高点，控制敌军进攻的道路；命令第二连连长殷东生和第三连连长何国良，政治指导员刘冠元带队跑步登上右侧山头，监视来犯之敌，切断敌之退路；命令第一连连长钟生、政治指导员徐育带队进入道旁矮山埋伏；命令张发兴连在园潭村前左侧待命机动作战。上午9时40分，国民党军先头部队进入伏击圈。黄布、赖祥立即下令攻击敌人，敌营长首先中弹。顽固派军队失去指挥后，乱作一团。随即，赖祥发出冲击令，各连战士立即跃出阵地，从四面向敌群发动攻击，仅1个小时，战斗结束。此役，歼国民党保安第七团1个营，毙伤敌营长以下官兵100多人，俘虏副营长以下官兵50余人，缴获重机枪2挺，轻机枪4挺，长短枪70余支，并缴获国民党下达的向东江纵队进攻的密令。东进指挥部独立营政治服务员潘耿南英勇牺牲。这次战斗，沉重地打击国民党的嚣张气焰，又一次有力地揭露了国民党破坏北撤协议的阴谋。

经过一系列激烈的斗争，东江纵队江南、江北和粤北、东进部队，先后胜利抵达北撤集结地点大鹏湾葵涌。6月29日，东江纵队2583名指战员（其中包括珠江纵队89人，韩江纵队47人，南路部队23人，粤中部队105人，桂东南1人），在惠阳大鹏湾沙鱼涌（今属深圳市）集结。30日凌晨，北撤军舰起航。7月5日北撤部队抵达山东烟台，受到山东解放区广大军民的热情欢迎。东江纵队终于胜利完成了战略转移的任务。

东江纵队的北撤，是为了和平民主基本方针的实现而做出的努力和让步，是抗战结束后，中国共产党与国民党统治集团进行斗争的一个重大胜利。这个胜利，挫败了国民党统治集团撕毁《双十协定》妄图消灭人民武装力量的阴谋。东江纵队北撤的实现，对于中国人民的和平事业具有重要意义。

## 四、隐蔽待机，积蓄力量

1946年6月，广东的局势随着全国内战的全面爆发而发生了急剧的变化。由于东江纵队主力北撤，留下的武装力量大部分复员，党组织活动全面停止，相当一部分已经暴露身份的党员干部分散和隐蔽，使革命力量骤然缩小。无论在军事上、经济上，国民党都占据了绝对的优势。中共惠阳县地方组织和人民武装力量转入艰难的隐蔽斗争时期。

其实东江纵队尚未北撤时，国民党广东当局早就进行了一系列的反革命部署，准备在东江纵队的活动地区进行"清乡"，摧毁抗日民主根据地，消灭东江纵队留下坚持斗争的武装人员和复员人员。1946年6月1日，国民党广东省政府召开全省治安会议，制定"绥靖"计划。6月中旬，东江纵队主力尚在集结途中，国民党最高当局就下令：一旦东江纵队北撤期满后，即将留在广东各地之中共武装一律视为"土匪"，进行大规模的"清剿"。从6月底开始，国民党广东当局军政要员先后在东江等地召开"治安会议"，成立各级"清剿"机构，部署"绥靖""清乡"计划，下令限期肃清各地的中共军事力量。7月17日，"国民政府主席广州行辕"发表所谓的复员人员"集训"公报，妄图以"集训"为名，将中共复员人员一网打尽。8月初，国民党广东当局在惠州设立东江南岸"绥靖"指挥部，以广东省保安副司令韦镇福为主任，惠阳县也成立了"清剿"委员会。为达到其"限期肃清"的目的，国民党广东军事当局调集4个旅和8个保安团的全部兵力，对东江纵队活动地区，尤其是东江江南和江北地区进行残酷的"扫荡"。国民党军进占惠阳各地后，一方面抓丁拉夫，进行壮丁训练，强迫各地成立"自卫队"，加强地方反动势力，推行保甲制度，采取"联防联剿，联保连坐""强化治安"等措施，加紧征兵、征粮、征税，实行残酷的反动统治；另一方面，疯狂迫害东江纵队复员人员，强迫参加过抗日救亡各项工作的群众登记"自新"，肆意搜捕和屠杀人民群众，制造白色恐怖。惠阳县的东江纵队复员人员、地下党员、民兵干部、农抗会会员和进步青年惨遭残酷的迫害，许多复员人员有家不能归，有亲不能投，逃亡他乡，流浪度日，有的被捕杀害，家破人亡。人民群众陷于水深火热之中。

东江纵队北撤后，惠东多祝、白花地区的中共党组织、抗日民主政权和农抗会就受到国民党军的镇压，多祝农抗会副会长何稳山，白花蒲田村农抗会会长林玩昌，会员罗元友、罗火先、罗乱等被捕杀害。东江纵队北撤时，留在惠东多祝、松坑、高潭、梁化、古田，紫金县上义、好义一带坚持隐蔽斗争的两支武装小分队，遭到国民党军的"清乡"围捕，陈维等人在多祝的反围捕战斗中牺牲。至1947年恢复武装斗争前，由于国民党的"清乡"而被捕杀害、牺牲的东江纵队战士、复员人员、农抗会干部、妇女会员、民兵干部达数百人之多。

面对严峻的斗争形势，中共广东区党委发言人先后于1946年7月22日和8月23日发表谈话，强烈谴责抗议国民党广东当局破坏北撤协议，迫害东江纵队复员人员和人民群众的反动暴行。中共广东区党委还以东江纵队北撤人员曾生、王作尧、杨康华、林锵云等人的名义发表通电，对国民党广东当局迫害东江纵队复员人员的罪行，表示极大的愤慨，号召复员战士和人民群众"采取同一步骤，严肃自卫。人不犯我，我断不犯人，人若犯我，迫我于绝境，自不能束手待毙"，应坚决起来自卫。中共广东区委发表的谈话和抗议通电，充分揭露了国民党广东当局的罪恶阴谋，鼓舞了东江纵队复员战士和人民群众的斗志，为隐蔽在各地的共产党员指明了斗争方向，发出了重新拿起武器、恢复武装斗争的信号。

由于国民党蒋介石在抗战胜利之后，一直加紧部署和挑动内战，为了对付必然出现的内战全面爆发的严重局势，保障地下党员、东江纵队复员人员的生命安全和维护人民群众的利益，在东江纵队北撤的同时，广东区党委根据中共中央的指示精神，一方面制定保存力量，保存骨干，长期积蓄力量，等待时机的斗争方针，各地党组织再次由委员制改为特派员制，停止组织活动，党员分散隐蔽，保持单线联系；另一方面在各地留下部分武装骨干坚持自卫斗争，保护复员人员和人民群众。

1946年6月，随着江南地委和海陆惠紫五地委撤销，惠阳县范围内的中共地方组织也同时撤销。在江南地区以蓝造为特派员、祁烽为副特派员，领导江南地区各县党的工作。惠阳分为东、西、中3个区。东区范围包括长南、长北、大山口、梁化、多祝等区，以李华为特派员；西区范围包括大鹏、坪（山）龙（岗）、坑（梓）定（南）、淡环、新（墟）镇（隆）、沙坑等区，以叶源为特派员；中区（惠阳、紫金边境）范围包括多祝以北，蓝塘以南，松坑以东，高潭以西的山区，以胡施为特派员。这时，留下在惠阳县及惠紫边境活动的有4支武装小分队。在西区坪山，留下余清小分队，中队长、指导员各1人，小队长2人，班长8人，其中党员8人，配备冲锋枪2支，驳壳枪10支；在中区（惠紫边境）的多祝、松坑、高潭一带，留下两支小分队共12人，由韩捷、黄友负责，除两个大队干部外，还有小队长1人，班长9人，配备轻机枪2挺，步枪5支，其余为短枪；在东区的梁化、上义、好义、古田一带留下一支小分队12人，由中队长陈维负责，除中队长外，还有小队长2人，班长9人，配备轻机枪1挺，其余为步枪和短枪。这几支小分队活动于偏僻的边远山区，远离党的领导，不能与地方党员公开联系，原有部队的番号取消，以江湖奇侠的面目出现，经受着恶劣环境的严峻考验。从7月开始，国民党统治集团调集百万军队，进攻苏皖、山东、晋冀鲁豫等解放区，使内战扩展遍及全国各解放区。7月20日，中共中央发出《以自卫战争粉碎蒋介石的进攻》的紧急指示，号召全党全军动员起来，以自卫战争彻底粉碎蒋介石的进攻。8月16日，《解放日报》发表《全国解放区人民行动起来，粉碎蒋介石的进攻》的社论，号召解放区游击队和民兵要密切配合主力作战，并学习苏皖一分区的榜样，在主力撤退的地区坚持游击战争，钳制反动派进攻，打击反动派的后方，保护那里的人民利益，使之不受反动派的摧残。广东区党委也先后通过香港《华商报》发表谈话，并以东江纵队北撤人员曾生等人的名义发表通电，号召广东人民起来自卫，反击国民党的军事进攻和政治迫害。从而鼓舞了解放区人民群众的斗志，给隐蔽在各地的共产党员和武装小分队指明了斗争的方向。

从此，隐蔽在惠阳县各地的共产党员和武装小分队，响应广东区党委的号召，以人民自卫武装的名义公开活动，英勇地进行自卫斗争。9月间，隐蔽在惠阳、宝安的东纵复员人员逐步公开活动，纷纷拿起武器，反抗国民党军队的迫害和"清乡"。10月中旬，原东江纵队情报处参谋、复员人员丘耀和东江纵队第二支队军需处主任丘平及丘特辉、叶柏等复员人员，也组织了8人的武装小分队，在坪山、新墟、澳头一带活动。

　　隐蔽在多祝、松坑、高潭和梁化一带的共产党员和陈维、黄友带领的武装小分队，为了反抗国民党的迫害，一方面组织力量打击反动势力，另一方面改造当地灰色武装，以"劫富济贫"为口号，打击反动地主武装。隐蔽在多祝区的党组织负责人林强和温少环，秘密动员群众400多人，由陈维、黄友指挥，于12月间攻打多祝圩警察所，击毙了反动商人郑源兴，打击了国民党反动势力的气焰，遭受迫害的人民群众拍手称快。中队长陈维在战斗中不幸牺牲。

　　从1946年6月底东江纵队北撤，到1947年2月初恢复武装斗争，时间虽然不长，但斗争极其复杂和艰苦。隐蔽在各地的共产党员和武装小分队及复员人员，在困难的情况下，英勇顽强地坚持自卫斗争，给国民党地方反动势力以有力的打击，保存了革命力量，保护了人民群众，粉碎了国民党反动派企图彻底扑灭人民革命力量的阴谋。隐蔽下来的共产党员和武装骨干，为重建武装，恢复武装斗争创造了条件。

第二节 重建武装，开辟惠紫边根据地

## 一、组建惠紫人民自卫大队

1946年11月，中共广东区党委根据中共中央关于开展南方游击战争的指示，决定全面恢复广东的武装斗争，提出"实行小搞，准备大搞，从无到有，从小到大，稳步前进"的战略方针，号召各地党组织领导留下坚持斗争的武装，重新拿起武器，建立武装队伍，立即开展打击地方反动武装势力，保护人民群众利益，发展和壮大武装队伍的斗争。为恢复和发展武装斗争，中共广东区党委在香港召开扩大会议，认真研究如何恢复武装斗争，重建武装，建立游击根据地等问题。11月底，中共广东区党委书记尹林平在香港主持召开江南地区干部会议，江南地区特派员蓝造及林文虎、罗汝澄，叶维儒、张军、曾建、李群芳、李少霖、何笠等参加了会议。会上，尹林平分析全国和广东的斗争形势，传达了中共广东区党委关于恢复武装斗争的指示，要求江南地区迅速重建武装，恢复武装斗争。

1947年2月初，蓝造、高固、胡施、叶茵、黄友等分别从香港回到惠阳，蓝造在坪山北岭沙坑围召开干部会议，传达中共广东区党委关于恢复武装斗争的指示，对如何重建武装，开展武装斗争的问题进行讨论和研究。决定以群众自卫组织，维护治安的名义，在江南地区成立惠（阳）东（莞）宝（安）人民护乡团、惠紫人民自卫队和海陆丰人民自卫队。高固等接受武装斗争任务回到惠紫边山区，召集胡施、黄友、陶叶生、廖带、温平、赵卫廷等人在平山区棠阁乡沙岭村张权新家里开会，传达了中共广东区党委和江南特派员蓝造关于恢复武装斗争的指示，同时决定成立惠紫人民自卫大队。随后，在惠东多祝区河坑村召开大会，正式成立惠紫人民自卫大队，高固任大队长，胡施任政治委员，黄友任副大队长，并以大队名义，张贴布告，号召群众组织起来，恢复武装斗争，重建武装队伍，实行武装自卫，维护社会治安，反抗"三征"，反对内战，反对蒋介石的独裁暴政，实行和平民主。布告反映了群众迫切要求和希望，因而得到广大人民的拥护与支持。分散隐蔽在各个乡村和深山密林中的东纵复员人员，得知惠紫人民自卫大队成立的消息后，纷纷归队参加武装斗争。

惠紫人民自卫大队成立后，根据中共广东区党委的指示，以地方党员、干部和东江纵队复员人员为骨干，组成若干支武工队，逐步扩大武装队伍和活动区域。先后派温平、薛水平、丘元等人到惠东的松坑，紫金县的上义、好义、古竹一带活动，卢茂、杨宏生、吕田等人到稔山一带活动，胡才、廖带、周明等人到平山、白花等地活动，联络东江纵队留下坚持斗争的干部、战士和复员人员，使之能迅速归队。不久，队伍发展到45人，组建了一个武装小队，一个短枪队。为了发动群众参加武装斗争，壮大武装队伍，惠紫人民自卫大队展开了破仓分粮、打击国民党地方反动势力的斗争。3月间，惠紫人民自卫大队在松坑打击了国民党的征粮队，缴获步枪1支，子弹100多发。接着又在增光袭击了国民党西枝江护航队，同时在西枝江建立了流动税站。5月7日夜，惠紫人民自卫大队派出武装人员带领群众打开多祝双金（今属白盆珠镇）地税谷仓，出谷3000多担。随后，又袭击铁涌乡政府和白云乡反动地主，缴获武器弹药一批。

惠紫人民自卫大队频频出击，破仓分粮，打击国民党地方反动势力的行动，震惊了国民党地方当局。为了扑灭人民武装斗争的烈火，国民党地方当局一方面派遣特务打入人民武装队伍，刺探军情，伺机里应外合，消灭人民武装；另一方面，纠结土匪，假冒人民武装，进行勒索和抢劫活动，破坏人民武装队伍声誉。同时国民党地方当局还纠集地方反动武装，向游击区进攻。5月8日，国民党多祝自卫队长张辉引领国民党广东保安第八团和惠阳县警队共300余人，围攻多祝黄竹塘。惠紫人民自卫大队政治委员胡施指挥部队居高临下与敌激战，以少胜多，打退了敌人的疯狂进攻。随后，惠紫人民自卫大队转移到多祝八维，国民党广东保安第八团和惠阳县警队两次来犯。副大队长黄友率队迎击，与三面包围之敌展开激战，连续4次打退敌人的进攻，毙敌3人，伤敌9人。惠紫人民自卫大队在战斗中牺牲3人，伤2人。小队长张权新，战士毛伦、张华连为掩护部队突围而英勇牺牲。中共多祝区委书记马新然被捕后遭敌杀害。

惠紫人民自卫大队成立不久，多次遭受敌人的突然袭击。经分析暗查，发现张缺、丘发有特务活动的嫌疑。此时，惠紫人民自卫大队派出潜入敌营的情报员，送出情报，证实张缺、丘发是打入惠紫人民自卫大队的特务分子。为肃清特务分子，惠紫人民自卫大队展开了打击特敌的斗争，破获了张缺在游击区中塘发展反动组织（30余人）的罪案，处决了特务分子张缺、丘发和反动组织头目张马澜。

为了继续开展打击国民党地方反动势力的斗争，惠紫人民自卫大队避开敌人的主力，主动向松坑、安墩、上义一带转移，同时打通与高潭一带的联系。在此期间，惠紫人民自卫大队先后在多祝打击了多股土匪武装，消灭了冒充人民武装打家劫舍的平山股匪，处决了8名杀害地方党员的反动保长和反动地主。

　　惠紫人民自卫大队在打击地方反动势力的同时，不断吸收兵员，壮大队伍，先后组建了扫北队、好义义勇队、大岚镇江队、稔平铁甲队、惠阳海上中队、凤安强化中队、松坑铜城队、梁化饶利中队、多祝温芳中队、安墩巫炳中队等。此外，还在华山、吉隆、稔山、凌坑、坝仔、雁湖等地建立了常备民兵队。部队活动于惠东的松坑、多祝、安墩、梁化、平政、吉隆、布心、高潭、宝溪、佐坑、礤头，紫金县的上义、好义等地。

　　恢复武装斗争以来，各地人民武装的广泛出击和群众斗争的不断发展，使国民党广东当局惶恐不安。为了扑灭人民武装力量，1947年3月15日，国民党广州行辕发布"清剿"命令，在各行政区设立"清剿"机构，拼凑地方反动武装，调集兵力，实行"全面清剿，重点进攻"的方针，采取"分兵据点，伺机出击，集中机动，远道奔袭"的战术，企图在人民武装队伍建立之初，力量尚小之时，集中兵力一举消灭。

　　国民党第四行政区督察专员公署以保安第八团、保安独立第二大队、第一五四师和虎门守备总队为主力，配合各县的政警队及地方联防武装约5000人的兵力，对江南地区特别是惠阳、宝安沿海地区实行所谓的"全面清剿"。从3月开始，国民党军就频频发动进攻，图谋将江南地区刚刚建立起来的人民武装消灭在摇篮之中。

　　惠（阳）宝（安）沿海地区人民武装英勇反击国民党军队进攻，不断巩固沿海根据地，与此同时，为了创造一个既有沿海根据地，又有山区根据地，进可攻、退可守的斗争局面，中共江南工委逐步将开辟根据地的重心转向海（丰）陆（丰）惠（阳）紫（金）五（华）边区。1947年夏，惠紫人民自卫大队以及海陆丰人民自卫队建立后，经过近半年的斗争，控制了海陆惠紫五边境一带地区，为开辟惠紫边根据地创造了条件。

1947年7月间，祁烽及刘宣、黄华从香港回到江南地区。江南工委在坪山召开了干部会议，研究进一步开展武装斗争和建立根据地等问题。会议决定由黄华首先率领护乡团一部挺进惠（阳）紫（金）边境，与高固率领的惠紫人民自卫大队一起开辟惠紫边区根据地，然后由蓝造率护乡团第一大队前往惠紫边区，组织和领导海（丰）陆（丰）惠（阳）紫（金）五（华）边的部队，开辟海陆惠紫五边区根据地；祁烽、刘宣则留在坪山，领导惠（阳）东（莞）宝（安）地方党和部队继续巩固沿海根据地，以策应山区根据地的斗争。

为了开辟惠紫边区根据地，惠紫人民自卫大队积极开展一系列的活动。一是镇压土匪、土顽，打击地方反动势力，以扩大新的活动区域；二是吸收兵员，扩充队伍。派出精干武装挺进紫金县的上义、好义一带，组建扫北队。扫北队成立后，立即在惠紫公路和秋香江建立税站。同时，主动出击，攻打惠东的安墩，歼灭安墩地方反动自卫队，缴获长短枪10支。从而开辟了安墩一带地区，使惠东的安墩、松坑与紫金县的上义、好义等地连成一片。

为了迅速打开斗争局面，扩展新的活动区域，打通江南地区和九连地区的联系。根据中共江南工委的指示，惠紫人民自卫大队与九连地区、江北地区的部队一起，打击紫金上义的反动势力代表、反动地主张源和，扫除了惠紫边最大的反动势力，打通了江南、江北和九连地区的联系，为部队在惠紫边的活动清除了极大的障碍。

10月间，中共江南工委委员黄华率领严中英中队来到惠紫边区，编入惠紫人民自卫大队，加强了惠紫边的军事力量。随后，中共江南工委书记蓝造率领护乡团机关和第一大队进入多祝区，进一步实施开辟惠紫边根据地的战略。

　　蓝造、黄华率部挺进惠紫边后，立即做出决定，首先突破多祝、高潭、松坑之间的三角地带，形成一个纵横七八十千米的小块根据地，与海陆丰的兄弟部队取得战略协同，进一步向海丰、陆丰、紫金、五华方向发展。惠紫人民自卫大队转移到宝溪后，一举歼灭黄石礤的反动地主武装，打开地主徐楚良的谷仓，将几百担粮分给当地农民。攻克黄石礤之后，惠紫人民自卫大队在地方党组织的积极配合下，抽调干部战士组织民运工作队，深入发动群众，建立农会、民兵组织，开展减租减息运动。部队主力于高潭、合水坝、安墩、松坑、上义、好义一带活动，扫除国民党乡村政权和反动武装，掩护民运队开展工作。经过近3个月的活动，惠紫人民武装完全控制了惠东的多祝以北、紫金县的蓝塘以南以及惠东的松坑、安墩、新庵、宝溪、高潭一带纵横50千米的山区。

　　在打击反动势力，扩建部队的同时，惠紫人民自卫大队设立交通总站和情报总站，由陶叶生任交通总站长，黄观英任情报总站站长。上义设立交通情报联络站，负责与江北、九连地区的联系；平山棠阁设立交通情报联络站，负责与博罗、九连兄弟部队的联络；安墩设立交通情报联络站，负责沟通海、陆、紫之间的联系。此外，大队部设立了税收总站，由李碧任站长，在白花、多祝、平山、稔山、吉隆、安墩、石坑、松坑、好义、东江河等地设立税站。

　　惠紫人民自卫大队不断发展壮大，引起国民党广东和东江当局极端仇视与害怕。惠阳县长与国民党军第六十九师及保安团互相勾结，一再对惠紫边区进行"清剿"，妄图把刚组建不久的人民武装消灭。1948年2月，国民党广东和东江当局打算趁惠紫人民自卫大队部及扫北队、严中英队、铜城队200多人在惠东松坑过春节之机，派保安第八团2个营，纠集多祝保安大队、多祝自卫大队共1000多兵力"进剿"松坑。2月13日晚上，大队部接到情报，作出周密的战斗部署。15日，保八团第二营和多祝保安大队、自卫大队共500多兵力，由多祝保安大队长胡团，自卫大队长张辉引路扑向松坑，遭惠紫人民自卫大队阻击。战斗持续到第三天，国民党保安第八团团长徐东来率500余兵力赴松坑增援，到多祝时遭惠紫人民自卫大队杨宏生手枪队埋设的地雷阵的阻拦，不敢前进。第四天，徐部绕道向松坑窜来，走到半路，获悉惠紫人民自卫大队在前面设伏，又退回多祝。蓝塘人民自卫大队奉命扼守白薯山，阻击蓝塘来援之敌。在敌强我弱的情况下，惠紫人民自卫大队依靠有利地形，在当地群众和民兵的全力支援下，英勇顽强抗击敌军。战斗持续了7天8夜，由于惠紫人民自卫大队占据了有利的地形，敌军无法前进半步，于20日晚偷偷退走。这次战斗毙敌24人，伤敌19人，我方牺牲4人，受伤3人。

经过一年的斗争，在中共江南工委的领导下，惠紫边人民武装开辟了大片游击根据地，部队发展到600多人，组织了数以百计的民兵队伍，在周边的乡村普遍建立了农会，惠紫边游击根据地初步形成。1947年12月，为了进一步开辟和巩固惠紫边游击根据地，根据中共江南工委的指示，惠紫边人民自卫大队扩编为惠紫边人民自卫第一大队和第二大队。第一大队仍由高固任大队长，胡施任政治委员，活动于惠东的多祝、松坑，紫金县的上义一带。第二大队由黄友任大队长，黄振任政治委员，活动于惠东的安墩、黄石礤、佐坑、高潭及紫（金）五（华）边境地区。

## 二、安墩整编，成立江南支队，四团奋战在惠紫边山区

1947年12月，主政广东的宋子文，出于其消灭华南人民武装力量，"安定华南，支持华北、华中，确保华南最后堡垒"的目的，拼凑反动武装力量，扩编保安团队，制定"清剿"计划，对

广东人民武装力量进行所谓的"分区扫荡，重点进攻"的清剿。为了粉碎宋子文对人民武装力量的大规模进攻，进一步统一放手发动群众，大力发展武装斗争的思想认识，制定新的斗争方针，提出新的斗争任务，中共中央香港分局于1948年2月召开了重要会议。会议就发展武装斗争，粉碎宋子文的军事"清剿"做出了部署。会后，香港分局发出《粉碎蒋宋进攻，迎接南征大军的指示信》（简称"指示信"）。指示信针对宋子文所谓的"分区扫荡，重点进攻"的第一期"清剿"计划，确定了"普遍发展，大胆进攻""以进攻消灭敌人的进攻，以发展消灭敌人的进攻"，以及"普遍发展与建立主力部队""根据对敌斗争需要建立主力"的方针。香港分局二月会议确定了从"小搞"发展为"大搞"的战略方针，对加强党的领导、军事斗争、群众斗争、政权工作、统一战线工作等方面提出了具体的意见，对各级党组织和游击战争在新形势下不断发展以及对于发动群众粉碎宋子文的"清剿"计划起到积极的指导作用。

中共江南工委书记蓝造和王鲁明参加中共香港分局召开的会议回到江南地区后，于2月底在坪山召开江南地区干部会议。参加会议的有祁烽、曾建、刘宣及江南工委所属各县特派员和人民护乡团、人民自卫队的负责人。会议传达了香港分局会议精神，总结了江南地区1947年的工作，分析了宋子文主政广东后的形势，讨论了1948年的工作任务和战斗部署。为了加强江南地区党组织的领导，统一指挥全区的武装队伍，集结主力以反击国民党的"清剿"，根据中共中央香港分局的决定，成立中共江南地方委员会（简称"江南地委"）。江南地委由王鲁明、蓝造、祁烽、刘宣、黄华、刘志远、蓝训材组成，以王鲁明为书记，蓝造为副书记，祁烽主管地方党的工作。江南地委下辖中共东宝县委、中共海陆丰县委、中共惠阳县委和中共惠紫边县委。

中共江南地委成立后，1948年3月初，江南地委书记王鲁明及蓝造、祁烽、刘宣、黄华、刘志远、蓝训材等地委领导人到安墩，集中江南地区各部队在安墩鹞子岭忠义堂整编，成立广东人民解放军江南支队。江南支队由蓝造任司令员，王鲁明任政治委员，曾建任参谋长，刘宣任政治部主任。支队下设5个团。惠东宝人民护乡团第一大队扩编为第一团，罗汝澄任团长兼政治委员，黄友、肖伦任副团长，邓华任参谋长，方汉光任政治处主任。第一团下辖5个连队，为江南支队主力团，担任机动作战任务。护乡团第二大队扩编为第二团，李群芳任团长，叶源任政治委员，罗欧锋、林文虎任副团长，王舒任政治处主任，潘崇任政治处副主任。下辖独立中队、飞豹中队、猛虎中队、新编中队、飞狮中队、民主大队、海上护航大队、稔平海上独立中队，此外，还有32支地方武工队。第二团活动于惠阳及宝安边境地区。惠紫边人民自卫第一大队和第二大队合编为第四团，高固任团长，胡施任政治委员，黄振任政治处主任，李恩任参谋主任。下辖严中英大队、蓝塘人民自卫大队（下辖高潭、佐坑、新庵、宝溪4个中队）、铁虎队（原扫北队）、海上大队、稔平铁甲中队、梁化饶利中队、松坑铜城中队、多祝温芳中队、安墩巫炳中队、张化中队、义勇中队、镇江中队。第四团仍然活动于惠紫边境。5月间，江南支队第四独立大队成立，朱星一任大队长，潘应宁任政治委员，郭际、翁汉奎任副大队长，朱德明任副政治委员。独立第四大队活动于平（山）多（祝）公路两侧地区，主要任务是增强这一薄弱地带的军事力量，掩护惠紫边通往惠东宝地区的交通运输线。江南支队各团整编完毕后，各团和独立大队都进行了短期的整训，随后即积极展开军事行动，打击敌人，扩大活动地区和发展壮大部队。

以高固为团长的江南支队第四团，坚持在惠紫边境一带奋战。1948年初，国民党广东当局发动第一期"清剿"，对潖江、五岭和九连地区实施"重点进攻"之后，紧接着又将矛头指向江南地区，进行策应性的军事进攻。从2月开始，国民党第六十九师、第一五四师、虎门守备总队、保安第八团及地方反动武装先后向江南各地发动进攻。江南支队通过集结主力，进行严格的整训，士气旺盛，有备而战，采取积极军事行动，给敌人以有力的打击。

3月中旬，国民党第九十二旅300余人，从多祝经松坑进犯紫金上义，遭江南支队第四团伏击后，改道进犯好义。因叛徒告密，江南支队第四团廖观胜、廖庚如，陈笃清等7人不幸被捕，被杀害于好义圩。与此同时，国民党紫金县长彭锐，纠结国民党第六十九师独立第七营进攻紫金蓝塘，对惠紫边区实行"清剿"和"扫荡"。

4月，江南支队第四团团长高固率部队从梁化进抵平山、稔山、吉隆、海丰一带，整顿地方武装，集结兵力，以对付国民党军队的"清剿"。13日，当高固、黄友率严中英中队、扫北队400余人挺进上义，准备歼灭惠阳土匪武装钟友部时，在松坑上村遭敌阻击，激战至天明，敌保安第八团周义心营赶来增援，高固等率部队撤退，以避敌锋芒。

围歼钟友部未克，反动势力更加嚣张。不久，钟友部继续"进剿"好义，地方党员黄木灵、黄仕钦、陈石仿等被捕杀害。与此同时，国民党多祝"清乡"行动队队长黄坤率部袭击龙坪交通联络站，站长巫冠雄率领民兵英勇反击，俘敌3人。

在反击国民党东江当局的"清剿"斗争中，江南支队第四团经受了战斗的考验，部队由800余人减少到500多人。部队虽然减员，但部队素质在斗争中得到提高，战斗力进一步加强。

### 三、设伏铁马关，强攻多祝敌据点

1948年夏，人民解放军在全国战场转入进攻作战，国民党军队节节败退。在广东，人民游击战争迅速发展。国民党广东军事当局在其第一期"清剿"被打破之后，并不甘心失败，经过一番准备，调集兵力，对广东人民武装力量发动以江南地区为重点进攻目标的第二期"清剿"。此时，广东人民解放军江南支队已发展到7000多人，可以集结机动作战的兵力主要是第一团、第二团和活动在东莞地区的第三团共1200余人。初步建立了惠（阳）东（莞）宝（安）沿海根据地和海（丰）陆（丰）惠（阳）紫（金）五（华）山区根据地。5月，中共中央香港分局副书记、中共粤赣湘边区党委书记尹林平和粤赣湘边区党委委员兼宣传部长黄文俞从香港进入惠东山区，指导粤赣湘边区武装斗争，直接领导中共江南地委和江南支队工作。随后，受中共中央香港分局派遣，粤赣湘边区党委委员兼统战部长左洪涛亦进入惠东山区，与尹林平、黄文俞一起领导江南地区武装斗争。6月中旬，在中共粤赣湘边区党委书记尹林平的主持下，江南地委在坪山召开干部会议，研究部署反"清剿"斗争，决定：在敌进攻前，先发制人，打乱敌之部署，制造粉碎敌人"清剿"的有利条件；当敌人发动进攻时，集中优势兵力，在根据地内歼敌一路，以粉碎敌人进攻；如歼敌一路后，尚不能粉碎敌人进攻或在坪山地区失去战机时，主力部队则转移外线，相机歼敌；地方部队以积极的军事行动配合主力部队作战，打击敌人，牵制敌人，协同主力部队粉碎敌人进攻。

按照此部署，江南支队主力部队在7月15日至8月1日连续取得奔袭沙鱼涌、山子下伏击战和红花岭阻击战的胜利之后，决定第二团一部留在坪山地区坚持斗争，第三团返回东莞地区，中共粤赣湘边区党委和支队领导机关率领第一团及第二团独立中队向东转移，进入惠（阳）紫（金）边区和海丰县，在外线相机歼敌。8月13日，支队进驻惠东白花区苏茅垄村。这时，平山地下党组织送来情报，国民党保安第八团特务排将于14日由稔山押运物资至平山。支队立即召集团以上干部会议，决定以优势兵力在稔（山）平（山）公路中段的铁马关伏击这个恶贯满盈的特务排。部队立即出发，连夜急行军进入设伏地点，稔山武工队在公路上埋下地雷。14日11时许，从稔山方向传来汽车的马达声，待敌军汽车进入伏击圈时，连环地雷一阵巨响，敌第一辆汽车被炸毁，车上敌兵血肉横飞，敌排长当场毙命，道路被堵塞，后面的汽车被迫停车，惊慌失措的敌兵纷纷跳下汽车垂死挣扎，江南支队所部和稔山武工队在轻重机枪火力的掩护下，奋勇向敌冲击，仅10多分钟，特务排就被全歼。这次战斗，毙敌50余人，炸毁汽车5辆，缴获轻机抢4挺，步枪40余支，子弹5000余发，法币30万元，棉布等军需物资一批。此时，国民党保安第十三团一个营从平山赶来救援，被阻援部队痛击后退回平山。

铁马关伏击战胜利后，江南支队主力于当天傍晚转移到惠东多祝区田心村，发现多祝圩驻有国民党保安第八团一个连和税警队一个排，分守三个据点。江南支队决定主动出击，围歼多祝圩敌军。支队部署第一团和第二团独立中队负责攻击敌据点，第四团负责阻敌援军。8月19日早晨，战斗打响，第一团以迅雷不及掩耳之势，很快就攻克了税警队据点，全歼守敌。接着又攻克第二个据点，歼保安团一部。第二团独立中队负责攻击的据点，因地形复杂，敌防守严密，自早晨至中午，多次强攻不下，部队疲乏，拟吃午饭后再集中兵力强攻，饭还未煮好，国民党保安第十三团的增援部队已从平山赶到，与阻援部队交上了火。第一团原打算增援第二团独立中队强攻敌据点的部队，转向多祝圩外与第四团一起迎击敌人援兵，直至黄昏才撤出战斗，转移到松坑上村，这次战斗共毙伤敌80余人，缴获轻机枪2挺，长短枪40余支。子弹数千发。江南支队伤亡38人，指导员林修、排长何展以及邓湘、陈源球、黎年才等英勇牺牲。

多祝圩战斗令国民党军队震惊。慑于江南支队频频主动出击的威力，国民党保安第八团、第十三团不敢贸然进入多祝以东的山区。江南支队主力东移转向外线作战，相机歼敌，起到了分散调动敌人兵力的作用。

## 四、血战三家村，掩护领导机关转移

1948年9月中旬，江南支队第一团、第二团和第四团主力在惠东宝溪合水坝举行誓师大会，尔后进入海丰县作战，中共粤赣湘边区党委和支队领导机关转移至惠东宝溪的黄石礤。10月10日，江南支队接到情报，国民党保安第十三团1000余人由安墩向合水坝推进。此时，支队司令部只有警卫连和4个连队的兵力，敌众我寡。支队决定由参谋长曾建率4个连的兵力在合水坝、黄石礤之间占领阵地，阻击敌人。天黑后，中共粤赣湘边区党委和江南支队机关率警卫连向安墩洋潭转移，拂晓前驻扎于三家村。此时，国民党保安十三团亦向三家村扑来。在此危急关头，警卫连17名战士坚守村内，与敌激战，将敌人一部分兵力拖住，掩护中共粤赣湘边区党委机关和江南支队司令部安全转移，尹林平率领部分人员冲出包围圈向高潭方向转移，蓝造、左洪涛、刘宣等带领警卫连一部登上三家村北侧和东侧高地，以猛烈火力压制敌人，蓝塘人民自卫队闻讯登上乌禽嶂阻击，掩护中共粤赣湘边区党委和江南支队机关向乌禽嶂转移，第四团团长高固得知中共粤赣湘边区党委机关和江南支队司令部被敌包围，立即命令严中英营和饶利中队向三家村驰援，在侧后袭击、牵制敌军，转移敌军的攻击目标，掩护中共粤赣湘边区党委机关和江南支队司令部转移，迫使敌人于第二天撤出三家村。此战，毙伤敌40余人。江南支队第一团副团长肖伦、警卫连指导员钟基、文化教员李清薇及周旺、陈安生等14人英勇牺牲，数人被俘。

三家村战斗结束后，国民党保安第十三团奉命进驻河源蓝口，撤离江南地区。此后国民党广东军事当局停止了对江南地区的"清剿"，再也没有组织对江南地区的主动进攻。

## 五、成立中共惠紫边县委和惠紫区行政委员会，进一步加强根据地的建设

在江南地区党组织的领导下，随着形势的发展，采取不同形式，先后建立县、区、乡人民政权。1948年，江南地区的武装斗争迅速发展，到处都有武工队、游击队的活动。随着斗争形势的发展和游击根据地的建立，广大人民群众思想觉悟不断提高，迫切要求推翻反动政权，建立人民民主专政的政权。游击根据地的群众按照土地革命战争和抗日战争期间的做法，组织农会、贫农团、自卫队等群众组织。与此同时，部队派出武工队、民运队协助发动群众有步骤地建立基层的政权。从1948年初开始，在惠紫边区根据地，许多由人民武装控制的乡村都建立了政权。

1948年初，成立了中共惠紫边县委，书记胡施，组织部长李华，宣传部长黄振，武装部长高固。惠紫边县委下辖：中共高潭区工委，彭明任书记；中共安墩区工委，曾发任书记；中共新庵区工委，负责人马林木；中共龙窝区工委，负责人苏丹；中共蓝塘区工委，负责人张甲。

中共惠紫边县委成立后，即于3月11日在安墩成立了惠紫区行政委员会，赖扩为行政委员会主席，钟声为民政委员，温平为军事委员，黄敏夫为财粮委员，叶亮为妇女委员。这是江南地

区最早建立的解放区人民政权，也正式宣告了惠东老解放区的形成。

惠紫区行政委员会成立后，随着惠东宝和海陆惠紫五根据地的进一步巩固，解放区不断扩大，群众团体普遍建立，而且江南地区已有近一年建设政权工作的经验，由底层群众到上层民主人士也都有建立民主政权的要求，因此，建立人民政权不但时机成熟而且具备了充分的条件。

在全国战场捷报频传的形势鼓舞下，惠紫区行政委员会于1948年秋冬起着重抓政权建设，先后成立了以曾琛为主任的蓝塘办事处和以赖扩为主任、温少环为副主任的多祝办事处。其中多祝办事处先后建立了多祝、安墩、柏寿、松坑、宝溪、高潭、增光、白花、稔山、良井、棠阁、新庵、双金、老龙坪等10多个乡政府。

为了明确江南地区的发展方向，推动游击战争的发展，总结反"清剿"斗争的经验教训，确定新的斗争方针和任务，中共江南地委随支队主力由惠紫边境转移到海丰之后，于11月2日至12月14日在海丰大安洞召开会议。会议就江南地区军事发展方向问题决定："迅速打开海、陆、惠、紫、五局面，建立进退有据的大块根据地，支援平原斗争，连接九连、江北、潮汕，密切取得战略协同，联合作战，解放粤汉路以东的广大地区，动员与组织这一地区的人力物力，配合南下大军解放全广东、全华南。在路东、路西、惠东、海陆丰的平原地区则广泛展开平原的游击战，填补空白，继续面的扩展，坚持斗争，以掩护海陆惠紫五山地根据地的建立。"为了实施"迅速打开海、陆、惠、紫、五局面，建立进退有据的大块根据地"的战略部署，会议决定同时建立中共惠（阳）紫（金）五（华）边县委和中共惠东县委。中共惠紫五边县委由罗汝澄、王泳、叶茵、林金枫组成，罗汝澄任书记；中共惠东县委由胡施、罗欧锋、潘崇、戴文组成，胡施任书记。

1948年底，中共惠紫五边县委在惠东安墩乡黄沙村召开了扩大会议。会议就发动群众、开展减租减息、组织农会、建立乡村政权等问题进行了讨论。1949年初，成立了以王泳为县长的惠（阳）紫（金）五边县人民政府。随后，为了加强和巩固老区，中共惠紫五边县委决定将惠东老区划分为4个区，设立4个区工委。一是中共高潭区工委，由彭明、林强、林传组成，以彭明为书记；二是中共安墩区工委，由曾发、苏群、张汉钜、张甲组成，以曾发为书记；三是中共宝溪区工委，由苏丹、陈平等组成；四是中共布心区工委，由马林木负责。在设立区工委的同时，建立区、乡政权。由于干部条件的限制，干部严重不足，区一级政权采用由上而下委任制和党政合一的形式。乡一级政权则采取自下而上的民主选举产生的办法。3月间，高潭乡选举产生了乡政府，乡长黄亦文。其他乡也相继选举产生了乡政府，选举出乡长：宝溪乡乡长张福合，安墩乡乡长骆发，新民乡乡长刘滔，李横乡乡长黄林，柏寿乡乡长巫峡，宝沥乡乡长徐炎，仁化乡乡长吴伟，人和乡乡长黄特等。

在老解放区根据地建立起各级人民政权的同时，还采取其他措施，进一步加强根据地的建设。

一是培训新干部。中共惠紫五边县委根据各个阶段发展需要，开办了各种不同性质的干部培训班，花大力气培养新干部。1949年春节后，在宝溪黄石礤开办了农会干部训练班，参加学习的有30多名农会骨干。学习内容是政治、军事形势，农会政权性质和翻身做主人的道理，党的农村政策和工作方法等，以此提高农会干部政治素质和政策水平。1949年初，在反扫荡前，以乡为单位集训了民兵骨干。集训通过学习全国解放战争的大好形势，消除了恐敌思想；通过实地操练，掌握了执勤放哨、追击敌特的军事知识和技术本领。5月，举办了一期以支委骨干为主的党员干部训练班，学习了党章和支部工作如何开展、如何培养建党对象（指发展新党员）等知识。这些训练班、学习班，为巩固惠东老区，加强解放区农会、民兵、党团、建政、支前等工作，准备了大批新干部。

二是发展老区生产。惠东老区地处偏僻山区，经济地理条件差，加上封建剥削压迫严酷，人民生活异常贫困。人民政权建立以后，经过了1948年贯彻党的减租减息、废除旧债的政策，人民生活稍有改善。1949年春，严重的3月春荒又威胁着老区，部分贫苦农民面临着断粮的困境。为此，老区采取缴获国民党搜刮囤积的税谷以缓解春荒、继续开展减租减息和清理旧债的斗争、发动群众生产自救掀起生产运动高潮、动员群众上山开矿烧炭大搞副业等措施，增加经济收入，解决老区困难。

三是加强基层党的建设。高潭是老苏区，党在此活动早，在大革命时期就建立了中共高潭特支。土地革命时期和抗日战争时期有高潭区委。东纵北撤后，高潭党组织转入地下活动，党员均隐蔽下来，只保持单线联系。高潭建党工作在解放战争时期是祝东地区最早展开的。1947年底，由四团政委黄振同志负责，在高潭恢复了罗光、林海亭等几位老党员的组织关系。县委根据高潭党组织的实际情况，由高潭区工委通过逐一摸底审查，恢复了31名中共党员的组织关系，同时还发展了黄真等5名新党员，重建了高潭两个中共党支部，并与宝溪党支部联合，成立了中共高潭党总支部，祝东区委林强兼任高潭总支书记。在新庵，3月间在西来庵举办30多人参加的建党对象学习班，进行集体办班学习，为期7天。之后，县委组织部长叶茵亲自对这些建党对象进行审查把关，并派组织干事张彬深入调查了解各建党对象情况，最后批准吸收了赖均、刘滔、曾文、廖玄泉等10人为中共预备党员，并在新庵建立中共党支部。宝溪合水坝在发展党组织工作中，贯彻了既积极又慎重的建党方针。在安墩，1948年先后吸收了骆发等一批党员。1949年5月，在大埔村举办训练班培训了50多名农干学员。这些农干学员都是在斗争的大风大浪中涌现出来，经受住了考验，思想政治素质较好。经过培训，发展了一批党员，建立了中共安墩党支部。

四是加强青年团的建设。配合江南地委青委，大力发展新民主主义青年团。江南地委青委书记容克亲自到祝东老区主持建团试点工作。1949年3月，在民运队整训时，开展建团试点，从民运队中的青年积极分子中吸收了23名为新青团团员，建立了第一个新青团支部，陈平任支部负责人。建团试点，积累了一定经验。民运队新青团支部骨干分子深入祝东各地，全面展开了祝东老区的建团工作。4—5月间，县委在江南青委书记容克同志亲自主持下，举办新青团对象学习班，这些新青团对象来自高潭、安墩、合水坝、李坑屯等乡，共52人。学习结束时，从中发展了46名为新青团员，这是江南地区较早的一批农村新青年团员。他们回到祝东各乡后，展开了以乡为单位的建团工作。至祝东区委建立之初，祝东地区先后共发展了135名新青年团员，建立起以乡为单位的团支部。

1948年秋，为适应解放区的大发展，迎接战略决战的到来，中共中央香港分局从广州、香港等地动员大批知识分子到解放区参加武装斗争。江南支队政治大队就是为了开展干部队伍培训，迎接大决战到来的需求而组建的。政治大队大队长朱超，政委李福海。参加第一期培训的约80名知识分子是从穗港回来的大学生。12月初，在安墩黄沙小学举行开学典礼，并较长时间以鹞子岭忠义堂作为培训教室和学员宿舍。培训内容主要是：解放战争大决战前全国、全省的形势；党对解放区减租减息的政策；如何发动群众开展群众工作；知识分子应走的道路等。结业后，学员大多数被派往随后成立的边纵属下3个支队工作。

# 巩固惠东老区，迎接惠东全境解放

## 一、边纵在安墩宣告成立

1948年12月下旬，粤赣湘边区党委全体会议在安墩黄沙村召开，会议期间，中央军委于27日电复中共中央香港分局，批准成立中国人民解放军粤赣湘边纵队。尹林平任司令员兼政治委员，黄松坚任副司令员，左洪涛任政治部主任。1949年元旦，粤赣湘边纵队、闽粤赣边纵队和桂滇黔边纵队联合发表宣言，宣告中国人民解放军粤赣湘边纵队正式成立。根据粤赣湘边区党委1949年1月16日的请示，中共中央于2月20日批准梁威林任纵队副政委，严尚民任参谋长。1月17日，粤赣湘边纵队将所辖部队进行统一整编。江南支队改编为粤赣湘边纵队东江第一支队，粤赣边支队改编为粤赣湘边纵队东江第二支队，江北支队改编为粤赣湘边纵队东江第三支队，北江支队改编为粤赣湘边纵队北江第一支队，粤赣湘边区人民解放总队改编为粤赣湘边纵队北江第二支队。

1月19日，粤赣湘边区党委发出《关于公布名义的庆祝及展开政治攻势的指示》，要求各地在庆祝边纵成立的同时，大力开展宣传工作，扩大政治影响。为了展开政治宣传攻势，粤赣湘边区党委决定在解放区惠东安墩举行庆祝大会。2月1日，整个安墩到处张灯结彩，彩旗飘扬，呈现一派节日气氛。庆祝大会会场设在安墩圩的打醮埔。上午，松坑、石塘、洋潭、嶂梅、白沙等地群众以村为单位，抬着礼箱，装上金猪，排着整齐的队伍，高举"庆祝中国人民解放军粤赣湘边纵队成立"的标语和横额，一路敲锣打鼓，从四面八方涌向会场。12时整，纵队政治部主任左洪涛宣布大会开始。纵队司令员尹林平在大会上讲话，庄严宣告边纵成立。东江第一支队司令员蓝造、政治委员王鲁明、惠紫区行政委员会主席赖扩先后在大会上讲话。庆祝大会结束后，举行盛况空前的庆祝游行，晚上举行军民联欢会。

## 二、东一支第七团、第八团奋战在惠紫五边山区和西枝江两岸

粤赣湘边纵队成立后，为了建立海陆惠紫五根据地，粉碎国民党广东军事当局的进攻阴谋，粤赣湘边区党委决定在东江南线和北线，展开春季攻势。要求东江第一支队由东江第二支队第四团配合，开辟海、陆、惠、紫、五边区，与东江北线部队取得战略协同，同时对敌发动进攻，"有配合，有策应，有准备，有计划"地打击敌人，夺取据点，占领中、小坜镇和广大农村，逐步造成包围城市的态势，为建立大块战略基地扫清障碍，打下基础。为展开春季攻势，建立海陆惠紫五根据地，粤赣湘边纵队东江第一支队成立后，立即从各团抽调兵力，组建东江第一支队第七团和第八团。第七团活动于惠东安墩、新庵、高潭、宝溪等8个乡和紫金蓝塘以东的7个乡及五华的登畲、华阳等地；第八团活动于多祝之西、淡水河和淡澳公路之东、东江河以南、稔平半岛之北一带地区。第七、第八团组建后，立即与东江第一支队及东江第二支队第四团一起，在江南地区展开了声势浩大的春季攻势。

第七团由罗汝澄任团长兼政治委员，王泳任政治处主任。刚成立时，只有1个大队，张革任大队长、邱达任教导员。随后

组建了2个大队：高潭大队，林传任大队长，彭明任教导员；紫金人民抗征大队，龚子彭任大队长，李一民、曾发（后）任教导员。组建由苏丹、陈平负责的民运队。七团组建后，一方面积极展开军事行动，挺进紫金、五华，开辟惠紫五边解放区，一方面采取有效措施巩固惠东老区。

### （一）筹集粮食

为解决老区群众春荒缺粮和部队军粮供应问题。七团领导决定：一是向国民党的地税谷仓要粮。1949年2—3月间，团主力挥师北进，先后打下紫金县九和、龙窝、黄布三个反动据点，缴获国民党政府搜刮囤积的税谷10万千克，发动惠东老区宝溪、佐坑、高潭、安墩等地群众一千多人将税谷运回老区，7成作部队军粮，3成分给缺粮农民度荒。二是继续开展减租减息和清理旧债的斗争，向地主要粮。三是发动群众生产自救，在老区掀起生产高潮，增加粮食收成。

### （二）发展贸易，增加经济收入

一方面发动群众上山开采钨矿、烧炭，运出国民党统治区销售。团部还命令各地税站除按章纳税外，放宽出入境限制。民兵、自卫队派出武装护路，防止土匪拦路打劫，保障群众和商贩安全。与此同时，七团政治处和民运队在佐坑召开商人会议，成立了解放区的商会，确定了物价和港币购物比价：1升大米值0.3港元，其他物价按此比率折算。通过这些措施，惠东老区经济在困难中得到了较快的发展，群众生产积极性高涨，解放区内外贸易活跃，群众生活必需的盐、布匹、煤油、咸鱼、火柴等商品供应充足。

### （三）加强文化工作

为了活跃部队和老区群众的文化生活，县委和七团政治处组建了由赖永森等30名知识青年组成的飞萤工作队，一方面做群众工作，一方面搞文艺演出。利用群众喜闻乐见的文艺节目，宣传党的方针政策，歌颂军民鱼水情深，动员青年参军参战。

### （四）培训干部，加强基层党团组织建设

中共惠紫五边县委和第七团领导，根据各个阶段发展需要，开办各种不同类型的干部培训班，培训基层干部，为巩固惠东老区，加强老区农会、民兵、党团、建政、支前等工作，准备了大批新干部。在实际斗争锻炼和学习培训的基础上，1949年2月，县委组织部和七团政治处着手发展党团组织，建立农村基层党团支部。到6月底，恢复了31名老党员的组织关系，发展66名新党员。加上前段四团恢复、发展的党员在内，七团管辖的老区农村共有中共党员117名，建立了5个农村基层党支部。发展新民主主义青年团员88名，建立了37个乡的团支部。

### （五）兴办安墩人民中学，发展解放区教育事业

1949年5月中共祝东区委成立后，接收安墩小学，加以彻底改造，采取强化党的领导，地方筹款，群众办学，聘任教师的方法，将学校办成一所新型的人民中学，首届100多名学生都是当地贫苦农民的子弟。

1949年8月，中共惠紫五边县委和七团管辖的地区分别划归新成立的中共惠东县委、惠东县人民政府和中共紫金县委、紫金县人民政府管辖范围，七团完成了历史所赋予的光荣使命。全体指战员投入迎接南下大军，解放广东的战斗。

中国人民解放军粤赣湘边纵队东江第一支队第八团，于1949年1月28日在惠东河东区苏茅塝村宣告成立，以团长罗欧锋、政委胡施、副团长温汉光、政治处主任潘崇组成了八团领导核心。东一支八团的活动地区是东至多祝，西至淡水河和淡澳公路，北至东江河畔，南至稔平半岛，西枝江两岸一块狭长的丘陵地带。为了加强中共中央香港分局和粤赣湘边纵队的联系，加速输送人

员、物资，八团担负着保障稔平公路安全畅通和开发新区、壮大武装、发展组织、建立新政权等任务。

八团成立之后，加强了对武工队领导，积极开展斗争。在短短的半年中，组建了猛虎队、铁豹队、新编连、铁流队、铁星队、红鹰队和海队等武装连队，在河东的丘陵平原和大亚湾近岸水域开展活动，为开辟新区、建立新政权进行不懈的努力。

1949年4月下旬，解放军横渡长江，很多革命青年从香港取道八团活动地区回到东江解放区参加武装斗争。7—8月间，八团护送从香港回来的领导干部有粤赣湘边纵队副司令员黄松坚、政治部主任左洪涛和谭天度、叶锋等同志。与此同时，《华商报》《正报》的记者、编辑，剧宣七、八队，余娴乐社的演员，达德学院和香岛中学的革命师生等1000多人，也陆续乘船至宝安下沙、王母圩。陆路从下沙至霞涌、王母圩至陆丰河田，由猛虎队护送东上粤赣湘边纵队司令部驻地。在持续艰苦的工作中，猛虎队护送的南方券（广东解放区钞票）20多箱，海队护送的物资3000多担，都安全送到目的地。

与此同时，八团还结合斗争的需要，做好税收、征粮和情报等工作，完成各项任务。

税收工作：1949年，支队成立全区性税收网。税率5%～8%。八团仅海队税站，在税站站长吴生的带领下，从2—9月，就收到港币5万元，金圆券1万多元，广东纸币2亿元，成为部队给养来源的重要部分。

征粮工作：1949年4月，边纵为解决主力集结的粮食问题，发放公粮债券750万千克，其中东一支200万千克，下达给八团的任务是25万千克，另还有为贫苦农民借粮度荒的10万千克。八团大力开展征粮工作，以政治部主任潘崇的名义，在各区、乡广泛张贴油印布告，发动群众，依靠群众，很快就顺利完成了征粮任务，各地群众还自觉地组织人力，帮助运送粮食。

情报工作：八团成立后，情报网成为团部神经中枢的重要组成部分。时任情报总站站长吴杨，指导员吴晃，总站下设澳头、永良、稔平、白平等几个分站。情报站配合对敌斗争，侦察和收集各地敌据点的军事动态，迅速向团部提供敌人驻军、调动和军事活动的情况。

交通站工作：时任八团交通站站长为姚仁，交通站负责传递上级指示、文件，做好护送人员、物资工作。该站交通员每接到任务，不论白天黑夜，刮风下雨，便立即出发。同时，他们还为过境部队带路。

民运队工作：八团民运队兼有政宣队和武工队的特点，以文武两手开展工作。一方面宣传共产党各项方针政策，发展地方党组织，组织农会、妇女会，发动青年参军，扩大武装力量，建立和巩固基层人民政权，保护税收，组织征粮支前和收集情报等多项工作；另一方面，又担负牵制敌军行动，歼灭和瓦解敌军，打击反动政权和土豪恶霸，开展减租减息等各项斗争任务。八团民运队组织，有杨浩、刘标的基石队，彭克功的播种队，以后，又发展了垦新队、生根队。

文化工作：八团政治处宣教股的文工队，代号"红缨"，成立于1949年6月，队长黄克，副队长麦莲，有队员20多人。他们大部分是从香港回来参加革命的知识青年。该队经常随团部出发，在河东区的永湖、良井、白花、蚌湖坝、梅园、稔山、吉隆一带活动。此外，还到过海丰的梅陇、赤石、鹅埠等游击区。红缨队成立后，工作十分活跃，主要是通过戏剧、音乐、舞蹈等艺术形式进行宣传发动工作，上演过《兄妹开荒》《送郎参军》《雨不洒花花不红》《白毛女》等节目。同时，该队在宣传共产党的方针、政策，宣传军民鱼水情、凝聚民心、动员参军等各方面都发挥了积极的作用。

粤赣湘边纵队东江第一支队第八团，从1949年1月28日成立，到8月15日结束，经历了6个月零18天的战斗历程，他们为扫清障碍，开拓新区，迎接胜利的到来，作出了艰苦的努力，取得了很大的成果。

### 三、惠东县人民政府成立，加强政权建设

1949年1月，重建中共惠东县委，县委书记胡施（后由黄振接任）。

5月4日，惠东县人民政府宣告成立，由罗欧锋任县长（后由高固接任），余明照任副县长（后由潘应宁接任）。惠东县人民政府下辖吉隆区人民政府，区长杨俊如，副区长黄斐。随后，河东区人民政府划归惠东县人民政府管辖。

7月，东江人民行政委员会成立后，即在江南、九连、江北地区设立行政督导处。江南地区设立东江第一行政督导处，以刘宣为主任。在此前后建立的惠紫边县人民政府、惠阳县人民政府、惠东县人民政府以及海丰、陆丰、紫金、东莞、宝安等县人民政府，统一归由东江第一行政督导处管辖。

8月，中共河东、平山、白花、稔山、平海区委以及高潭、新庵、龙窝、蓝塘区工委相继成立。9月，由中共惠阳地委任命黄振为中共惠东县委书记，罗欧峰任委员，戴文任组织部长，潘崇任宣传部长。

当时解放区各级民主政权干部大多数县由地委或县委批准并委派适当人员组成。有一部分乡、村民主政府由选举产生，而大部分乡、村干部都是由地方基层党组织、农会、民兵中挑选出经过斗争考验的思想觉悟高的积极分子担任。各级民主政权的组成人员一般都是威信较高的共产党员、工农积极分子，也有地方

民主人士、统战对象或国民党起义人员，侨乡则有归侨或侨属代表，体现了新民主主义政权的性质。

惠东县人民政府建立后，大力加强基层民主政权建设。至8月间，惠东县属范围几乎所有区、乡、村的民主政权，都已经普遍建立。至1949年10月前，惠东县人民政府管辖的乡政权有高潭乡、宝溪乡、大和乡、宝沥乡、仁化乡、李横乡、安墩乡、新民乡、柏寿乡、黄埠乡、范芙乡、铁涌乡、吉隆乡、东洲乡、白云乡等。

惠东县各级民主政权建立后，主要任务是支持革命战争，同时也充分发挥人民行政机关的作用，发展生产，为人民群众办事，培养各级行政干部。县、区、乡民主政府按照任务要求，着重做好三方面工作：组织和武装人民群众，实行减租减息、征收公粮或借粮，动员人民群众支援前线，迎接野战军南下作战，争取人民解放战争的最后胜利；发展农村生产和本地工商业，改善民生，管理社会治安，保卫和巩固政权；不断加强党团组织的自身建设，增强党团基层组织战斗力，发展党团员，培养后备力量。从1948年初到1949年10月中华人民共和国成立，惠东作为东江解放区的重要组成部分，政权建设虽然时间不长，但对于巩固解放区和发展根据地，完成民主政权的各项任务，支援前线，迎接野战军入粤作战，解放全广东乃至全华南发挥了重要作用，同时也为新中国成立后接管旧政权，建立新的人民政权积累了丰富的经验。

## 四、配合南下大军追剿国民党残匪，解放惠东全境

1949年7、8月间，人民解放军粉碎了国民党的所谓"华中局部反攻计划"之后，几路大军神速南下，直逼湘、赣。国民党妄图以广东为基地，以衡（阳）宝（庆）作为负隅顽抗的枢纽，依

托湘水、资水和粤北五岭天险，设置两道防线，阻止野战军主力南下。而广东的余汉谋、欧震则将其所部约20万人的兵力，重点布防于粤汉铁路广州至曲江一线，企图在广东作最后的挣扎。

为迅速彻底地消灭国民党的残余势力，解放全广东，解放全华南，8月1日中共中央决定组成以叶剑英为第一书记的新的中共中央华南分局，并确定由第二野战军第四兵团和第四野战军第十五兵团组成入粤作战大军，由叶剑英统率，进军华南，担任解放广东全境的任务，以实现从南面包围和配合歼灭白崇禧集团的战略计划。

8月，第四兵团和第十五兵团神速南下，于14日解放赣州。此时，由曾生、雷经天率领的中国人民解放军两广纵队也奉命于湖北浠水横渡长江，进入赣州地区待命，准备参加解放广东的战斗。

为了切实做好迎接野战军入粤作战的准备工作，中共中央华南分局早于7月22日就发出指示，要求各地党委"加紧准备迎接大军南下的工作"，指出野战军南下作战在即，必须"动员全党与人民群众"，认真做好各方面的准备工作，"要健全区、乡政权，以便将群众编整为运输、担架、侦察、交通、宣传、慰劳的各种参战队伍，临时得以有组织的调动。"同时，强调"坚决执行'二五'减租，迅速征收公粮，并存储于安全地区，一面在可能中用南方券购买粮食，一面鼓励地、富、商人向各粮产区购粮，并秘密调查地、富余粮，以便大军到达时，以公债向其征借。"

7月29日，粤赣湘边区党委发出《做好准备工作迎接南下大军的指示》，向全区军民发出了迎军支前的总动员令，号召全体军民动员起来，组织起来，"每家每户，人人准备为慰劳大军的柴草、粮米、猪及各种常用品，使大军所到之处，均得人民热烈的慰问与拥护"。根据华南分局和粤赣湘边区党委的指示精神，江南地委对迎军支前工作很早就做出部署。8月10日，江南地委发出"配合南下大军，紧急动员，发动热烈的大规模的支前运动"的指示，要求"努力发动和组织广大劳动青年、妇女群众积极参加民工战勤、修桥筑路、送军粮、设立送水站、做交通向导、慰劳过境大军"。

为了确保迎军支前工作的顺利开展，各级党组织和人民政府都成立了支前领导机构。粤赣湘边区党委成立了以梁威林为司令员、刘宣为副司令员的东江支前司令部。东江第一行政督导处（江南）设立迎军支前工作委员会，以刘宣为主任。惠东县成立了以高固为主任的支前委员会。各区也设立支前委员会，乡设立支前指挥所，村设立支前指挥员。各地动员年龄18至45岁的男子和年龄20至40岁的妇女报名填表、编队，参加支前工作队；村设支前中队，乡设大队，县设总队。各级支前指挥机构，均由党、政主要领导组成，实行一元化领导。

随着南下野战军的到来，惠东县各界群众在各级党组织的发动组织下，掀起了迎军支前的高潮。"这期间，各级支前委员会已开始建立，战勤队已普遍组成，并已开始集结与使用常备战勤队，公粮征收已有增加，献粮献物甚为普遍。修筑道路已经开始，群众的波动情绪也开始稳定，迎军支前工作确已开始走上群众性的规模。"

为了保证筹集野战军作战所需的粮食，粤赣湘边区党委发出征粮750万千克的号召，要求江南地区征粮250万千克。这一号召得到惠东县人民群众的热烈响应。尽管人民群众屡屡遭受国民党军的抢掠，生活十分困难，但群众宁愿以杂粮充饥，而将主粮献出来，支援野战军入粤作战。在惠东县支前委员会的直接指挥下，安墩区成立了由区委书记苏群等13人组成的支前委员会，领导各乡迎军支前工作。为了落实迎军支前工作，安墩区支前委员会召集会议，做出三项决定：一是动员群众暂停今年的扫墓祭祖活动，将预备扫墓祭祖的财物支援前线；二是动员各族长将当年公偿土地出租谷，全部支援前线；三是各乡村农户中所得"二五"减租的粮食，人平交出25千克，供应南下野战部队。经过发动群众，按时完成所有支前任务。据不完全统计，安墩筹集支前物资有稻谷75万千克，花生、黄豆各5000多千克，花生油3000多千克，生猪250头，三鸟1万多只，红糖6000多千克，菜脯1万多千克，蛋品2000多千克，木柴2万多担，禾草9000多担。同时组织民工5000多人，征调小船300多只，夜以继日抢运至平山，再转运前线。

惠东县人民群众在党组织和各级人民政府的发动组织下，出色地完成了迎军支前的任务，为解放东江乃至广东全境做出了贡献。

在开展规模空前的迎军支前工作的同时，活动在惠东和惠紫边区的人民武装，配合粤赣湘边纵队主力，展开了追剿残匪，扫除残敌，解放东江全境的军事行动。

从5月开始，粤赣湘边纵队主力在东江各支队的配合下，展开声势浩大的夏季攻势，先后解放龙川、和平、连平、新丰、五华等县，9月，粤赣湘边纵队南北两线部队会师于河源、博罗，在河源石坝、博罗杨村战斗中歼敌600余人。此时，在惠阳、惠东和惠紫边境中，除惠州、平山、淡水等城镇仍有残余的国民党军外，绝大部分区、乡都已解放，并且普遍建立了人民政权，成为巩固的连片的解放区。解放区的扩大与巩固为迎接野战军南下作战，解放全广东，解放全华南，创造了十分有利的条件。

为了迅速消灭残存广东之敌，人民解放军野战部队于9月下旬越过五岭，突破国民党军的"湘粤防线"，分三路向广州方向迅猛进军。10月7日，攻占粤北重镇韶关，13日晚迫近广州近郊，14日晚进入广州，广州遂告解放。中国人民解放军两广纵队和粤赣湘边纵队解放龙门、河源、博罗等城镇后，15日进至虎门附近地区，切断国民党军南逃之路，尔后进入广州以南的东莞、中山、顺德等地追歼残敌。

东江第一支队所部也积极展开攻势，配合野战军解放广东的作战行动。9月，东江第一支队主力从陆丰转入惠阳、惠东、宝安地区，在9月下旬扫清淡水周边残敌。在我军强大攻势和党的统战政策的感召下，国民党大亚湾警备营营长黄英扬与惠东稔平地区联防自卫大队大队长赖耀庭各率官兵100余人及武器装备，在稔山起义。10月6日，解放吉隆；10日解放多祝；12日解放梁化；13日解放平山，这日视为惠东县解放日；14日解放白花，同日，惠东县人民政府进驻平山办公。高固任县长，潘应宁、余明照任副县长。是月，惠东全境解放。

在中国共产党的领导下，惠东境内党组织从无到有，从小到大，带领人民群众同帝国主义、封建主义和官僚资本主义进行了长期的浴血奋战，终于迎来了革命的胜利，迎来了人民的彻底翻身和解放。

# 第六章

探索发展时期

# 第一节 建立人民政权，完成民主革命遗留任务

## 一、接管旧政权，建立新政权

1949年10月17日，惠东县军事管制委员会成立，军管会主任高固，副主任潘应宁、余明照，随即对惠东县实施全面的军事管制，接管国民党旧政权，使政治、经济、文化等各项工作顺利开展，军管会与惠东县人民政府实施军政联手，迅速铲除了国民党残匪及其非法反动组织。

为了彻底摧毁旧制度，巩固革命秩序，实行人民民主专政，10月26日，惠东县人民政府向全县颁发《关于招待国民党流散人员暂行办法》，并颁布国民党特务人员申请悔过及其他党派登记实施办法通告。对特务人员实行"首恶者必办，协从者不问，立功者受奖"原则。10月27日，为彻底清除非法党团反动组织，惠东县人民政府发布通令，要求全县有关部门认真深入调查了解，确保限期内做好此项工作。

11月12日，惠东县人民政府贯彻执行中央人民政府财政经济委员会《关于当前物价问题的指示》，平抑市场物价，执行《关于制止物价猛涨的通知》精神，维护了社会秩序，稳定了民心。

1949年12月，惠东县与惠阳县合并，重新成立中共惠阳县委和惠阳县人民政府，书记张华基，副书记王舒，组织部长余明照，宣传部长钟义；县长王舒，副县长高固、李少霖、余明照、

杨钧。惠阳、惠东两县合并后，全县划分为9个区，60个乡镇，933个行政村，总面积6346.93平方千米，人口604877人。

是年12月，根据华南分局的决定，撤销解放战争期间成立的中共江南地委，在惠州镇成立中共东江地方委员会（简称"东江地委"），统一领导东江地区的党组织。12月15日，根据中共东江地委、东江行政委员会决定，撤销1949年10月成立的惠州军事管制委员会。中共惠阳县委隶属东江地委领导，惠阳县人民政府则归属东江行政委员会领导。根据中共东江地委的部署，中共惠阳县委、县人民政府驻地迁入惠州原惠阳县国民政府旧址办公。1950年1月，惠阳县（含并入的原惠东县境域，下同）辖区内正式建立中共潼湖、大鹏、平白、稔平、多祝、横沥6个区委和区人民政府。至1950年11月，全县共设立9个区委、区政府（潼湖、大鹏、平白、稔平、多祝、横沥、龙岗、淡水、平潭）和1个镇委、镇政府（惠州镇委、镇政府于1949年12月成立，县级编制，1950年5月29日改为区级镇，划入惠阳县管辖），下设70个乡镇。

在中共东江地委领导下，中共惠阳县委带领全县人民，开展了清匪反霸、镇压反革命、土地改革等运动，使新生政权得到了进一步的巩固。1952年11月，中共东江地委撤销，12月，中共惠阳县委划入粤东区党委领导。1956年2月，中共惠阳地方委员会（简称"中共惠阳地委"）在惠州成立，中共惠阳县委隶属中共惠阳地委领导。

## 二、清匪反霸，镇压反革命

### （一）开展清匪斗争

惠阳县地处沿海，紧邻香港。新中国成立后，帝国主义和蒋匪残余以港澳为基地，不断派遣大批匪特潜入惠阳境内，进行各种破坏活动。解放初期的惠阳境域内，由于局势尚未稳定，匪特趁机而起，由隐蔽到公开，由分散到集中。至1950年春，全县计有土匪52股1600多人。匪帮主要有张伯粼、蓝天来、严忠英等部，他们主要活动在县内一些偏僻山区。主要活动方式是纠集旧的伪特人员、土匪、流氓，勾结地主恶霸反动分子进行造谣、放毒、暗杀、打劫、绑票、煽动民众、破坏上缴公粮、反共抗税等。

为了巩固人民民主政权，维护广大人民群众利益，早在1949年11月5日，惠东县人民政府作出了《反恶霸反特务》的指示，要求各级政权充分发挥人民力量，集中优势兵力反对恶霸与肃清特务，并作出了具体的规定和部署。

惠东并入惠阳县后，全县各地继续贯彻执行《反恶霸反特务》的指示，集中力量进行剿匪，发动和依靠群众掘匪根、查匪情、抓匪首。并通过强大的宣传攻势，动摇匪众，让匪特主动投降自新。1950年1月至8月，全县自新登记人员有245人。其中特务22人，国民党少校级军官7人，国民党党、团、政人员214人，国民党政权技术人员2人。

在清匪斗争中，中共惠阳县委、县人民政府贯彻"积极进剿、政治争取、发动群众"的方针，发动广大群众检举、报告。对由海上登陆之匪徒，随时发现随时围歼。对潜伏在山区之匪徒，发动群众组织民兵基干队配合解放军、公安部门进行搜山围剿。1950年5月2日和6月18日，先后破获"国防部忠义救国军第一纵队第十支队"案2宗，抓捕梁伟灵、许子修、李国华、王子建、王亚南5人。6月20日，破获"广东东江反共抗俄游击救国军特别团"案1宗，捕获团长李达环等6人。7月11日，破获"广东东江反共抗俄军第一纵队第二大队"案1宗，抓捕大队长陈发、副大队长周文光等17人。7月破获"中统三青团"案1宗，捕获温春浓等48人。据统计，1950年，共破获匪特案23宗，抓捕133人。先后枪决了匪首梁伟灵、王子建、李达环、温春浓、陈发、周文光、张铁、戚雄、利赞威等9人，缴获步枪6支、手枪11支、手榴弹5颗，各式子弹250发，秘密文件1份，证件2件。在军民联合的扫荡下，分布在全县的52股1636名土匪瓦解，仅剩下严忠英、古伯、肖天来等散匪，转入乡间，进行隐蔽活动。

为了彻底消灭残匪，1952年在"镇反"和"三反"运动中，中共惠阳县委组织公安部门以及民兵配合解放军，在3月、6月、8月间，开展3次大规模的清匪政治攻势，给匪特以沉重打击。高潭区匪首徐楚良、梁化区匪首刘石养，在民兵追剿下，与匪众离散后隐伏山洞。1952年6月12日，两匪首被民兵包围在山中，走投无路，服毒自杀，众匪落入法网。

1952年，在大规模清匪斗争中，全县共逮捕、法办土匪164人。其中处决39人，判死缓14人，判无期徒刑6人，判有期徒刑92人，判管制13人。

1953年7至8月间，又有三批匪特在稔山沿海登陆，沿海民兵发现后立即报告，在县委组织下，数百名民兵配合解放军、公安部门对匪特展开搜索、捕捉，大部分匪徒被捕获。8月15日，境内最凶残、最狡猾的匪首严忠英及其匪部，被全部捕获。至此，活动在惠阳全境的土匪被全部消灭，使社会秩序趋向稳定，新生政权得到进一步巩固。

### （二）开展反霸斗争

1950年秋，惠阳境内结合查租查押，开展反霸斗争。斗争的对象是横行霸道的地主封建头子及其爪牙狗腿子。全县反霸、清算、退租、退押、废债的对象共1376人，其中斗争恶霸957人。同时缴获长枪1515支、短枪668支、子弹4391发、土枪226支、土炮381门、机枪2挺、手榴弹150颗、地雷25个、炸药53千克、火箭炮1门、电台2部。

经过开展反霸斗争，境内封建势力被打垮，农村出现了新气象，在斗争中涌现出大批贫雇农积极分子，农民协会、民兵队伍空前壮大。至1951年春，全县农协会员达到164586人（其中女性13207人），民兵达24206人（其中女性1320人），配备枪支15000余支，有力地促进了土地改革工作，纯洁了各种基层组织，巩固了基层人民民主专政。1952年，随着境内土地改革运动的结束，全县的反霸斗争基本结束。

**（三）开展镇压反革命运动**

中华人民共和国成立后，为巩固人民民主专政，保障人民的安定生活，党中央于1950冬开始，领导全国人民开展了声势浩大的镇压反革命运动。1950年12月至1953年9月，中共惠阳县委、县人民政府根据中共中央和中共华南分局关于镇压反革命的指示，在全县范围内分三个阶段进行大规模的镇压反革命运动。

**1. 第一阶段"镇反"工作（1950年12月至1951年3月）**

1950年10月10日，中共中央发出《关于镇压反革命活动的指示》（简称"双十指示"）。12月，中共华南分局发出《关于坚决镇压反革命的指示》。根据党中央和中共华南分局的指示，中共东江地委也于12月29日向东江地区发出《关于坚决镇压反革命的指示》（简称"《指示》"）。《指示》发出后，惠阳境内的镇压反革命运动也随即掀起。1950年12月，成立了"惠阳县镇压反革命临时指挥所"，指挥所主任由县委书记张华基担任，副主任由县长王舒和公安局长李顿担任。随后，各区（镇）也相应成立了"镇压反革命临时指挥分所"，分所主任由区（镇）委书记担任，副主任由区（镇）长和公安助理担任。

镇压反革命领导机构建立后，随即在全县进行层层动员，并开展强大宣传攻势，勒令反革命分子到公安机关、政府部门自新登记。据1951年统计，全县登记自新的反动党团员及特务分子有847人。其中反动党员349人（国民党区分部委员以上121名）、反动团员178名（三青团区分部委员以上36名）、特务320名（特务组长以上135名）。总计反革命骨干292名，一般的反动党团员及特务分子555名。

反革命分子自新登记后，各区（镇）按照惠阳县委的部署，以及县镇压反革命临时指挥所的通知，根据核定的名单，于1951年2月至3月间，统一在全县实施逮捕反革命分子。据统计，这一阶段共逮捕反革命分子1579名，其中包括特务分子135名，地下军成员20名，土匪29名，反动军官6名，不法地主27名，恶霸81名。并根据反革命分子的情节严重程度，于当年处决了反革命分子296名。

### 2. 第二阶段"镇反"工作（1951年4月至1952年10月）

根据第一阶段"镇反"后所掌握的材料，惠阳县公安机关按照县委的指示，在人民解放军和民兵的配合下，从1951年4月至1952年10月，在全县范围内开展第二阶段的"镇反"运动。在这个阶段的"镇反"中，逮捕反革命分子3183名。同时还破获特务案15宗，破获地下军组织共3个支队、2个团、20个大队、44个中队、3个情报站。缴获武器弹药以及通讯器材一批，其中有重机枪1挺，轻机枪1挺，步枪1499支，手枪1484支，手榴弹1276颗，炮弹107颗，各种子弹18523发，炸药89千克，雷管110个，电台6部。县公安机关根据反革命分子的罪恶程度，于1951年4月至1952年10月间共处决了反革命分子624名。

为了巩固镇压反革命成果，全县于1952年6月下旬开展清理积案工作。先后共清理公安局、法院、法庭的在押案犯2307名。其中判处死刑立即执行22名，判处死刑缓期执行17名。

### 3. 第三阶段"镇反"工作（1952年11月至1953年9月）

经过第二阶段"镇反"，反革命分子武装暴动、偷袭、暗杀、爆炸、放毒、造谣等事件已较少发生，城乡秩序相对稳定，但也存在一些乡村"镇反"工作不够彻底，城区"镇反"有所放松的现象。为此，根据惠阳县委部署，县公安局组织3个工作组，分赴各区、镇开展"镇反"的扫尾工作。

在全县第三阶段"镇反"工作中，共破获2股匪特，逮捕反革命分子570名。至1953年9月，全县的"镇反"运动基本结束。这场贯穿于1950年12月至1953年9月间的镇压反革命运动，为稳定惠阳境内的社会秩序和推动新生政权的建设起到了巨大作用。

## 三、开展土地改革，实现耕者有其田

1950年6月，中央人民政府颁布《中华人民共和国土地改革法》。根据中共华南分局和中共东江地委的部署，从1950年10月中旬开始，惠阳境内开展了土地改革运动（简称"土改"），到1953年7月结束，全县90%以上成年农民参加了土改运动。土改中，时任广东省土改工作团团长、党组书记的"红军女杰"李坚真，于1951至1952年亲自驻点惠阳县梁化区石黎乡近两年，食住于黎光村土改根子（当时对土改骨干的称谓）钟花的家，亲自抓点指导土改工作。她驻点期间，时任广东省人民政府主席兼广州市市长的叶剑英，曾亲临黎光村了解和指导土改、清匪反霸等工作。为加强全县土改工作的领导，惠阳县委于1950年12月23日成立了惠阳县土改委员会，主任为叶锋，副主任为张华基、王舒，委员由高固等13人组成。同时成立惠阳县土改工作团，团长为叶锋，副团长为黄中强。

按照部署，境内土地改革运动分为以下三个阶段进行。

第一阶段。自1951年3月至7月，开展了轰轰烈烈的以退租退押、清匪反霸为中心的土改第一阶段工作。这一阶段土改，全县集中了1200余名干部，派往37个乡开展土改运动。运动覆盖区域有38万人，直接参加运动的群众有21.5万人，其中以贫雇农为核心的农民协会有8万多人直接参加了运动。运动培养了积极分子2.5万人，改造基层农会155个，改造了村政权118个，改造了民兵队伍105支。运动中斗争了恶霸和地主957人，退给农民稻谷615万千克，分得稻谷的农户有4.8万多户，15万多人，有效地缓解了当年严重的粮荒，解决了农民生活与生产的困难。此期间，还破获了大批土匪特务组织，收缴了2000多支非法枪支，4万多发子弹及手榴弹、地雷、火箭炮、电台一批。

第二阶段。时间为1951年8月至1952年4月，这一阶段主要任务是划分农村阶级和没收征收分配工作。

（1）划分农村阶级成分。首先是通过土改工作队，在全县做好宣传发动，消除群众思想顾虑，通过农民协会组织群众，学习、掌握划分标准，然后进行试划，后铺开到各村。进行方法是，先由地主、富农自报，后由群众评议。划内部阶级时，也采取行政村先划，各村派人参加吸收经验，然后回到各村全面铺开，划一个评一个，进行比穷比苦，逐一评定。也有的地方先选出各种阶级典型标准，然后采取阶级排队的办法。在土改第二阶段中，全县划出地主5141户，占全县总户数的3.4%；划出半地主或富农245户，占全县总户数0.15%；划出富农3700户，占全县总户数2.44%。

（2）没收征收分配工作。没收征收前先整顿好土改工作队伍，建立好土改工作机构。工作机构建立后，全县土改工作先清算地主余粮，后没收财产。先由地主自报，后交由群众讨论，除去实际开支，得出余粮数目，训示地主遵守土改法令，按数交出余粮。没收财产时，各村分别对贫雇农、中农进行动员，讲清纪律，由工作队和贫农骨干带领队伍敲锣打鼓开进地主家。先由没收委员会人员入屋检查，对没收的一切财产，搬出门外，交由运输组搬运回去，然后按政策分配。

（3）进行土地分配。先调整田地，发动送田，搞好统计工作，然后以自然村为单位，各村作适当调整。分配时，将没收、征收及赠送田地和应分户自耕、出租田地相加，除出公田若干，以分田人口平均分配。

第三阶段。1952年4月至1953年7月，全县土改工作转入第三阶段，即复查和发土地证阶段。1952年上半年，全县完成了1950至1951年土改的188个乡的复查任务。为了使第三阶段的土改工作更加扎实，按照县委指示，全县土改工作队重点做好四方面工作：一是建立与加强贫雇农这个核心，培养新的骨干，使整编后的骨干和新培养的骨干结合起来，形成领导核心；二是彻底消灭地主阶级，首先打倒当权派和不法地主，并掌握斗争策略，控制打击面在20%以下，同时在斗争中结合做好抓逃亡地主和镇压反革命工作；三是全面解决农民内部关系，团结多数，在民主团结的基础上，解决遗留问题；四是组织好生产，一下乡就从生产入手，找生产困难的原因，引导群众在斗争中紧密结合生产，开展增产运动。

为了保证土地改革运动的圆满完成，1952年12月19日，中共惠阳县委召开了扩大干部会议，会议号召全县人民继续努力完成土改复查任务，并作出关于复查试点转入查田查阶级的决定，查漏网地主、查错划成分，查黑田、查瞒产，没收漏网地主五大财产，征收其应征土地，同时开展确权发证工作。

惠阳境内经过三个阶段的土地改革运动，消灭了封建土地所有制，确立了农民土地所有制。至1953年7月，惠阳境内土改运动正式结束，全县农民实现了耕者有其田。

完成"三大改造"，推进农业合作化

## 一、从互助组起步到建立人民公社

中华人民共和国成立后，党中央号召农民组织起来，积极领导农民走互助合作的道路。1951年9月9日，中共中央通过了《关于农业生产互助合作的决议》（草案），推动了合作化运动的开展。

1952年冬，中共惠阳县委、县人民政府根据中共中央《关于农业生产互助合作的决议》（草案）精神，坚持积极发展、稳步前进的方针和自愿互利原则，发动和组织全县农民走互助合作道路，全县组织和成立了农业互助合作组织。互助组成立后，有效地促进了农业生产的发展，水稻等主要粮食普遍亩产增产40%以上。1953年10月至11月间，中共中央通过了《关于发展农业生产合作社的决议》。随后，中共惠阳县委、县人民政府召开全县农村工作会议，传达贯彻党中央会议精神。1953年冬，惠阳县有关部门在平山区蕉田乡龙归嶂村抓试点，办了一个初级农业合作社（简称"初级社"）。试点成功后，在镇隆区大光乡的叶桂友、张伦茂、沥林乡的张牛旺、平山区蕉田乡的卢家史等6个基础较好、骨干较强的常年互助组建立第一批初级社。之后，在全县铺开。1954年夏收后，按照部署，境内掀起了大办初级社高潮。当年冬，全县组织起来的有99000多户，占总农户的67%，农业生产合作社发展到297个，常年互助组3256个，季节性互助组13478个，互助联组有192个。

1955年冬，惠阳县委县政府按照中共七届六中全会《关于农业合作化问题的决议》精神，发动全县农民积极参加由初级社转高级社各项的工作。1956年夏秋，全县成立了602个高级社，境内76%的农户加入了高级社。至1957年6月底，全县95%以上的农户加入了高级社。实行了土地、耕牛、农具归集体统一经营，取消了土地分红。农业收入除去生产费用和交纳农业税外，剩余部分按劳分配。社员劳力报酬实行"按劳分配，现金分配实行工分计酬，实物分配实行人口、劳力比例分配。高级社下设生产队或作业组，实行"三包一奖四固定"的管理制度。"三包"即包产、包工、包投资；"四固定"即固定耕地、耕牛、农具、劳力；"一奖"即超产奖励。[①]

1958年4月，从惠阳县析出惠东县。1958年5月，党的八届二中全会通过毛泽东提出的"鼓足干劲，力争上游，多快好省地建设社会主义"的总路线。同年8月，中共中央通过了《关于在农村建立人民公社问题的决议》，并把总路线、大跃进、人民公社称之为"三面红旗"。随后，全国迅速掀起大跃进和人民公社化的高潮。9月，中共惠东县委在稔山、多祝开展创建人民公社的试点。并于9月20日建立了惠东县第一个农村人民公社——稔山上游人民公社。10月上旬，惠东县全面铺开建社工作，取消乡村建制，把在乡内的高级农业生产合作社合并建立人民公社，全县共建人民公社10个，即稔山（上游）、多祝、平山、梁化、白花、平海、吉隆、新庵、安墩、高潭，入社的农户占总数的

---

① 资料由作者整理而得。见《中国共产党惠东县历史》编纂委员会编：《中国共产党惠东县历史》第二卷（1949—1978），中共党史出版社，2013年，第47—48页。

99.8%。至此，惠东县全面完成了从互助组到人民公社的农村体制的转制工作，实现了公社化。

1958年12月，惠东县再次撤销建制并入惠阳县，隶属佛山专区。是月，稔山上游人民公社获得国务院总理周恩来亲笔签名的国务院奖状，奖状内容：奖给农业社会主义建设先进单位——广东省惠阳县上游人民公社。

惠阳境内人民公社成立后，实行"政社合一"、工农商学兵五位一体，取消镇和乡村建置。初时称公社为团，乡为营，自然村为连，生产队或作业组为排，1959年冬改为公社、大队、生产队。公社化后，财产实行公社一级所有制，土地公有，自留地、生产资料归公，劳动力由公社统一调配，统一生产规划，统一财粮，分配上推行工资制和供给制，取消独家独灶，办公共食堂。大跃进和公社化期间，刮起了无偿调用粮食、耕牛、农具及社员生活资料的"一平二调"的"共产风"，刮起了"人有多大胆，地有多高产"的"浮夸风""瞎指挥风"，管理上实行"大集体"的生产活动，经济上以公社为核算单位，片面强调人民公社的"一大二公"，在公社范围内实行平均分配，把贫富拉平，无偿地平调农民和基层单位的劳力、物资和资金。全县各公社就先后无偿抽调了20多万人参与"大炼钢铁"大会战，同时集中数万人兴修水利工程。

1961年，人民公社结合开展整风整社，纠正"五风"（即共产风、浮夸风、强迫命令风、瞎指挥风、干部生活特殊化风），贯彻中共中央颁布的《农村人民公社工作条例》和《关于改变农村人民公社基本核算单位指示》，实行"三级所有，队为基础"的管理体制，将公社权力下放，把公社一级所有制改为以队为基础的三级所有制核算（即生产队、大队、公社三级独立核算），确认生产队是基本核算单位和生产、生活的组织单位。实行按劳动工分分配实物和现金，解散集体饭堂，恢复自留地。这个时期，土地、耕牛、农具和劳力固定到生产队，分配也以生产队为主，实行"按劳计酬"分配。公社按国家计划指导生产，各生产队自行组织生产，队长派工到个人，并按工种的数量和质量完成情况记工分。生产队有了自主权，出现了生机，社员有了积极性，境内的农、林、牧、副、渔的各项生产有所发展。

1965年7月，恢复惠东县建制。至1966年底，经调整，惠东县共有15个公社，236个大队，2823个生产队。

## 二、推广农业科技，提高农业产量

中华人民共和国成立后，惠东境内重视推广农业科技，改革耕作制度，提高农业生产技术水平和产量，不断促进农业生产的发展。

20世纪50年代始，境内在改善生产条件的基础上，根据本地的气候、土壤、水利、作物等资源条件，进行耕作制度的改革。1953年起，逐步推行单造改双造、单造搞间种、套种及水旱轮作制度，土地利用率逐步提高，复种指数升至180%左右。以后，又改二熟为三熟。为解决群众度荒，在早稻、晚稻二熟耕作制度的基础上，发展冬种农作物，推广一年三熟耕作制。1977年以后，农业部门陆续推广总结出"稻—稻—麦""早晚造水旱轮作—犁霜""稻—稻—绿肥"的三种三熟三年轮换的耕作经验。

1958年公社化后，土地归集体所有，境内开始搞农田基本建设，重点是平田改土和改良土壤。1958年12月，惠东县在稔山上游人民公社召开深翻改土现场会，要求稻田深翻1.5至2市尺，每亩分层施上基肥，并在全县进行推广。20世纪70年代，惠东县全面开展以平田改土为重点的农田基本建设，将大小不一、高低不平的田块进行平田改土，并修渠筑路，开展山、水、田、林、路综合治理，不断扩大旱涝保收高产稳产农田面积。1978年，全县旱涝保收农田面积达14841.2公顷，占全县总耕地面积的39.4%。

惠东境内主要粮食作物水稻，过去播种的品种都是自选自育，自播自留，相互串换。20世纪50年代开始大力推广良种，引进珍珠早、牛巴、密早、白米迟、油占、冬白、义仔等。60年代引进南特、陆才、珍珠矮、溪南矮等。70年代推广陆矮、青二矮、科六、秋长3号、广二选二、寒露早等。水稻育秧以水育和水播旱育为主，早造在惊蛰前后，晚造在小暑前后播种。20世纪50年代境内农村推广旱播旱育，培育壮秧。60年代推广早造尼龙薄膜育秧，以抗御"倒春寒"，减少秧苗损失和不误农时。过去，水稻插植一般是大棵疏植，20世纪50年代初中期推广合理密植，1958年提倡高度密植，推广"蚂蚁出洞""双龙出海"，70年代推广低群体栽培，插植疏密较为科学。

花生、甘蔗是境内的主要经济作物。20世纪50年代的八月豆为一年一熟种，清明时点播，农历七月末八月初收获。60年代引进狮头企、狮选等品种，70年代引进粤油22、粤油33、白沙142等品种。甘蔗分糖蔗和果蔗两类，糖蔗是境内主要经济作物之一，原传统蔗种只有木蔗和竹蔗，20世纪50年代中期，引进2878、台糖134等26个品种。20世纪70年代，推广57-423等品种。

惠东境内农业传统耕作动力以牛力为主。1973年，惠东县开始推广使用手扶拖拉机耕作。1975年，使用四轮拖拉机及机引犁耙。境内传统农作排灌农具，原以戽斗、水车、吊桶为主。1963年6月，在多祝公社启南大队开始用柴油机带动抽水机提水灌溉。1965年新丰江电网输电延伸到惠东后，开始兴建电力排灌站，使用电动机带动水泵排灌。20世纪50年代，境内开始使用脚踏打禾机。70年代，开始使用电动脱粒机。1975年，引进割晒机、割禾器和中型联合收割机。1978年，全县有农用大中型拖拉机82台，手扶拖拉机626台，并有犁耙等配套耕作农具；有农用电动机1100台，柴油机458台，汽油机29台，农用各类水泵1442台；有电动脱粒机828台。农用耕作机械动力9667匹（马力），排灌机械动力18819匹（马力），收获机械动力2843匹（马力）。

境内农作物施用肥料，传统主要是使用农家肥。20世纪50年代，开始推广使用化肥，之后逐步做到有机质与无机质肥料配合使用。60年代至70年代，要求农村各生产队做到猪有圈、牛有栏，收集猪、牛粪尿作肥料，以及通过种植紫云英等专用绿肥和稻田里间种田菁的办法，解决当时肥源短缺的问题。20世纪50年代，境内开始施用少量的硫酸铵。60年代起，无机质化学肥料品种增加了磷钾肥。此后，不断增加品种和使用量，并实行化肥与土杂肥长期并用。1978年，惠东县农业施用化肥量达2540.56万千克，其中氮肥1856.14万千克，磷肥540.04万千克，钾肥144.38万千克。使用腐殖酸类肥料1266.28千克。

20世纪50年代起，境内农民防治农作物病虫害知识不断普及，逐步使用农药来防治农作物病虫害。1978年，为防治农作物病虫害，全县施用各种农药共47.1万千克。

1978年，全县农业总产值（含农、林、牧、副、渔，1990年不变价）为28739万元，占当年全县社会总产值的64.5%，占全县工农业总产值的80%。其中种植业产值13640万元，占农业总产值的47.5%。粮食总产量14683.06万千克，其中稻谷产量12172万千克，亩产172千克，对比1949年，稻谷总产增加6988.2万千克，亩产增加93.5千克。

### 三、兴办社队企业，发展集体经济

1953年，国家开始对私营手工业进行社会主义改造。1956

年，根据第五次全国手工业生产合作会议精神，境内开展了对手工业的社会主义改造，把手工业者组织起来，归口成立手工业企业，建立铁器、木器、成衣、建筑、运输、修理等手工业生产合作社。1957年，国家对手工业社会主义改造已全部完成，境内的手工业企业过渡为社会主义的全民所有制和集体所有制。1958年农村公社化后，所有的小手工业全部并入各自相应的"社"，成为"社队企业"，实行统一管理。

1958年农村公社化时，掀起大办工业高潮，推行"公社工业化"。在农业合作化和集体化过程中，由农村人民公社和生产大队、生产队又新办起一批集体所有制企业，加上划入的原农村二轻手工业，惠东境内社队企业不断得到壮大和发展。这些社队企业主要有农渔产品加工、小五金加工、竹木加工、成衣加工、砖瓦厂、石灰窑、打铁、建筑、运输、制糖、油坊、酿酒、农机修理以及传统小型造船业等。1977年1月，惠东县成立社队企业局，各公社也相继成立社队企业办公室，具体管理社队企业。原农村二轻手工业也一起划归社队企业局管理。

1978年底，惠东县21个公社共办有社队企业887个，当年总收入1187.3万元。占当年全县工业总产值的46.2%，社队企业经济已成为全县国民经济的重要组成部分。

## 第三节 歼灭美蒋武装匪特，挫败蒋介石反攻大陆图谋

### 一、港口小星山战斗

1962年10月7日，执行台湾当局"海威"计划的国民党武装特务第一分队，又称"广东省反共救国军独立第三纵队"，全队12人，携带武器、电台登上惠东境内的港口公社（今港口旅游管理区）小星山岛。在附近生产的渔民发现后立即向公社报告。中共惠阳县渔盐工委副书记、武装部长兼民兵连长张苞闻讯后立即集合了21名民兵，于当天下午3时，分乘两艘机船，直奔小星山岛。登岛后，民兵分左、中、右三路包围武装特务。班长李灶率民兵刚登上山顶，中路小组就发出发现美蒋特务的信号。李灶立即命令机枪手彭锦才占领有利地形，控制制高点，自己带领另几名民兵由山顶压下来，刚翻过一座小山，就发现两名特务往上爬。李灶首先开火，击倒一个特务。山顶的机枪也响了，正在搜索的张苞，立即带领几名民兵包抄过来，并对每个山洞进行搜查。战斗中，张苞胸部中弹壮烈牺牲，民兵张耀南在战斗中左臂中弹受伤，他稍包扎后，继续战斗。天黑前，生擒武装特务7人、击毙2人，据被俘特务口供，特务共12名，还有3人未抓获。晚9时，解放军赶到后，与民兵联合作战。次日凌晨，解放军与民兵一起对全岛大搜查，不到半小时，将漏网的3名特务一一擒获。在战斗中，毙武装特务2人，俘获10人，其中有特务司令

袁祖遂，副司令黄秋生、邹渭水。缴获各种武器21件，手榴弹3枚，子弹3000多发，电台一部，其他物资一批，民兵连长张苞、副连长徐景松、民兵马德强在战斗中牺牲。

是年12月，广东省人民委员会、广东省军区授予张苞为"民兵战斗英雄"光荣称号，追认张苞、徐景松、马德强为革命烈士，并给他们追记一等功。同时，给李灶等19名民兵分别记一、二、三等功。1964年8月1日，中共中央中南局、中国人民解放军广州军区授予港口公社民兵连为"英雄民兵连"称号。2002年，港口"英雄民兵连"被中国人民解放军总参谋部、总政治部评为基层民兵预备役工作先进单位。

## 二、黄埔竹篙岭战斗

1963年6月22日，一股台湾国民党武装特务在海丰县武岭登陆后，潜入惠东境内黄埔公社竹篙岭。当地党政机关获情报后，立即动员了附近的民兵和群众，设岗放哨。在莲花山脉、广汕公路沿线实施围、卡、堵、搜战术，最后在黄埔公社竹篙岭山沟发现敌人。黄埔人民公社武装部长罗彦，大队民兵营长丘德好，率民兵上山搜捕。正在执行正常巡逻任务的解放军官兵，闻讯后也奔赴现场。在搜捕中，民兵们进行了火线喊话，对国民党特务开展政治攻势。民兵们与部队、公安人员协同作战，仅2个小时，10名国民党特务，除1名顽抗被击毙外，其余被俘。在这次围捕敌特战斗中，黄埔公社武装部长罗彦，民兵营长丘德好荣立一等功，民兵梁世简荣立二等功。

第
四
节 推进基础设施建设，发展地方经济

### 一、兴修水利，提高抗灾能力

惠东历史上水旱灾害频发，严重影响生产，威胁人民生命财产安全。中华人民共和国成立后，惠东人民发扬自力更生、艰苦奋斗精神，大力兴修水利。

1950—1952年，首先对惠东境内原有的82条海堤和22座山塘水陂培修加固，同时兴建了山塘7座，引水陂2座。

1953—1957年，兴建了由省水利厅设计施工的惠阳县第一座中型水库——梁化花树下水库，总库容3120万立方米，设计灌溉面积2333.33公顷，兴建了东河三关、港口至新寮、盐洲岛内3条海堤，堤长28.69千米，兴建了好招楼、马头等小型水库22座，总库容4339万立方米。

1958—1960年，惠东境内大规模兴修水利，三年来，每年冬春两季动员和组织10万人以上投入水利建设，先后兴建了中小型水库18座，总库容3117万立方米。

1961—1965年，完成了黄坑水库（中型）的主、副坝和一批小型水库及灌区的续建配套，兴建了虎坑、新村等18座小型水库，总库容1767立方米，新建考洲、鹤嘴等5条海堤，总长8.68千米，1964年10月，动工兴建由省水利厅设计施工的西枝江引水工程。

1966—1968年，"文化大革命"的前期，水利建设曾一度陷入停顿，1969年后，恢复继续兴建水利，期间兴建西枝江沿岸江堤13条，总长42.9千米，兴建海堤3条，总长10.8千米，兴建小型水库30座，总库容2904万立方米；建成电力灌溉站39座，装机50台，容量1796千瓦，灌溉面积2333.33公顷，兴建水轮泵站142座，装机196台，灌溉面积640公顷。

中华人民共和国成立前，惠东境内只有海堤，没有江堤。新中国成立初，根据国民经济恢复时期的水利建设方针，以防洪复堤为主，结合防旱，境内对沿海的小型海堤进行加高培厚，联围建闸，提高防御能力。1966至1976年，新建上自多祝的河北堤，中经平山堤，下至白花的高埠堤等江堤14条，总长48千米，达到防御20年一遇的标准，捍卫耕地面积1833.33公顷，人口3.16万人。总工程费694.6万元，其中国家投资300万元。1953年始，惠东境内对原有的82条小型海堤进行联堤扩建，到1966年已联成海堤39条，长71.1千米。至1978年底，境内已建成海堤48条，其中捍卫耕地66.67公顷以上的海堤有蟹洲、考洲海堤等13宗，共捍卫农田、盐田5953.33公顷，捍卫人口5.657万人。

与此同时，境内注重做好水土保持工作，开展对水土流失的治理。1956年10月，县水利局选择多祝区维德乡读光村为水土流失治理试点。取得经验后，先后在新庵、平山、稔山、平海等区乡铺开。1957年，完成初步控制水土流失面积20平方千米。1959年，水土保持工作列入年度水利计划，当年控制水土流失面积15平方千米。1965年9月，乌塘水土保持站划归惠阳师范学校后，惠东县在平山赤岭新建水土保持示范推广站。1968年8月，原"惠阳地区青云水土保持试验推广站"移交惠东县水电局管理。1969年冬，惠东县寨场山林场和水保站联合在乌塘重建县水保站。是年，全县有水保专业队（站）11个107人，其中县属的3个

71人，公社的2个18人，大队的6个18人。

## 二、开发小水电，初建电网

惠东境内水力资源丰富，开发利用潜力大。中华人民共和国成立后，境内加强水力资源开发利用，因地制宜，大办农村小水电。1961年11月，安墩杧麻山30千瓦水力发电站建成投产。1964年8月，安墩、高潭等地利用水轮泵带动发电机发电照明。1970年3月建成平海礁内水库坝后电站，是惠东县第一座有调节能力的电站，装机一台，100千瓦。1969年11月动工兴建、1972年竣工投产的平山象山电站，装机3台，共180千瓦。1972年2月，动工兴建小沥河二、三级电站，经两年多的努力建成投产，两站共装机5台，共1360千瓦。尔后，还有梁化河的铁陂电站、梁化大地的大跌水电站、吉隆河的丁芯洋水库坝后电站、高潭杨梅水的九连礁电站和多祝的上鉴大角电站等一批电站分别建成投产。

在大力开发小水电的同时，开展电网建设。1965年4月，惠东境内第一座35千伏变电站在平山建成投产，装机容量2×1800千伏安，同时还配建有茗教、白花、平山等10千伏变电站。1966年10月，在稔山大埔屯兴建一座35千伏变电站，装机容量为1800千伏安，于1970年10月建成投产。1977年8月兴建上鉴站一座，35千伏，装机容量为2000千伏安，1979年5月建成投产。1978年8月，新建白花站一座，35千伏，装机容量1800千伏安，1980年3月建成投产。在此期间，还完成了马平线（马安至平山）、平稔线（平山至稔山）、上白线（上鉴至白盆珠）、平上线（平山至上鉴）等4条35千伏线路的架设，线路总长99千米。另外，1978年底前动工架设的线路还有平白线（平山至白花，1978年8月兴建，1980年3月建成投产）、平化线（平山至化肥厂，1975年7月动工兴建，1979年4月建成投产）等。

### 三、积极修桥铺路，改善交通条件

中华人民共和国成立后，人民政府重视交通建设，积极修桥铺路，改善交通条件。

1950年惠平公路、鲇平公路、淡白平公路及惠紫五公路相继修复通车。1957年，平山至新庵横瑶公路修建通车到新庵布心。1958年，动工铺筑了稔山—港口大星山、多祝—松坑、谟岭—黄泥坳、梁化—燕岩、莆田—凌坑、杨梅水—西坑段等公路，并于当年冬建成通车。20世纪60年代，境内公路建设以逐步沟通各公社集镇公路网络为主，建成大路背至白花、平山至梁化等县道3条共45.8千米，乡道34条共180.8千米。至20世纪70年代，又先后建成稔山白云至白花莆田等3条县道共59.5千米，乡道47条共164.9千米。省道平山至海丰西坑，原线路基础不好，又受严重破坏，中华人民共和国成立后，政府发动群众依序逐段抢修，至1971年全线修复通车。

中华人民共和国成立后，惠东境内对原有的公路木桥梁进行全面修复和改造。1960年起，将所有新旧木桥和涵洞逐步改建成石砌或钢筋混凝土结构桥梁。境内修建的公路桥梁，从1965年修建的平山大桥起，到1978年10月修建的多祝明溪至油茶径公路的横塘桥，共修建桥梁37座。

### 四、利用海洋资源，发展渔盐产业

惠东县濒临南海，渔业资源丰富。海洋捕捞作业渔场有大坭口渔场等7个；海水养殖的浅海滩涂主要分布在范和港和考洲洋。

海洋捕捞业是惠东渔业生产的主体，从20世纪50年代至20世纪70年代，产量占总产的80%以上。20世纪50年代初期，境内海洋捕捞渔船主要为帆船，渔具主要是苎麻质渔网。1954年，开始发展机动渔船，渔民逐步使用化纤网具捕鱼，之后化纤材料网具逐渐取代苎麻网具。1978年，全县有机动渔船117艘，总吨位2667吨，动力达9167匹（马力），另有帆船816艘，总吨位911吨，捕鱼网具实现化纤化。捕捞作业海区鱼类资源丰富，常捕获的鱼类达100多种，经济价值较高的有蓝园鲹、金色沙丁鱼、小公鱼、青鳞、带鱼、大小黄鱼、海鳗、马鲛、鲳鱼及虾、蟹等。1978年全县海洋捕捞产量为7707吨，比1952年增长84.4%。

传统海水养殖以鱼塭自然装捞虾蟹，放养蚝、蚶等贝类为主。中华人民共和国成立后，惠东境内通过渔区民主改革，划定浅海滩涂位置面积，分给渔民经营。20世纪50年代末，境内沿海各公社相继办起养殖场或专业队。1958年，全县海水养殖达1009公顷，产量595吨。20世纪70年代，沿海搞围海造田，毁掉了大片浅海滩涂和鱼塭，海水养殖面积和产量锐减。1970年，全县海水养殖面积为210.8公顷，产量102吨。到1978年，全县海水养殖面积虽增至400.13公顷，但产量却减至75吨。

惠东是产盐大县，盐田主要分布于稔山、港口、大洲（盐洲）、黄埠、平海，其中稔山、港口、大洲为主产区。境内盐业生产历史悠久，据史志记载，产盐历史已有900多年。中华人民共和国成立以后，国家对旧社会盐政管理的弊端进行革除，组织盐民大力改造旧盐田，发展新盐田，投入大量资金和人力，用于盐田建设、生产设备配置以及盐坨、码头、海堤等配套建设。通过改造、扩建、新建盐田，实现盐田规格化，整治排纳系统，使用机械提水，培修海堤等，加强了盐区的基本建设。与此同时，改进制盐工艺，提高了生产能力、原盐质量和经济效益，促进盐业不断发展。20世纪70年代，全县盐业达到了空前的发展水平。1977年，全县盐田生产面积达952公顷，原盐产量8.7万吨，年产量为历年之最，每公顷单产91.4吨，产值852.6万元。对比1950年，面积增加333公顷，产量增加5.4万吨，单产增加38吨，产值增加528.4万元。

## 五、植树造林，绿化荒山

惠东县山地面积达24.83万公顷，占陆地总面积70%以上，是广东省43个山区县之一。

20世纪50年代，惠东境内农村土地改革后，农民分得山林、土地。政府号召全民植树造林、绿化荒山。从1952年开始，县拨出松树种子给平山、稔山等区，由区组织城镇机关干部、职工和居民，上山播种造林。至1954年三年间，惠东境内人工造林966.67公顷。1956年，惠阳县在梁化七星墩、苏茅田兴办第一个国营林场。人民公社化后，各公社开始办社队林场，开展以社队林场为主的连片集中造林。1959年春，境内掀起造林绿化高潮，多祝公社组织群众万人上山，到牛皮嶂造林植树。1960年，兴办九龙峰、寨场山两个国营林场。1962年，县委组织工作组到各公社，帮助划清生产队、大队、公社林场林权山界，提高了群众造林的积极性。1966年后，惠东县逐步变群众性造林为固定专业队与群众性造林相结合，沿江两岸以种竹为主，山区社队林场以种杉树等用材林为主，沿海公社以种植木麻黄海岸防护林为主。全县当年造林11733.33公顷。

1966年2月，惠东县为加快造林速度，在稔山、吉隆等山地首次用飞机播种，造林2676.67公顷，获得成功后逐年扩大飞播区。1968年，飞播扩至白花、梁化、平海、多祝、新庵、安墩、高潭等公社和国营梁化林场。1967至1976年（1975年未播），年均飞播造林15446.33公顷。飞播树种主要是马尾松和部分台湾相思。

1976至1978年，全县除已办国营、社队林场外，还新办平山、安墩、松坑、高潭4个公社和安墩水尾大队共5个采育场，面积13000公顷。

1978年，全县实有林地面积158800公顷，当年人工造林2800公顷，其中杉、松、竹用材林2106.67公顷，经济林366.67公顷，防护林80公顷，其他林木246.67公顷；当年幼林抚育面积1400公顷，四旁零星植树56万株。

惠东境内在开展植树造林的同时，注重做好森林保护工作。1964年，境内封山育林面积26866.67公顷。1966年10月，惠东县成立护林防火指挥部。1978年10月，惠东县革命委员会发出《关于加强护林防火、制止破坏森林树木的布告》，至1979年底，全县年均封山育林面积近达40000公顷。

## 六、发展地方工业，增强经济实力

1953年，国家开始对私营工业、手工业进行社会主义改造。1956年，根据第五次全国手工业生产合作会议精神和《中共中央关于资本主义工商业改造问题的决议》（草案），惠东境内开展了对手工业和私营个体工商业的社会主义改造，把手工业者组织起来，归口成立手工业企业，建立铁器、木器、成衣、建筑、运输、修理等手工业生产合作社。对私营工商业，则采取利用、限制、改造的政策，通过公私合营的方法，把私营工商业纳入国家社会主义的轨道。1957年，国家对手工业和工商业社会主义改造已全部完成，境内的私营个体工商业和手工业企业过渡为社会主义的全民所有制和集体所有制。1958年农村公社化后，所有的小手工业全部并入各自相应的"社"，成为"社队企业"，实行统一管理。

1965年惠东恢复县级建制时，全县有手工业100多家，从业人员3000多人，主要行业有铁器打造、竹木加工、服装、皮革制品及纸品等，属二轻集体工业。进入20世纪70年代，二轻集体工业发展迅速，1974年兴办县桅灯厂，年产值达900多万元。1976年，全县二轻工业产值1307万元。1977年，全县手工业划归县社队企业局管理，县二轻工业系统只保留县城原属二轻工业的企业和平海玻璃厂。1978年，全县集体工业（包括二轻系统、部门和社队集体工业）产值1769万元，比1949年增加1319万元，占全县工业总产值34.3%。

1950年12月，惠东境内建立了中南军政委员会工业部有色金属管理局广东办事处东江收购站安墩管理站，这是境内第一家国营工业企业。1951年初开办的凌坑石灰厂，则是惠东首家国营工厂。1958年"大跃进"时期，惠东县大办工业，先后兴建松坑铁厂、梁化四眉山铁厂、白花铁厂、平海农械厂、平海石英砂厂、平山农械厂、凌坑水泥厂等一批国营工厂，当年工业总产值971万元。1961年起，在贯彻执行中央"调整、巩固、充实、提高"的方针中，先后关停了白花、梁化、松坑铁厂和凌坑水泥厂。20世纪60年代后期，新建了县糖厂和县农机二厂；20世纪70年代，新建了县水泥厂、氮肥厂、化工厂、冶炼厂、无线电厂、陶瓷厂、松坑钢铁厂等一批工厂，其间又关停了产量低、亏损大的冶炼厂和无线电厂；20世纪70年代末，在贯彻中央的"调整、改革、整顿、提高"的方针中，对松坑钢铁厂、化工厂和氮肥厂实行停产和转产。县农机一厂等一些企业，在上级停止下达产品生产计划后，也进行产品结构和生产方向的调整，自行转产和开展多种经营。1978年，全县国营工业产值3790万元，比1965年增加1694万元，占全县工业总产值53.5%。

1978年，全县工业总产值（1990年不变价）7078万元，比1949年增加6496万元，占当年社会生产总值的15.9%，占全县工农业总产值的19.8%。

## 七、发展国营集体商业，保障城乡供给

中华人民共和国成立后，境内发展国营和集体商业，实行国营、集体、联营、私营等多种所有制，形成多渠道的流通体制。1956年，对私营商业进行社会主义改造，取消私营商业，至1978年改革开放前，国营、集体商业成为境内商业的主要流通体制。

### （一）国营商业

1950年3月成立的惠阳县贸易公司，是惠阳最早的一家国营商业公司，当时其在惠东境内农村集镇的贸易，主要是委托当地供销社代购代销。1956年，惠阳县先后成立了百货、食品、化工、饮食、文化用品、石油、针织、水产、蔬菜、五金、交电、纺织、专糖、药品等专业公司，各专业公司又逐步在主要集镇设立站、店，惠东境内的平山、多祝、梁化、稔山、平海等区先后设立了专糖商店、百货商店和食品站，平山区还设有国药商店。对国营商业实行"行政由当地政府管理，业务由其上级公司管理"的双重领导管理体制，形成了以国营商业为主体的流通体制。

1958年，人民公社实行工农商学兵五位一体、政企合一的体制。惠东县农村基层国营商业网点的资产和人员全部下放给当地人民公社，与供销社合并成为当地人民公社的供销部，负责当地农副产品的收购和日用工业品以及生产资料的供应。业务上与其上级对口公司挂钩，财务上由当地财政统收统支。

1961年下半年，撤销公社供销部，实行商业、供销两线分开，惠东境内的基层国营商业企业在业务上重新归口上级专业公司管理。商品流通重新形成以国营商业为主体、集体商业为补充的流通形式。

1965年，成立惠东县商业局，管理全县的国营商业。原平山的国营专糖商店、百货商店、药品商店改为公司，由县商业局管理。是年，成立了惠东县食品公司和饮食公司，各公司的行政归县商业局领导，业务仍由其上级公司管理。1968年撤销县商业局，由县财贸战线革命委员会管理商业工作。1972年3月，撤销惠东县财贸战线革命委员会，恢复惠东县商业局。

### （二）集体商业

#### 1. 供销合作社

1949年9月，梁化四民村最先成立了具有集体性质的消费合作社。尔后，在平白区（平山、大岭、白花）、高潭区（高潭、马山、宝口）、安墩区（安墩、石塘、松坑）和新庵乡等区乡，先后建立消费合作社。1950年7月，成立惠阳县供销合作社，惠东境内的多祝区（多祝、增光）、吉隆区（吉隆、黄埠、大洲）、稔山区（稔山、铁涌）、平海区（平海、港口）等区也成立了供销合作社，并在沿海的大洲、稔山范和、港口等地成立了渔盐供销合作社。

1958年，境内供销社并入国有商业统一经营管理，1960年又分离出来恢复供销社建制。1965年，惠东县供销合作社成立。1968年，县供销社再次并入县商业服务站。1973年3月，县内各公社恢复了基层供销社，1975年，复设县供销社。

惠东境内供销社经营的主要有中小农具、化肥、农药等农业生产资料，日用工业品、糖烟酒、副食品等生活资料，竹木、柴炭、果菜、烟茶等农副产品以及废旧物品收购等。供销社实行民主管理，建立社员代表大会制度，制定社章，经营所获盈利，按社章规定分红。

#### 2. 合作商店

合作商店是1956年社会主义改造时由个体小商小贩组织起

来的，属集体所有制性质的商业，有的地方称合作总店、合作小组。1956年，惠东境内有区乡合作商店16个，参加商户1600户，从业人员1350人，入股资金3.5万元。

1958年，惠东境内合作商店全部合并成国有商业，至1960年才予恢复。1968年，再次撤销合作商店，部分人员退职回家或下放农村务农。1972年，复办合作商店，并召回退职和下放人员。

境内合作商店为国营商业、供销社代销商品，实行集体经营、独立核算、自负盈亏、民主管理的体制，县供销社设专管人员，平山、稔山、平海、多祝、安墩等基层社则由县社派员参与指导。

### （三）商品购销

1949年以前，惠东境内不但商品短缺，而且商品购销秩序混乱，市场为商人所控制，物价失控。中华人民共和国成立后，国营和集体商业有效地调节了市场，稳定了物价，保障了供给。1956年私营商业社会主义改造后，实行计划经济，惠东境内除圩镇集贸市场允许自由上市的农副产品外，其他所有的生活和生产资料，都为国营商业或供销社经营。国营商业公司和供销社主要是按计划分配从上级对口公司购进商品和向农户派购的农副产品，以及购进地方工业超计划的产品，与外地调剂余缺串换回需要的商品，以供应县内市场。此期间，因商品供不应求，很多商品采用配给制度，按户籍人口发给票证，凭票证购买，如布匹、猪肉、食糖、煤油、自行车、缝纫机等。

1978年，惠东县社会商品零售总额6955.5万元，是1949年的4.9倍，1965年的2.4倍。其中商业系统零售额1805万元，供销系统3699.3万元，其他部门1451.2万元。另外，当年的集市贸易成交额为1286.4万元。

# 依靠国家集体力量，发展各项社会事业

中华人民共和国成立后，在国家的大力支持下，依靠集体经济力量，惠东境内教育、文化、广播、卫生等社会各项事业有了较大的发展。

## 一、教育事业的发展

1949年12月，人民政府接管了境内教育机构。1950年春季起，对区域内私塾进行改造，改用新课本，改革旧教法，逐步过渡到小学。1952年，惠东境域内的私塾改成公立小学，由当地政府管理。当年惠东境内共有小学233所，教职工1070人，学生24846人。1950年，人民政府接管了惠东境内原有的5所中学：多祝中学（原为榉山中学，抗战时由惠州迁入，1950年改名为多祝中学）、梁化中学、白花中学、平山中学和稔山六艺中学。当年又办起了2所中学：安墩人民中学（循东中学）和平海中学。

1956至1957年间，政府作出重点发展革命根据地和沿海渔民、盐民小学的决定，惠东境内办起了革命根据地小学31所，沿海公办小学42所。1957年，惠东境内有小学246所，在校学生25631人；有初级中学4所：白花中学、稔山中学、多祝中学、安墩中学（时平山中学迁址平潭，易名平潭中学，梁化中学并入横沥中学），学生人数1332名。

1958年，掀起了全民办学高潮。惠东境内的小学和教学点猛增到514所（个），学生人数增至32875人。新办起民办中学14所，中学生人数增至3328人，其中民办中学895人。当年也掀起了大办幼儿园和托儿所的热潮，境内短时间里办起了数百间幼儿园。1964至1965年间，实行全日制和半工半读的两种教育制度，出现多种形式办学的局面。惠东境内除全日制小学外，还办起了上百所耕读小学。新办半工半读的劳动大学1所，农、林、渔、盐中学11所。

1965年7月，惠东从惠阳县划出恢复建县，时惠东县有小学（含教学点、耕读班）1170所，其中公办全日制小学288所，民办全日制小学310所，耕读小学572所（班），在校学生65644人，公办教职工1245人（民办和耕读小学教师未统计）。有全日制初级中学8所，完全中学1所（平山中学），在校学生2718人。另有半日制的公社民办初中11所。

1966年，爆发了"文化大革命"。"文革"的十年浩劫，给惠东教育造成了极大的混乱和破坏。1967年初，惠东县大部分学校"停课闹革命"，直至10月才复课。1968年起，中小学校进行"教育革命"，取消了校长负责制，成立了"革命委员会""革命领导小组"，派"工宣队""贫宣队"进驻管理学校。1969年，提出"读小学不出村，读初中不出大队，读高中不出公社"的口号，全县大搞小学附设初中班，各公社中学办高中，盲目地造成教育机构数量的膨胀和虚肿现象，严重影响教育教学质量。

1978年，惠东县教育部门对中小学进行整顿，调整了学校布局，逐步撤销小学附设初中班公社高中，消除教育的虚肿现象。当年县委还根据中央有关办好重点学校的指示精神，创办了惠东中学，作为当时惠东县唯一的一所重点中学。至1978年底统计，惠东县有各类学校358所，其中师范学校1所，完全中学17所，初中5所，小学321所（其中附设初中的有255所），幼儿园9所。另有小学独立教学点310个。在校学生总数104044人，其中师范生138人，高中生4380人，初中生25975人，小学生73551人。各类学校公民办教职工5807人，其中公办教职工1862人，民办教职工3869人，其他部门办学校教职工76人。

## 二、文化事业的发展

1949年10月，惠东县人民政府设立文教科。惠东、惠阳两县合并后，惠阳县人民政府设立文化局。1965年再次恢复惠东县，县政府设文教局。"文化大革命"期间，撤销文教局。1968年，文化工作由县革命委员会政工组管理。1973年3月，县革委会设文化局。1965年7月恢复惠东县后，相继成立了惠东县文化馆、电影管理站和山歌剧团（原惠阳县山歌剧团划归）。境内文化事业得到了发展，群众文艺比较活跃。其中根据民间传统流行乐曲而整理创作的渔歌说唱《赞海花》，于1976年代表惠东县上北京参加全国文艺调演。

1965年，惠东县各公社的生产大队普遍建立了文化室。"文化大革命"开始后，生产大队的文化室改为"政治夜校"。1968年，"政治夜校"成为"毛泽东著作发行点（站）"，免费为社员发行毛泽东著作。1977年以后，各大队文化室增设书架，摆放各类图书、报刊及其他读物。

1975年，惠东县内平山、平海、稔山、港口、梁化、多祝、安墩、高潭等8个公社组建民办公助性质的文化站，各站配有专职人员1至2人，负责群众文化活动组织和辅导。1978年始，根据中央关于农村文化站要"加强领导、积极发展、因地制宜、稳步前进"的工作方针，惠东县22个公社（镇）先后建立了文化站，各站配备有2名专职人员。文化站建立以后，配合每个时期的中心工作，结合当地实际，组织群众开展各项有益身心的文体活动。1979年以后，各生产大队的"政治夜校"恢复文化室名称，由公社文化站统一领导，社队的文化站室，为促进农村文化事业的发展发挥了积极的作用。

## 三、广播事业的发展

1956年，中共惠阳县委作出"分期逐步发展农村有线广播"的决定， 建立了惠阳县有线广播站。惠东境内农村各区开始架设有线广播，配备两名工作人员，线路接到各村，装上了高音喇叭，广播时间为每晚8时至9时，村民能收听到惠阳县有线广播的节目和转播中央人民广播电台广播的新闻联播节目。1960年开始，惠东境内各公社先后建立广播站，大部分生产大队都能收听到县里有线广播节目。如有重大事项或重要新闻，都是通过有线广播供社员群众收听。1965年惠东恢复县级建制后，逐步架设县、公社、大队三级有线广播网，实行联播。1970年以后利用电话线路载波通广播，解决了广播时间不能通电话的问题，做到广播、通电话两不误。群众收听到广播的时间也由每天1小时增至1.5小时。直至1987年，惠东县人民广播电台成立，使用超短波调频无线电广播，有线广播站才停播。

## 四、卫生事业的发展

中华人民共和国成立后，党和人民政府关心群众的身体健康，积极发展农村医疗卫生事业，大力加强医疗卫生队伍和医疗卫生设施建设，医疗卫生事业得到了发展，人民群众的健康水平不断提高。

1958年，惠东县设立了县卫生科。1965年7月惠东从惠阳县分出，设立县卫生局。1969年，成立了惠东县爱国卫生运动委员会。1958年4月，由平山区卫生院和县工人诊所合并为惠东县人民医院。1965年，分别成立了妇幼保健所（1972年1月改称妇幼保健院）、卫生防疫站、慢性病防治站等。

惠东境内农村基层医疗单位成立比较早。1952年11月，平山、高潭各设卫生所1间，接着平海、吉隆、稔山、安墩、新庵、多祝、梁化、白花等区相继建立了卫生所，共有医务人员41人。1953年，这10个区又设立了联合诊所，共有医务人员186人。1958年公社化后，惠东境内各区的卫生所与当地联合诊所合并，成立公社卫生院。1969年冬，惠东县建立了农村合作医疗制度，全县221个农业生产大队有174个大队建立起合作医疗站，有赤脚医生847人。社员凭"合作医疗证"到医疗站看病，免收药费和诊金。病重者由医疗站开具证明转送上级医院诊治，其药费由合作医疗站负担。1970年，全县实现合作医疗的生产大队有184个，占全县大队总数的83%，参加合作医疗人数280117人，占全县农业人口的81%。1974年1月，合作医疗以生产队为基础，实行统一管理，社、队两级核算，以个人为主，公社、大队、生产队三级统一负担的原则。参加合作医疗的社员每人每月交0.30元医疗基金，公社掌握4成，大队6成。凡在公社卫生院或转送县级医院以上医疗单位治疗的医药费，超支部分由公社合作医疗领导小组讨论决定报销，或在公益事业经费中核销。

中华人民共和国成立后，人民政府对卫生防疫非常重视，积极采取综合措施，大力开展以除害灭病为主要内容的爱国卫生运动，进行人群疫苗注射，接种牛痘及其他疫苗，有效地预防鼠疫、天花、霍乱、疟疾、脊髓灰质炎、丝虫病和其他传染病的发生。同时，加强了妇幼保健、老年人保健以及学校卫生、食品卫生、饮水卫生等工作，有效地改善了人民群众的健康状况。

至1978年底统计，惠东县共有医疗机构23所，其中公社卫生院21所，县人民医院1所，县保健院1所；共有卫生医务人员1079人，其中技术人员911人；医院共有床位602张。

**7**

# 第七章
改革开放时期

# 第一节 推进农村农业改革，发展现代农业

1978年12月，中国共产党十一届三中全会召开。会议重新确立"解放思想，实事求是"的思想路线，作出了改革开放这一决定中国当代命运的关键抉择。1979年2月，中共惠东县委组织全县干部群众学习贯彻十一届三中全会精神，作为革命老区县的惠东，从此步入以经济建设为中心、实行改革开放的新时代。

## 一、实行联产承包责任制，解放农村生产力

1979年，惠东县有20%生产队实行以作业组、承包组为主，定工、定本，超产奖励的管理形式。至1980年6月底，全县有70%的生产队实行包干到户。1981年，贯彻中共中央《关于进一步加强和完善农业生产责任制的几个问题的通知》，全面推行联产承包责任制。至1982年6月底，全县全部农户实行了家庭联产承包责任制，土地仍然归集体所有，农户与集体签订承包合同，获得土地经营权并须完成国家粮油征购任务。生产队的土地由原来统一经营种植改为分户经营种植，革除了吃"大锅饭"的弊端，极大地调动了广大农民生产的积极性，解放了农村生产力。

## 二、开发山海资源，实现农业振兴

惠东县有山区、沿江、沿海三种不同类型地区，得天独厚的

自然条件有利于特色农业发展，改革开放以来，惠东县农业发展大体上可分为三个时期。

第一个时期，从1978年至1990年。是惠东县商品农业发展的起步期。农村经济体制改革极大地调动了广大农民生产的积极性，粮、油、糖、禽畜等农产品产量大幅提高，农民基本解决了温饱问题。在此基础上，为发展农村经济，增加农民收入，中共惠东县委、县政府在稳定粮食生产的同时，引导农民逐步调整农业结构，充分利用当地山地和海洋资源丰富的优势，开垦山地种植水果，开发浅海滩涂发展海水养殖，大力发展高产、高质、高效农业和创汇型农业，使农村经济得到较快的发展，农村居民收入水平稳步提高。1978年至1990年，农业增加值从1.01亿元上升到5.92亿元，年均递增8.5%，占全县GDP的比重一直保持45%以上；农村居民人均纯收入从181元上升到1086元，年均递增16.1%。

20世纪90年代为第二个时期，是惠东县农业商品化增长时期。农业生产稳步发展，特色农业发展优势凸显。沿江、沿海、山区三种不同地区因地制宜，调整农业生产布局和农村产业结构，发展"三高农业"（高产量、高质量、高效益），使农、林、牧、渔业生产获得全面发展。20世纪90年代初开始重点发展商品蔬菜，20世纪80年代中大面积种植的荔枝、龙眼、芒果等水果也进入盛产期。1995年，种植业商品率达76.58%，比1988年的48.62%增加了27.96个百分点。养殖业也陆续出现不少较具规模的养猪、养鸡场和水产养殖场。农村经济由自给半自给逐步向商品化、社会化、基地化转变，惠东县农业总产值和主要农产品的年产量都有较大幅度的增长，传统农业经济逐步转向现代农业经济。

从2001年新世纪开始，惠东县农业进入现代化发展时期。

县委、县政府对农村农业坚持"多予、少取、放活"的方针，坚决贯彻落实支农惠农政策。2006年1月1日，取消了农业四税（农业税、屠宰税、牧业税、农林特产税），对种粮农民实行直接补贴、良种补贴、农机补贴和农业生产资料补贴。同时，加大农村改革力度，激活农业农村经济发展动力。2014年起，抓好农村土地确权，2017年底基本完成确权工作任务。同时，加大新农村建设投资力度，推广农业机械化和农业科技应用。全县农机总动力达到37.8万千瓦，农机总量6.4万台/套，农机化综合水平达75.94%，获评全国平安农机示范县。每年完成数十宗农田水利建设，大大完善了灌溉和排涝设施；完成高标准农田改造18.5万亩；建成5万吨粮食储备中心库；建成4个666.67公顷的马铃薯高产示范片和梁化现代农业综合示范区。不断探索发展"公司+农户""公司+基地+农户"等农业经营方式，使农作物单产和耕地复种指数不断提高，农业结构逐步调整，农业效益逐步提高，农业增加值保持稳定增长，2017年农业增加值达到51.0亿元，粮食总产26万吨；水果产量10.3万吨。创建了沿江城郊型、沿海出口创汇型、山区资源型农业基地；创办了东进农牧、九华农贸、利农等农业龙头企业，"公司+基地+农户"的"订单农业"经营模式全面推行，以马铃薯、梅菜、荔枝、龙眼、三黄鸡、对虾、牡蛎、海胆、鲍鱼等产品为主的特色农业不断发展。同时，优质无公害蔬菜、畜禽、海水养殖形成规模化生产。农业向产业化、规模化、集约化方向发展，经过40年的努力，惠东县现代农业发展初具规模，特色农作物种植面积4.67万公顷，其中冬种马铃薯总产达30万吨，产值超过7亿元，带动了全县2.4万户农民增收致富。铁涌镇成为"马铃薯之乡"。梁化镇发展成为梅菜、蔬菜生产基地。稔山、平海、港口、黄埠等镇（区）大力发展海水养殖业，拥有高位池健康养虾、工厂化养鲍、工厂化多宝鱼养殖、海水网箱养殖、吊养蚝养殖、贝类护养增殖、淡水养殖等具有特色的海水和淡水水产品养殖基地。同时，与发展滨海旅游相结合，推进渔业转型升级，开拓盐洲、稔山、巽寮和港口等海产品观光市场；采取"公司+基地+渔户"的模式，发展壮大网箱养殖，提高生产效益；继续优化产业结构，科学发展养殖基地，继续完善高位池健康养虾、深水网箱养殖、传统网箱养殖、吊养蚝、贝类护养增殖、淡水养殖等基地建设，并利用沿江和山区的资源优势，引导养殖户因地制宜发展澳洲淡水龙虾、娃娃鱼、台湾泥鳅、黄金石斑等特色品种养殖。截至2016年，全县有渔业龙头企业9家（省级2家、市级3家、县级4家）、市级现代渔业示范企业（基地）10家。全县渔业总产量超10万吨，总产值超23亿元。

至2017年，全县拥有县级以上农业龙头企业89家，其中国家农业产业化重点龙头企业1家，国家扶贫农业龙头企业2家，省级农业龙头企业及扶贫农业龙头企业17家，市级农业龙头企业40家。已在工商部门注册登记的农民专业合作社730家，拥有省级示范家庭农场7家，市级示范家庭农场12家。基本形成了贸工农一体化的现代农业生产格局。2017年全县产业化组织销售收入达到28亿元，带动全县6.25万户农户户均增收达到4500多元。农产品质量不断提高。至2017年，全县累计有96个农产品获"无公害农产品""绿色食品""有机农产品"等质量认证。认证面积16600公顷，占全县主要农作物面积52.45%。累计获得广东省名牌农产品28个，广东省"十大名牌"系列3个，广东省名特优新农产品13个。其中，四季鲜"粤农"牌农产品获得"中国驰名商标"称号，有力提高了惠东县农产品的知名度和美誉度。

第
二
节 **深化改革扩大开放，外引内联工业兴县**

## 一、改革体制结构，搞活工业经济

改革开放前，惠东县工业企业全是国营和集体所有制企业。1978年，全县国营工业企业有33家，工业总产值3790万元，占全县工业总产值53.5%。20世纪80年代后，县经委所属国营工业在经过调整的基础上，大力开展技术改造，利用和发挥地方资源优势和地理优势，积极引进外资和先进技术，开拓生产新领域。1983年底，县糖厂完成技术改造扩建，实现日榨千吨规模，成为县内首家全民所有制中型工业企业；1984年10月，原县氮肥厂改建水泥二厂投产；1984年底，县水泵厂吸收消化国外先进技术研制的小口径井用潜水泵通过省级技术鉴定，产品填补了国内空白，并先后被评为省优和部优产品；1988年4月建成县针织总厂投入生产，成为县内首间国营纺织工业企业。进入20世纪90年代，全县国营工业企业继续开展挖潜改造和转换经营机制。县水泥二厂通过技术改造扩建达到年产水泥30万吨规模；县水泵集团公司在扩大潜水泵生产能力、开发潜水电机的同时，建成年产7万～10万平方米的镀膜玻璃生产线。1995年，全县国营工业36家，工业总产值17322万元，比1978年增长3.57倍。

中共十一届三中全会后，特别是《中共中央关于城市经济体制改革的决定》颁布后，惠东县国营工业企业根据有关政策进行了工业管理体制和经营机制的改革。从1980年开始推行企业经济包干和承包经营等形式的经济责任制。一是财政包干。1980年学习清远经验，在改革县工业管理体制、建立和划定县经济委员会职能职权范围的同时，决定实行工业财政包干，由县政府下达给县经委所属国营工业企业全年上缴利润数额，由县经委负全部经济责任。是年下达退库补贴120万元的工业财政包干任务。县经委对所属工业企业采取"盈亏定额包干，超盈减亏分成"等逐级负责的办法，保证包干任务的完成。工业财政包干任务实行了一年，由于县氮肥厂等企业超亏较多，年终结算对比，经济效益并不明显。二是亏损定额包干。1981年开始，惠东县结合地方财政改革"统收统支"为"分灶吃饭"的做法，决定对经委国营工业亏损企业实行"定额补贴、超亏不补、减亏留用"的亏损定额包干的办法。县财政每年给予补亏100万元，一定三年，统一由县经委向县政府包干，经委再分解落实到企业。主要采取"盈亏定额包干，超亏不补，超利减亏分成，逐年递增（盈）递减（亏）"等措施，包干基数和超收分成比例每年视实际情况而定。实行此办法后，1981年整个经委国营工业实现扭亏为盈，三年亏损定额包干期满时，结束了靠财政退库过日子的历史。1984年，经委国营工业开始上缴财政利润，当年上交17.11万元。三是核定利润基数包干。1984年开始，为进一步调动企业的积极性，结合第二步利改税，对国营工业企业实行核定利润基数包干，实行三年后的1986年，全县国营工业总产值增长83%，利润增长6.2倍，上缴利润75.25万元。四是企业承包经营。1986年冬，在水泥二厂试点推行厂长任期目标责任制，并陆续在其他国营工业企业推行。以后又发展为由企业直接与县财政签订合同，实行承包经营。1987—1989年，实行企业承包经营三年后，承包企业累计实现利润完成承包基数180%，上缴财政利润完成承包基数的107%，企业三年留利累计660万元。1991—1993年，国营工业又实行新一轮的企业承包经营，至1993年底，经委国有工业企业（此时，"国营"已改为"国有"，1993年3月29日后改"国有"一词）共实现利润5080万元，上缴财政利润408万元，归还技改贷款3185万元。1994年国家全面推行税制改革，根据税制改革的要求和国有工业企业生产经营实际，县政府决定国有工业企业1994、1995两年按照"重新核定基数，逐年递增，超收分成，一定两年"的办法过渡，继续实行企业承包经营。承包指标中增加上交所得税指标。

惠东县集体工业包括二轻局和乡镇企业局所属大部分工业及部分单位自办的工业。改革开放初期，得益于体制结构改革的推进，一度获得较好的发展。县二轻工业系统根据自身的条件，组建新厂和引进"三来一补"工业。1980年投入资金3000万元，新建中英毛织厂（后改名为惠东县织造制衣工业公司），年产值1000万元。1986年新建童鞋厂，从国外购进先进制鞋机械设备，生产的童鞋质量可靠，年产73.3万双，产值422万元。后陆续引进多家规模较大的"三来一补"企业，成为二轻工业的骨干工厂。1994年后，由于市场竞争激烈，二轻原有企业因设备老化，产品单一，资金周转困难，所属11家企业已有6家亏损，1995年，全县二轻工业企业10家，工业总产值1200万元，占全县工业总产值的0.27%

1978年后，社队企业逐步改革，乡镇工业发展速度加快，到1983年，社队企业有333家，从业人员5896人，产值792万元。

1984年后，县政府根据中央关于深化改革、扩大开放的发展方针，采取"充分发挥资源优势，改善投资环境，实行优惠政策"等办法，积极进行招商引资，多形式发展乡镇工业，并根据本县实际，重点发展制鞋、小水电、食品加工等工业。黄埔、吉隆等镇的制鞋业，通过消化吸收"三来一补"企业的设备和技术，不断发展壮大，从家庭作坊式生产逐步向机械化流水作业线企业生产发展，使黄埠、吉隆两镇形成年产值达4亿元的制鞋工业大镇。地处山区的高潭、马山、宝口、新庵、安墩、松坑等镇，利用丰富的水力资源，大办小水电。到1995年，全县已有水电站34座，装机容量42470千瓦，年发电量5748万度，年产值2284万元，对促进山区乡镇经济发展发挥了重要作用。1995年，全县乡镇工业企业336户，村办企业349户，从业人员27500人，工业总产值28434万元，占全县工业总产值的48.3%。

从20世纪末起，县、镇所属的公有制工业企业因市场变化，效益下降，逐渐关停并转。"十一五"计划期间，县执行国家节能减排政策，关停拆除了县水泥一厂、二厂。

## 二、大力招商引资，发展外向型经济

国营企业和集体企业的改革发展，为改革开放前期惠东经济的发展提供了有力的支撑。特别是改革开放过程中实行的"三来一补"企业和"三资企业"等所有制和经营方式的探索，为此后外向型经济和民营经济的不断发展奠定了基础。

1978年，中共十一届三中全会后，全县贯彻改革开放和搞活经济的方针，利用毗邻香港的地理优势，大力引进"三资"和"三来一补"工业，到1995年，全县拥有"三资""三来一补"工业企业767家，从业人员45880人，产值173107万元，占全县工业总产值的38.3%。

"三来一补"是"来料加工、来料装配、来样加工、补偿贸易"的简称。1979年12月，惠东县首次与香港商人签订"三来一补"工业合同三份，分别是平山成行手袋厂、县财贸塑胶厂（即现华新丝花厂和力新丝花厂前身）和白花富林工艺厂，成为惠东县"三来一补"工业的开始。1980年5月，县农机一厂与香港力士泵有限公司签约开展水泵零配件来料加工，在惠东县国有工业企业中率先引进外商开展"三来一补"业务。1984年4月，县化工厂与港商开展针织漂染来料加工业务。1984年8月，县农机二厂与香港国昌织造厂签约开展针织布来料加工业务。1985年县糖厂与香港新美适贸易公司签约开展毛织来料加工。1988年县针织总厂、县陶瓷厂、县酒厂等企业先后与外商合作开展制衣、吹膜胶袋和涂塑五金制品的来料加工业务。随着改革开放的深入，全县"三来一补"加工业务不断发展，从20世纪80年代初期个别行业发展到塑胶、人造花、毛织、制鞋、制衣、手套、手袋、玩具、文具、建材、家具、电子、灯具、五金、照相器材等多行业、多门类的来料加工工业体系。到1995年，全县实际利用外资70257万港元，引进设备2万台（套），年收入工缴费14636万港元。其中，年工缴费500万元以上的有嘉兴隆塑胶厂、华新丝花厂、捷威玩具厂、威达机铸制品厂、惠潭湖信昌塑胶五金厂等。全县有"三来一补"工业企业698家，从业人员38100人，产值132981万元。

"三资"企业即中外合资、中外合作、外商独资企业。1982年，县供销储运公司与香港商人合作开办"房记"汽车维修中心，成为全县第一家"三资"企业。此后，"三资"企业不断发展。至1995年，全县有"三资"工业企业69户，其中合资企业25户，合作企业33户，独资企业11户。主要行业有塑胶、五金、电子、灯饰、制衣、制鞋等，规模较大的有金麒麟纺织有限公司、立友制造厂、惠兰灯饰（惠东）有限公司、联基工业有限公司等企业。累计协议投资额39780万元，实际投资额32173万元。从业人员7780人，产值40126万元。

1992年，邓小平南方谈话发表后，改革开放不断深入，惠东县委、县政府实施"外向带动"战略，不断优化投资环境，吸引了大批外商、港澳台商来惠东投资办厂。其中有不少规模较大的企业。

到2007年，全县累计实际利用外资22.3亿美元；全县在册"三资"工业企业有170户。外向型"三资"工业快速发展并形成龙头辐射作用，使惠东工业经济结构发生巨大改变。2007年规模以上"三资"工业65家，实现产值38.23亿元，占全县规模以上工业总产值62.1%。此后，随着内资大企业对惠东投资的不断扩大，平海电厂、华源轩家具等大项目建成投产和县内民营企业的发展壮大，"三资"工业的比重相应缩小。2008年至2017年，全县累计实际吸收外商直接投资12.05亿美元。2017年，全县规模以上外资企业67家，占全县规模以上企业总数18%，外资企业在惠东工业中的龙头地位被内资企业取代。

### 三、建设产业园区，推进工业聚集

改革开放以来，惠东县逐步建立了1个省级产业园区和20余个由县、镇（街道）自行设立的产业园（含工业发展集中区），至2017年，规划总面积7058公顷，已开发面积4425公顷，园区内已建成企业454家。

1996年3月，台湾立隆电子工业股份有限公司、台湾全用电子工业股份有限公司、台湾联铭橡胶工业股份有限公司等11家台湾企业组团考察惠东县投资环境，并与惠东县签订了9个电子项目投资协议，落户太阳工业城，依法购地10万平方米，首期投资4000万美元，兴建"台商电子工业园"。

2006年10月，惠东产业转移工业园经省政府认定为广东省产业转移工业园，首期规划面积4.27平方公里。惠东县通过优化产业结构，提高劳动力素质和就业能力，努力使该园区成为对接珠三角城市群和沿海产业转移的重要平台，成为建设工业强县、和谐惠东的重要依托。主导产业：电子信息、家具、制鞋、服装、先进机械装备制造。工业园已累计投入7.48亿元，基础设施日趋完善。2017年，惠东产业转移工业园推进了园区土地征收盘整、招商选资、基础设施建设、企业项目建设、创建文明园区等工作，园区开发建设工作有了新的成效。实现新增工业固定资产投资23亿元，其中设备投资7亿元；实现规模以上企业工业增加值92.36亿元，完成工业税收（全口径）3.875亿元。

太阳坳工业园，总用地面积333.33公顷，1990年以来累计投资达15亿元，目前拥有企业46家，是白花镇大部分规上企业集聚地，已经形成了配套相对完善的产业区，主要集聚了电子、灯饰、化工、服装等产业。2017年该工业园实现工业增加值19.4亿元；完成工业税收9900万元。

民营科技工业园，2002年至2003年投入资金2800万元，完成园区一期工程的"五通一平"，落户企业24家。并得到中国工商银行意向融资3亿元的大力支持，陆续聚集了一批成长迅速的民营企业。以制鞋、制衣、五金、塑胶、电子等轻工业为主的工业经济快速发展。

义山工业区，总用地面积4公顷，1988年以来累计投入资金2.1亿元，有企业13家，工人近2000人。2017年该工业园实现工业总产值4.8亿元；实现工业增加值1.3亿元；完成工业税收1980万元。

大统营工业区，大统营科技（惠州）有限公司在此落户，该公司占地面积约33.33公顷，总投资1.5亿美元，于2004年9月正式投产，以生产咖啡壶、电烤盘及烤炉等为主，产品100%外销。

中航谟岭工业区，总用地面积133.33公顷，总投资26亿元，2017年已有8家企业入驻，其中，总投资5000万元的元胜自行车厂已投产试运行，总投资5000万元的成飞五金实业有限公司已完成厂房建设，进入调试设备阶段。2017年该工业区实现规模以上工业增加值1.28亿元；完成工业税收1835万元。

经过前期的分散式发展，"十二五"期间，惠东县注重推进园区集中集约集群发展，全力打造惠东珠三角产业转移工业园、中航谟岭工业园，推动工业项目向特色园区集中，向产业集群配套，发展一批带动作用强、产业关联度大、产品附加值高、市场前景好的产业项目落户，重点发展先进机械制造、新材料、新能源、生物科技、服装制鞋、电子信息等产业，形成产业集群，成为惠东县经济增长的重要引擎。

### 四、以鞋业为支柱，发展民营工业

随着改革开放的深入，国家对个体、私营经济采取扶持和鼓励的政策，全县的个体、私营工业得到逐步的发展，特别是黄埔、吉隆两镇的制鞋业。1981年1月，黄埔籍港商李炳好回家乡办起一家"三来一补"鞋厂，招收当地青年到鞋厂就业，这批工人在生产中逐步掌握了制鞋技术后离厂自办个体鞋厂。自1983年在该厂做工的黄埔居民林梓杏、林梓裕兄弟开办第一家个体鞋厂开始，个体私营鞋厂迅速发展。1985年，与黄埔相邻的吉隆也开始办起个体鞋厂。1987年，全县有个体、私营工业3840家，其中黄埔、吉隆两镇的制鞋业发展到220家，从业人员19780人。1989年，国家进一步确定了"继续鼓励扶持个体、私营经济发展"的方针，惠东县大力宣传国家鼓励发展个体、私营企业的方针政策，推广黄埔发展个体、私营制鞋工业的经验，当年在稔山、多祝、吉隆等地发展制鞋、制衣、竹木加工、海产品加工等工业136户。

1992年，贯彻邓小平南方谈话精神，惠东县又制定了一系列鼓励个体、私营企业发展的优惠政策，放宽了个体、私营业的经营范围，鼓励个体、私营企业到外地办企业，走向市场，参与竞争。黄埠镇当年有10家私营鞋厂先后到广州、北京、武汉、重庆等地开设制鞋业加工和经销业务，年销售鞋700多万双。当年黄埠镇新办制鞋厂92间。平海、盐州发展海产品加工企业100多户。1993年至1995年，惠东县个体、私营工业发展迅速，尤其是吉隆、黄埠等地的制鞋业，已从过去的家庭作坊式生产走向机械化流水线生产，产品质量日益提高，产品不但销往全国各地和港澳地区，而且销往俄罗斯、美国等20多个国家。1995年，全县有个体、私营工业企业5998家，从业人员47721人，工业总产值153287万元，占全县工业总产值的33.92%。

新世纪后，惠东县加强对民营工业发展的扶持和引导，2002年，举办惠东首届鞋文化节，以后每两年举办一届。2003年10月，惠东县在第94届中国广州出口商品交易会（简称"广交会"）设惠东鞋展区，组织黄埠和吉隆产品质量好、出口量大的个体私营制鞋企业参加广交会。从此，惠东鞋进入了广交会，直接与国外客商面对面洽谈出口生意接订单，扩大惠东鞋出口业务，产品远销亚洲、欧美、非洲等80多个国家与地区。通过举办鞋文化节，参加广交会，组织展销会，拓宽出口渠道，推进产业集聚等措施，推动鞋业向规模化、标准化、集团化方向发展。

2006年，惠东先后被国家和省有关部门评为"中国女鞋生产基地""广东女鞋名城"和"广东省鞋材生产基地"，形成了比较有影响力的制鞋业区域品牌，制鞋业初显专业经济特色。黄埠、吉隆两镇成为典型的制鞋专业镇，在整个工业体系中有90%以上是制鞋业及相关企业，带动了其他镇鞋业的发展，大岭、平山、稔山镇的鞋业也逐渐形成了较大的规模。同时，制衣业也有较大发展，全县共有制衣企业2531家，其中规模以上制衣企业15

家。2007年，全县民营工业实现增加值741598万元，占全社会工业增加值的79.9%；民营工业发展到8500家，其中，8家民营企业获得了国家免检产品称号，拥有广东省名牌产品6个，广东省著名商标16个。

惠东县坚持实施"外向带动"和"工业立县"发展战略，加大招商引资力度，加快工业化进程，使工业在GDP增长中占主导地位，逐渐成为拉动县域经济发展的主要引擎。2007年惠东县工业增加值92.9亿元，占GDP比重达到51.9%，比1978年上升31.9个百分点；农业增加值占GDP比重从1978年的56.9%下降到2007年的15.1%。标志着惠东县实现了由传统农业县向工业化的跨越。

## 五、顺应时代潮流，推动工业转型升级

2007年起，中共惠东县委、惠东县政府作出"抓好三个对接、构建四大功能区、打造五大基地"的战略部署并大力实施。五大基地（珠三角产业转移基地、珠三角清洁能源基地、珠三角旅游度假基地、珠三角绿色食品生产供应基地、中国女鞋生产基地）中有三个属于工业。2007至2011年期间，珠三角产业转移园建设通过省级验收，大批项目陆续引进和建设，大型家具制造厂家华源轩投产；平海电厂一期工程顺利建成投产；惠州国储油500万立方米油库落户；全县制鞋相关企业门店发展到5000多家，制鞋生产流水线300多条，年产值超过160亿元，拥有市级以上品牌125个，传统制鞋业经历金融风暴后焕发了新的生机。工业基地的打造，有力推动了全县工业规模扩大和转型升级。2011年，规模以上工业增加值同比翻一番，年产值超2000万元的规模以上工业企业180家。其中，年产值1亿元以上27家，10亿元以上4家。全年实现规模以上工业增加值61.2亿元，增长101.4%。其中，规模以上能源产业实现增加值21.8亿元，对全县经济增长贡

献率为40%。全县在册私营企业3762家，个体工商户36064户，民营和内联企业上缴税收14亿元。成立了惠东鞋革行业总会，全县个体私营鞋厂发展到4963家，其中获得一般纳税人资格认证企业573家、获得自营进出口经营权企业230家、规模以上制鞋企业77家。全年产鞋7亿双，总产值165亿元，上缴税收1.92亿元。新注册商标371件，有84户个体工商户转型升级为企业，33家加工外贸经济组织成功转型为企业。全县工业增加值144.8亿元，比2006年增长115.9%，年均递增16.6%。

2011年以来，尤其是党的十八大以来，惠东县着力推进珠三角发展规划纲要的实施和供给侧改革。根据全县工业经济结构特点，每年制定全县工业转型升级年度计划，加快先进装备制造业发展，加强对中小微企业的帮扶服务，促进新型研发机构建设工作，围绕实施项目带动、建设创新平台、培育高新技术企业、推动两化融合等路径，全力推进工业转型升级，促进创新驱动发展，推动企业成长。认真落实"企业成长计划"和"四上"企业奖励办法，建立企业成长梯队，进行重点扶持培育；推进"小升规"工作，重点筛选一批生产效益好、发展潜力强、带动作用明显的临界企业，做好帮扶服务，促进扩容发展。全县规模以上工业企业总数增至423家，其中产值5亿元以上企业19家。实施产业培育计划，加快企业创新体系建设，以科技项目带动，推动企业自主创新能力提升，全县有特创电子科技和格讯科技等8家企业申报高新产业培育入库企业；实施品牌战略，全县拥有市名优产品累计73个，省著名商标33件，省名牌产品35个，中国驰名商标4件；实施智能制造转型工程，落实"中国制造2025"，开展智能工厂、智能车间试点建设，全县有特创电子、大统营、惠兰灯饰等企业实施"机器换人"，有效促进企业增资扩产。同时，大力实施招商引资，2017年全县外引内联项目241宗，协议投资总额437亿元。实现工业增加值283.3亿元。其中，规模以上工业增加值198.6亿元。

## 发展第三产业，促进经济繁荣

改革开放以来，惠东县服务业经历由传统型服务业逐步向现代服务业发展的过程。随着工业化、城乡一体化和现代化进程的不断加快，形成了"以商贸流通为根基、金融房地产为支撑、旅游休闲为特色"的产业格局，已成为推动经济增长、提高人民生活水平的重要力量。

### 一、商贸物流业的发展

改革开放初期，国营和集体商业在惠东县商贸业占主体地位。1979年，惠东县对国营商业经营体制进行了改革，实行分类管理：专糖、百货、食品、石油、五金、华侨等公司，行政上属商业局领导，业务上由各上级公司管理；信托公司、饮食公司、商业车队（1993年改称华粤公司）、龙峰酒家（1993年改称日用工业品贸易公司）、商业总公司（1993年改称商业贸易公司和商业大厦）的行政业务均由商业局管理。1987年以后，全县国营商业系统各企业公司的行政和业务经营均由商业局管理。国营商业部门积极参与市场竞争，坚持多种经济成分、多种经营方式；实行多渠道、少环节的流通形式；落实经营和经济责任制，改变了吃"大锅饭"的现象。1995年，商业经营机构增至25个公司，国营商业商品销售总额最高的是1989年，达13092万元。1990年以后由于市场经济的发展，县国营商业与私营、个体企业在激烈的市场竞争中处于劣势，利润逐年下降，至1995年底，亏损479万元。此后逐步退出了商贸市场。

惠东县粮油购销在改革开放后仍然持续了较长时间的国营统购统销。1992年底，国家放开了粮食价格，统购统销退出了历史舞台。

1983年3月，县供销社在管理体制上进行改革，清理股金，兑现分红，扩股融资，并着力疏通商品流通渠道，全面实行经营承包责任制，采用见利分红、超利分成、以销计利、包干上交等形式改进经营。当年，商品销售总额4209万元，至1987年年底，供销社在扩大经营方面，以集体商业为主，以办"三来一补"工业、办经济果林场为辅，增加了合理利润。从1981年起到1987年，共办起"三来一补"企业31间，农副产品加工厂10间，燃油加油站2间，并先后在松坑、增光、高潭、宝口、新庵、安墩、石塘、马山、多祝、白盆珠等基层社办起了果林场，种植各种果树共4万株。

1987年开始，各基层社实行体制改革，门店逐步改由职工承包经营。1995年底，县供销社下属有9个公司，22个基层社，共430个经营门店，在全县商贸业中所占的比重逐渐下降。

在国营、集体商业淡出商贸市场的同时，随着改革的推进和市场的逐步放开，个体、私营商贸业日趋活跃，成蓬勃发展之势。为此，惠东县政府多渠道筹集资金，不断扩大集贸市场建设。1980年有市场7个共5580平方米，1995年增至35个，7万多平方米。与此同时，城镇大街小巷个体经营的大小商店快速增加。1999年平山镇民营企业家林汉青投资兴办的美多购物中心，经营超市，经20年的努力，从一间总店扩展到三间分店。与此同时，黄埠、吉隆、大岭、稔山等经济较发达的镇也办起了一批民营超市。据惠东县第一次全国经济普查结果，2004年末，批发和零售业个体户14303户。到2006年，全县共建有49个大小综合性商场。

平山中心市场是以服装和鞋类销售为主的市场，建于1982年，先后于1987年、1988年和1990年被评为全国文明市场，逐渐成为辐射汕尾、河源等周边近百公里地区的大型综合市场。1996年经过重建，该市场占地面积6800平方米，总建筑面积2.12万平方米，共有商户1729户。

惠东银基商贸城由港商于2003年投资4.3亿人民币动工兴建，总建筑面积22万平方米，设商铺3000多个，2006年5月开业。

2009年引进世界500强沃尔玛在县城平山设立分店。此后相继有苏宁电器、大润发超级市场、义乌小商品城、天虹购物中心等众多大型批发零售项目落户。

随着商贸平台和交通、通讯条件的不断改善和创新，惠东县从商品短缺时代，进入商业网点广布、商品种类繁多、服务功能强大的商业繁华时代。同时，推动了物流业的发展，特别是2004年碧甲、大澳塘、亚婆角等三个口岸被国家批准为国家一类口岸后，全县物流业发展呈现良好态势，2007年，全县进出口货运量达101万吨，货值达5.75亿美元。全县社会消费品零售总额69.2亿元，30年增长100.8倍。

到21世纪10年代，中共惠东县委、县政府努力推动经济转型，促进了现代物流、专业仓储等生产性服务业的发展，顺丰、京东、申通等网络销售物流巨头先后布点惠东。"新产业、新业态、新模式"的发展理念推动传统产业的不断转型，更多的传统服务业企业加入到改革创新的浪潮中。一方面，利用"互联网"等新元素，开拓新领域，另一方面不断结合新的经济发展形式，促进企业转型，积极开辟新市场，在电商、外贸出口等新领域皆取得长足进步。

2015年惠东县首次进入"中国大众电商创业最活跃的50个县"行列，排名全国第22位。2016年排名第19位。同年，名列"广东大众网购消费十佳县"第一名，蝉联"广东电商十佳县""广东大众电商创业十佳县"第二名。2016年4月，惠东县政府与阿里巴巴农村淘宝惠东服务中心签订农村电子商务合作协议，共同打造覆盖县、镇、村三位一体的电商、物流网络。电子商务加快发展，15个镇级和110个村级淘宝服务站正式运营，累计注册网店5000多家，惠东产品网上销售量持续增长。2017年，惠东县又获评"广东大众网购消费十佳县""广东大众电商创业十佳县"，大岭镇获评"中国淘宝镇"，有8个村获评"淘宝村"。全县限额以上批发零售业通过公共网络实现商品零售额23.5亿元。

2017年，全县社会商品零售总额278.66亿元；全县进出口总额突破百亿大关，达100.6亿元。其中，出口总额78.2亿元，进口总额22.4亿元。

## 二、金融业的发展

改革开放以来，惠东县金融业不断发展壮大，金融机构网点大幅增加，发展成为支撑县域经济发展的现代化金融体系。

1979年，惠东县经济开始起步，存款稳步增长，全县金融机构各项存款余额达2288万元，首次突破2000万元。20世纪80年代，随着国民经济发展，各项存款大幅度增加，截至1989年底止，全县金融机构各项人民币存款余额达4.65亿元，其中储蓄存款3.05亿元，占65.6%；单位存款1.60亿元，占34.4%。造成这一比例关系的变化，一方面是由于国家进行经济体制改革，允许多种经济成分并存，个体、私营经济的成分增大，业主收入增加。另一方面，从1985年开始，各有关单位纷纷征用农民承包的土地搞经济开发，而农户所得的征地款大部分转化为储蓄存款。截至1990年底止，全县金融机构各项人民币存款余额6.83亿元。1991年至1993年，房地产热再度升温，经济日趋活跃，外地和本地资金大量注入房地产业中，进而转化为金融机构的存款，加上1986年以来国家连续调高工资和提高农副产品价格，城乡民众收入普遍增加，而把剩余的资金存放于银行和信用社，至1995年底止，跃升到26.45亿元，其中单位存款3.3亿元，储蓄存款23.10亿元。进入新世纪后，随着经济的不断活跃和人民收入水平的较快提升，全县金融机构各项人民币存款余额持续增加，2007年末，达120.48亿元，比1980年增长65.3倍，年均增长15.0%。到2017年末，全县金融机构人民币存款余额428.3亿元，其中城乡居民储蓄存款292.5亿元。

在贷款方面，1978年以后，随着金融体制改革，专业银行的贷款突破流动资金季节性、临时性的限制，开始办理企业固定资产投资和定额内流动资金贷款，主要有工商贷款、农业贷款、基建拨款与贷款三大类。

工商贷款。1980年5月各专业银行建立"统一计划，分级管理，存贷挂钩，差额控制"的信贷资金管理体制，改变了过去30年来统收统支的做法，并扭转以往只重视支持国营企业，忽视支持集体企业的倾向。1985年年底，全县金融机构工商贷款余额达10660万元。1986年，各专业银行开始实行统一计划、划分资金、实存实贷、互相融通"的信贷资金管理新办法，打破了过去信贷资金吃"大锅饭"的局面。人民银行对各专业银行的信贷计划、信贷差额、现金投放回笼计划按季度进行监控。1986年年底，全县金融机构工商贷款余额为1.32亿元。1990年，随着经济的不断发展，各专业银行根据"择优扶持"的原则，着重支持经济效益明显的工商企业，特别是"三资"企业和"三来一补"企业。1995年底，全县金融机构工商贷款余额达11.91亿元，比1990年增长182%。

农业贷款。1980年，农行惠东支行根据"区别对待、择优扶持"的原则，在优先支持粮食生产的同时，积极支持多种经营的发展。1981年后，随着商品经济的发展，农业信贷的重点转向扶持农、林、牧、渔业及发展商品生产。1985年底，全县金融机构农贷余额达0.41亿元。1988年，国家为稳定物价，保持国民经济的平衡和稳步发展，实行紧缩银根的措施。有关金融机构对农村信贷结构进行了调整，适度控制农业贷款总量。1988年底，全县金融机构农业贷款余额0.75亿元。1990年，"八五"计划开始实施，惠东县各金融机构贯彻执行"控制总量、调整结构、强化管理、适时调节、提高效益"的货币信贷方针，开展"管理、服务、效益年"活动，以支持农业特别是开发性和外向型农业的发展为重点，全年累计发放农业贷款1.18亿元。1993年下半年开始，国家执行适度从紧的货币政策，银根再度紧缩。但惠东县有关金融机构仍然紧紧围绕支持农业实现专业化、商品化、现代化这一目标，充分利用有限的信贷资金，重点支持"三高"（高质量、高产量、高效益）农业的发展，仅1993年就投放农业贷款1.66亿元。

基建拨款与贷款。随着国家财政体制和基本建设管理体制的改革，1979年起，惠东县政府实行预算内的基本建设资金由县财政无偿拨款改为由建行惠东支行发放有偿贷款，采取拨款与贷款相结合的双重方式安排基本建设资金。1979年，建行惠东支行发放基建贷款264万元，主要用于地质勘探和基本建设等。

改革开放后，惠东县市政建设步伐加快。1980年至1988年的9年间，基建拨款与贷款激增，累计投入资金1.14亿元，用于主要街道的整治、小水电工程及水泥二厂建设。1990年至1995年，全国各地掀起投资建设热潮，惠东县也因此大上基础设施建设项目和房地产开发项目，全县累计投放基本建设贷款3.09亿元，其中贷款0.42亿元支持东彭110千伏输变电站和铁扇关门水电站建设，贷款0.40亿元支持各镇程控电话的扩容工程建设，贷款0.40亿元支持广汕公路改造，贷款0.03亿元支持水泥二厂的扩建及消烟除尘技术改造。1995年，惠东县基建拨款与贷款余额达1.26亿元。

1995年，国家进一步推进金融组织体系改革，将四大行从法律上定位为国有独资商业银行。1998年成立保监会，2003年成立银监会，形成了以中国人民银行为中枢，国有独资商业银行和股份制商业银行为主体，政策性银行、非银行金融机构和外资金融机构并存的金融组织体系。1995年11月，中国人民银行正式放开银行间拆借利率，利率市场化改革开始。2013年7月，中国人民银行全面放开金融机构贷款利率管制。2015年10月，中国人民银行对商业银行和农村合作金融机构等不设置存款利率浮动上限，利率由金融机构根据市场供求自主决定。随着改革的推进，惠东县金融业越来越适应经济发展的需要，贷款对经济发展的支撑作用不断增强。

随着惠东县经济规模的不断扩大，金融机构业务发展迅速，金融部门根据政府产业政策、货币政策和经济结构调整优化的需求，加大对战略性新兴产业、支柱产业和重点项目建设的信贷支持，实现社会融资规模和信贷投放适度增长，支持了县域经济平稳较快的发展。2017年末全县金融机构人民币存款余额428.3亿元，其中，城乡居民储蓄存款余额292.5亿元，农村居民储蓄存款108.7亿元。年末金融机构各项贷款余额282.6亿元。同时，非银行类金融机构也大量增加。2017年末，全县工商注册保险机构（含营业部）58家，保险业务实现多元化发展。

### 三、房地产业的发展

改革开放以来，惠东县房地产业随着国家住房制度的改革，经历了从公有分配制度下缓慢前行到市场化的快速发展。20世纪80年代的住房制度，行政事业单位和国营集体企业实行按干部职工职务工龄分配住房的福利分房制度，城乡居民以自建房为主。1995年建立住房公积金制度，1998年开始行政事业单位和国有集体企业取消福利分房制度，并初步建立了以商品房与经济适用房和廉租房相结合的新的住房供应体制，房地产业朝商品化、市场化方向的改革，使房地产业迎来了大发展。2007年，房地产开发投资额为8.23亿元，比1997年增长52.6倍，10年累计房地产投资48.8亿元，年均递增48.9%，投资额占全社会固定资产投资的比重为20.3%，所占比重比1997年上升18.5个百分点。随着人民生活水平的提高和住房需求的进一步扩大，房地产开发业快速发展，高档商住小区不断推出，建起了广厦花园、怡景湾、丽景华庭、碧水城、安泰海景湾等现代住宅小区。1997年，商品房市场销售面积非常少。到2007年全县销售面积2468万平方米。2004年起，金融街、万科、富力、中航、合正等大型房企陆续到惠东沿海投资开发，稔山、巽寮、平海和港口等镇区沿海逐步形成了旅游休闲房地产项目聚集地带。2007年，惠东县成功引进了全国500强企业碧桂园集团投资的碧桂园十里银滩大型房地产项目。该项目从2011年首期开盘至2017年，已拥有超5万户家庭、逾15万人入住，成为湾区上的高人气楼盘，带动了滨海旅游休闲房地产的发展。从2004年至2017年的13年间，陆续进驻的房企造就了数十千米海岸边多处高楼碧海相映的风景线。县城平山街道房地产开发项目也大幅增加，2013年达到44宗，2016年后，碧桂园、恒大等全国著名品牌地产相继在县城开发楼盘。全县房地产投资呈现出跳跃式增长势头。2009—2012年完成投资额分别为11.1亿、11.86亿、62.0亿、80.5亿元，年均增长66.16%。2017年，全县房地产开发投资达133.2亿元，其中商品住宅投资115.3亿元。全年销售商品房面积258.6万平方米，商品房销售额217.6亿元。

### 四、旅游休闲业的发展

惠东县依山傍海，风景秀丽，既有奇峰异石，又有海湾沙滩；既有名胜古迹，又有大量的革命旧址。景点众多，集山、海、泉、瀑、岛、江、湖于一体，融自然景观和历史人文景观于一身，千姿百态，令人流连忘返。旅游资源分布面积达806平方公里，占全县地理面积的23.7%。惠东县现代旅游业起步于20世纪80年代中期，在国家推行旅游创汇，鼓励入境旅游发展的背景下，惠东县努力吸引来自港澳台地区的游客以及国外游客前来旅游。1992年起，到惠东县旅游的国内游客逐渐增多且成长为核心客源。2003年后，惠东县滨海旅游开始吸引临近的粤港澳大湾区城市群游客。2013年以来，随着厦深铁路建成通车，惠深沿海高速公路、广惠高速公路东延线贯通，惠州机场民航复航，更加方便了全国各地的游客到惠东旅游，特别是巽寮旅游区，双月湾旅游区，旺季经常游客爆满。2009年，金海湾（巽寮）国际滨海旅游度假区、永记生态园被评为国家4A级旅游景区。

2011年，惠东县委托中山大学旅游发展与规划研究中心编制的《惠东县旅游发展总体规划》进入全面实施阶段，着力建设珠三角旅游度假基地，喜来登、嘉华、檀越等五星级酒店相继建成开业，富茂威尼斯湾、碧桂园十里银滩、万科双月湾、中航元屿海、巽寮天后宫及风情酒吧街、平海海滨温泉度假区等大型旅游地产及旅游配套设施相继建成。白盆珠、安墩两地依托温泉资源发展的旅游项目不断增加。全县景点景区功能不断完善，旅游接待能力和档次不断提升。2016年以来，围绕创建广东省全域旅游示范县的目标，贯彻"海洋先行，山海互通，山呼海应，全域发展"的发展思路，依托自然风光、民俗风情、历史人文三大优势，以巽寮、双月湾等龙头景区作为吸引核，以金融街、中青旅等龙头项目为动力源，按照发展全域旅游的要求，深挖滨海旅游发展潜力，实现从滨海旅游到海洋旅游的转变；以高潭、安墩等革命老区红色旅游和现代农业示范区建设为抓手，争取省市旅游发展专项资金和老区建设专项资金支持，加大财政投入，在有"东江红都"之称的老区高潭镇打造红色旅游小镇。

2017年，高潭革命老区1、2号停车场，东环路，纪念堂及附属楼项目，马列街改造，高潭革命历史陈列馆项目，高潭区苏维埃政府旧址等八处革命旧址修复工程，罗家祠门前广场及河涌景观改造和甘溪五名党员雕塑纪念公园等项目完成并投入使用。多祝镇皇思扬、铁涌镇溪美等古村和梁化国家森林公园、九龙峰森林公园、稔山森林公园的旅游设施建设，带动山区旅游和乡村旅游经济发展；同时，随着山区交通基础设施不断完善，形成了山海统筹、山海互促的惠东全域旅游发展格局。至2017年底，全县共有国家4A级旅游景区3处，3A级1处；国家级风景区4处，省级风景区3处；中国传统古村落2处，广东省古村落8处；广东省红色经典旅游区3处。有五星级酒店2家。全县接待游客首次突破千万大关，达到1130.4万人次，实现旅游收入57.4亿元。获评广东省县（市）域旅游创新发展"十强"。连续三年获"广东省旅游综合竞争十强"。

# 加强基础设施建设，不断改善投资环境

改革开放40年来，惠东县不断扩大投资规模，加快基础设施建设，努力改善投资环境，为经济发展提供了有力的支撑。

## 一、交通设施建设

20世纪80年代，全县通过以地换路、土地开发、财政划拨、群众集资、海外同胞捐赠和借贷等多渠道筹集资金，整修与完善县镇和乡村公路。随着平梁线和平西线（即平山—海丰西坑）相继全线通车，新庵—高潭、黄埠—盐洲的公路开通，全县各区（镇）全部通车。同时开通了通往邻县的四个出口公路，即黄埠—海丰小漠、石塘—紫金蓝塘、高潭—紫金苏区及松坑—紫金上义。至1989年年底，共建成县道2条35.4公里，乡道35条195.8公里。进入20世纪90年代，在省、市等有关部门的支持下，全县着重抓好公路上等级改造，并紧密配合国民经济发展规划，进一步完善山区公路和沿海公路建设。在整个"八五"（1991—1995年）计划期间，共投资2.335亿元对国道福昆线、省道平蛇线、平西线的惠东段，县道稔大线、乌水线等公路进行路基线型改造及部分路段铺水泥路面，长145.4公里。至1995年，全县修建公路共有221条1552.1公里，其中国道1条53.8公里，省道3条111.2公里，县道12条290.5公里，乡道205条1096.6公里。其中有水泥路面160.1公里。2005年启动公路村村通工程建设，至2017年全县通往行政村的公路全部实现硬底化水泥路，通往自然村（小组）的道路也绝大部分实现硬底化。

1996年12月深汕高速公路建成通车，在惠东县设有2个出入口，开启了惠东县交通拥有高速公路的历史。至2016年12月，先后有广惠高速、惠深沿海高速、潮莞高速等高速公路建成通车，在惠东县交汇。惠东融入了国家高速公路网。起于广惠高速凌坑立交，往东南方向途经白花镇、稔山镇、巽寮旅游度假管理区赤砂互通的广惠高速公路东延线，全长17.45公里，广惠高速东延线惠州海湾大桥是惠州市第一座大型跨海大桥，全长2741米，按双向4车道高速公路标准设计，设计时速100公里/小时，使用年限100年，主桥采用跨径300米的双塔单索面预应力混凝土箱梁斜拉桥，全长604米。大桥设一个双向通航孔，桥下最大通航净高38米，最大通航净宽260米，通航标准为5000吨级海轮。该桥于2010年3月动工，2014年底通车，让游客可通过高速公路直达巽寮滨海旅游度假区。

2007年11月23日，厦深铁路开工建设，2013年12月28日全线正式通车运营，在惠东县设一个站，惠东交通从此进入高铁时代。2017年7月，广州至汕尾铁路（广汕铁路）正式动工，在惠东县城设一个站，预计2021年通车，将让惠东与广州之间的车程从2个小时缩短为30分钟。

2015年2月，惠州机场民航班机复航，到2019年，惠州机场运营民航航线26条，通航可直达北京、上海、南京、西安、天津等国内22座大中城市，惠东县城至该机场只需30分钟车程。

惠东县沿海的港口资源较为丰富，开发强度较小，其中大部分港湾综合条件好，适宜建设港口码头。惠州港碧甲作业区为一类开放口岸，1996年建成碧甲沙湾综合码头有限公司3个通用散货泊位；2009年建成平海电厂及配套7万吨级煤码头，2013年经交通运输部竣工验收，可靠泊10万吨级船舶。碧甲航道为全潮7万吨级、乘潮10万吨级的深水航道。惠东港口大澳塘码头在2009年底通过了国家考核组的验收，升格为一类口岸。建有货物堆场和查验场地5.3万平方米，具备较先进的电子监控系统，能够实时对船舶、进出境人员、货物、检验检疫全过程进行监控。大澳塘码头进口货物来自香港地区及泰国、欧洲等地，由港澳船舶从香港发运或中转入境。

## 二、电力设施建设

1979年5月，动工兴建白盆珠水库坝后电站，1985年8月竣工投产，装机2台共24000千瓦，年发电量8600万千瓦时。1985年后，特别是进入20世纪90年代，全县小水电建设蓬勃发展，至1995年年底，建成投产的小水电站34座，总装机容量42470千瓦。小水电促进了山区经济建设，对电网的调荷避峰、减少二氧化碳的排放也起到积极作用。改革开放初期，惠东县经济发展迅速，电力供需矛盾突出。1989年电网高峰负荷缺口达60%，严重影响生产和生活。为此，惠东县政府决定引进外商投资建设惠东柴油发电厂。该厂总投资2400万元，装机容量1万千瓦，1990年7月建成投产。

2000年以后，惠东县能源设施建设进入大型电厂和绿色能源建设阶段。

广东惠州平海发电厂坐落于惠东县平海镇碧甲海滨，项目规划建设6台100万千瓦超超临界燃煤发电机组，一期工程首先建设2台100万千瓦超超临界燃煤发电机组，动态总投资为85亿元人民币。2008年10月7日，一期工程获得了国家发改委的核准，2台机组在2010年底投产发电。项目采用先进、科学、节能的环保技术，达到国际先进水平。年发电量达到110亿千瓦时，有效缓解珠三角地区紧张的用电压力。

2013年底，广控惠东东山海黄埠风电场开工，该项目位于惠东县黄埠、铁涌、平海三镇交界的海拔300米至640米的山上，2015年12月正式并网发电。该项目每年可提供约1亿千瓦时的绿色清洁电力。2014年，位于惠东县多祝镇的国电电力惠东斧头石风电场动工。

太平岭核电站位于惠东县黄埠镇太平岭一带，规划装机容量为6台百万千瓦级核电机组，拟采用国产"华龙一号"技术方案，分期建设，一期建设两台。一期工程2台机组于2019年1月30日获得国务院核准，可望在2024年建成投产。项目预估总投资415亿元。

惠东县电网建设是从1965年平山35千伏变电站建成投产而开始的。进入改革开放时期，随着全县经济的发展，用电量激增，35千伏的变电站远远不能满足电力输送的需求。1984年12月25日，大岭蕉田110千伏变电站建成投入运行，这是惠东县首座110千伏变电站。随后，稔山站、平海站、平山城南站、多祝站、吉隆站等110千伏变电站相继建成投入运行。1992年12月22日，广东省电力工业局批准建设东澎220千伏变电站，并把该站列为沙角电厂配套建设项目之一，于1995年12月建成投产。2012年，建成500千伏祯州输变电站，是惠东首座500千伏超高压输变电站。随着电网建设的不断发展，全县的供电范围和供电能力也不断扩大和提高。至2017年，全县有输变电站20座（含水电升压站），其中，500千伏站1座，220千伏站3座，110千伏站16座。主变总容量3253兆伏安。公用线路总长度3694千米，供电量32.16亿千瓦时。

## 三、通讯设施建设

改革开放以来，惠东县通讯设施建设发展迅速。

1965年重置惠东县时，县邮电局仅有磁石交换机3台，容量300门，接入市话交换机的电话单机95部，接入用户交换机的电话单机20部。1979年，换装905型纵横制自动交换机600门，接入市话交换机的电话单机278部，1985年增至598部。1987年7月，县城纵横制自动电话1000门扩容开通使用。1989年2月，县城3000门纵横制自动电话扩容开通使用。

1990年5月，开通县城"S1240"5000程控电话，惠东县的通信建设从此迈上了新台阶。随着国民经济的发展，程控电话发展迅速，1992年6月，县城"S1240"扩容5000门，1993年11月，扩容10000门，1995年，县城榕树头邮电综合大楼新装AXE10程控电话20480门。至1995年年底，县城程控电话交换机总容量达40480门，装机用户18206户。1992年12月，全县乡镇实现电话程控化、传输数字化。1995年，全县农话交换机总容量达49738门，实装18350门。自此，县内电话均可直拨全国各地和世界大多数国家和地区。

1990年，惠东县邮电局开办无线传呼业务，当年发展用户1210户。1992年1月，县城开通移动电话业务，当年发展用户1300户。1993年，惠东县邮电事业跨入全国"百强县"行列，排名第13位。至1995年，移动通信建设先后完成了二期工程，拥有183个信道，9个基站，移动通信业务覆盖了全县90%的乡镇。至1995年年底，移动电话用户达7858户，无线寻呼用户达17000户。

1998年，邮电部门被分拆成两个独立的部门，电信政企彻底分离，推进专业化、企业化分业经营。2000年，电信移动分业经营。中国移动惠东分公司于2000年成立。同年，剥离无线寻呼、移动通信和卫星通讯业务后成立了中国电信惠东分公司。2000年9月22日，惠东县最后7个未通电话的行政村全部装机接线。至此，全县247个行政村全面实现"四通"（通机动车、通邮、通广播电视、通电话）。

此后，惠东县移动通信和互联网业务快速发展。2004年中国联通有限公司惠东分公司开始营业，惠东通信市场形成了三足鼎立的格局。2017年底，全县固定宽带用户达28.1万户，3G/4G移动电话用户达80.7万户，4G基站1642座，沿江、沿海片区基本实现4G网络覆盖。光纤网络建设稳步推进，累计光纤用户27.1万户，光纤入户率达122%。

## 四、水利与供水设施建设

惠东县河湖众多，海岸线长，水资源丰富，而历来水旱灾害也比较频繁。改革开放后，随着水利建设力度不断加大，水资源的利用和水旱灾的防御能力不断增强。1984年9月，白盆珠水库主坝建成蓄水，到1987年工程全面竣工后，总库容达12.2亿立方米，年发电8600万千瓦时。起到防洪、降低西枝江中下游水位的作用，可确保西枝江沿岸21333.33公顷农田和平山、惠州等城市及镇村汛期安全。多年来陆续兴建和维护加固中小型水库、引水工程和江河堤、海堤工程。小水库及配套引水工程等农田水利建设逐步完善，形成了比较可靠的农业水利保障体系。2002年起，重点实施平山大堤、蟹洲海堤和考洲海堤的加固达标。2011年，完成平山大堤加固达标工程。"十二五"规划期以来，推进了黄埠望京洲海堤、盐洲环岛堤坝、稔山长排海堤、平海东头海堤等4宗共57公里海堤除险加固工程建设。

改革开放以来，惠东县坚持做好水土保持和水土流失治理。

1984年4月，县水电局进行河流流域规划复查。1990年，县建立水利执法体系，组建了一支16人的水政监察队伍，强化水资源管理，对330多平方千米水土流失区域进行综合治理。1995年成立县水土保持监督站，被省人民政府评为水土保持监督执法试点先进县。

进入新世纪后，更是年年投入大量资金，用于保护惠东水生态环境，全面构建具有岭南特色的惠东平安绿色生态水网。2017年，惠东县全县境内河湖全面推行河长制，构建县、镇、村三级河长制组织体系。县设立总河长，由县委县政府主要负责同志担任；各镇（街道、管委会）、村（居）设立本级总河长、副总河长，分别由同级党委、政府主要负责同志担任。各级总河长是本行政区域的第一责任人，河长是直接责任人，负责组织领导相应河湖的管理保护工作。共56条河流、104个湖库设立了河长，其中县级河长15人，镇级河长68人，村级河长194人。

1978年8月，惠东县政府接管平山镇自来水厂，组建惠东县自来水公司。1984年，贯彻《广东省农村缺水区食水工程管理暂行规定》的精神，县政府成立人畜食水工程领导小组，组织水利工程技术人员，对全县食水困难地区进行调查，制订规划。一方面完善原有食水工程的续建配套工作；一方面发动群众，采取以"自筹资金为主国家补助为辅"，多渠道、多形式的集资方法，利用水利建设加快县内食水工程建设步伐。1985年起，先后兴建和完善了盐洲、黄埠、稔山、平海、巽寮、石塘、梁化、白花、港口、铁涌等10宗食水工程。至1995年，全县22个城镇的居民全部饮用自来水。

1997年10月，县城平山镇城南自来水厂扩建日供水2万吨工程竣工投产。2006年1月，县自来水公司由惠东县政府无偿划转给惠州市投资管理公司，更名为惠东县泓源供水有限公司。公司有两间水厂，日供水能力7.5万立方米，负责县城和大岭、白花镇共30万人和8000多家工商企业的生产生活的供水，供水范围12.5平方千米，管网总长度330千米。2006年新建日供水能力20万吨的大岭自来水厂。水厂建设分两期进行，首期建设10万吨，工程投资2.2亿元，其中配套管网建设投资为9500万元，2008年建成投产。

2002年开始，惠东县逐年投资兴建农村自来水工程，逐步解决农村饮水难问题。2016年，惠东县实施村村通自来水工程。该工程总投资4.59亿元，涉及16个镇（街道、度假区）272个行政村，受益人口74.3万人。2017年底基本完工。

2016年1月，为解决地处沿海的稔平半岛生产生活用水不足的问题，惠东县政府动工兴建稔平半岛供水工程。该工程从西枝江鲤鱼岭段取水，送至黄坑水库和虎坑水库。交水点为稔山镇、黄坑水库、虎坑水库、平海镇。供水线路长62.1千米，工程日供水量为45万吨。主要建设内容包括泵站、输水管道、输水隧洞、调压塔等。工程总投资估算11.92亿元。

## 五、宜居城市建设

经济的发展、城镇化需求的扩大，促进了房地产业的兴盛，也推动了惠东县城市建设。1978年惠东县城建成区面积为1.5平方千米。1983年扩展至1.94平方千米。1983年惠东县首次编制了《惠东县县城总体规划》，几年后已经不能适应城市建设发展的形势。1991年，规划重新编制，到1995年又第三次编制，2007年再次编制《惠东县城市总体规划（2007—2020）》。1978年至2007年，基本建设和更新改造累计完成投资80.3亿元。完成了多项交通、电信、供电、水利、公共活动场所等城市基础设施建设。特别是2007年至2011年，县委、县政府每年都启动十大民心工程、十大重点项目，积极创新谋划城市建设工作思路，采用BT、BOT①等新的融资方式，先后建成了惠东文化广场、西枝江公园、文化中心、飞鹅岭森林公园等一大批公共服务设施，改造了县城水环境，新建和改造了惠东大道、环城北路、环城南路、江南大道等城市路网，整治了黄排河两岸和县城四大出口，推进了城南新区建设，县城面积扩大了5平方千米。

惠东文化广场位于县城西枝江边，占地面积78000平方米，由社会捐资7500万元建设，2007年动工，2008年1月建成投入使用，供市民游览观光、文化娱乐、健身休闲、庆典集会，被评为2009年度广东省市政优良样板工程。

西枝江县城段水利枢纽工程，坝址设于县城平山街道青云社区江段，总投资3.6亿元，2008年12月实现大江截流，2010年实现下闸蓄水。建成后形成了江、堤、路、桥一体的沿江风景带。

经过几年的努力，县城面貌大为改观，城市建设格局拉大，增强了宜居宜业的功能。

2012年起，县城提质扩容步伐加快，实施11宗重点市政项目，完成寨场山森林公园一期工程建设、西枝江公园改造、平山大桥扩建以及解放中路、南湖路等主要街道和一批内街小巷升级改造。对西枝江、黄排河穿城段两岸进行了整治。并深入开展了环境卫生、集贸市场、市容市貌等"八大整治"，2015年县城获评省级卫生县城，2016年又获评省级文明县城。惠东县城乡面貌变化巨大，城市空间布局加速拓展。城乡规划日臻完善，完成了一批重点建设区域控规编制，实现城镇总体规划全覆盖，形成了

---

① BT：英文Build（建设）和Transfer（移交）的缩写，意即"建设—移交"，是政府利用非政府资金来进行非经营性基础设施建设项目的一种融资模式。BOT：英文Build（建设）、Operate（经营）和Transfer（移交）的缩写，意即"建设—经营—移交"，在我国被称为"特许权投融资方式"。

县城提质扩容"三步走"的战略规划。2017年,大岭镇改设街道办事处,"一城两街道"城市空间布局加速形成,县城建成区面积扩展至38.64平方千米。提速推进惠州大道东段延长线、新平大道、国道236线海丰交界至高潭公梅段改造及机场路惠东段建设,继续推进稔平半岛供水工程、西枝江堤防达标加固等水利工程建设和稔山滨海新城起步区市政项目建设。2017年,环大亚湾新区惠东片区建设稳步推进,稔平半岛综合旅游基础设施、星河智谷、稔山科技文化生态城等项目成功落地。推进县城"数字市政"工程、"数字城管"工程、地下综合管廊和"海绵城市"建设,继续加快县城提质扩容步伐。城乡基础设施持续完善,宜居宜业宜游品位大大提高。

## 凝聚合力加大投入，推进社会各项事业发展

改革开放以来，惠东县以民生需求为导向，坚持加大财政投入，引导热心人士捐资投资，凝聚各方力量，根据不同时期的条件，从解决人民群众关心的重点难点问题着手，不断提高社会各项事业发展水平。

### 一、教育事业的发展

党的十一届三中全会后，经过拨乱反正，清除"左"的影响，贯彻落实党的知识分子政策，平反教师中的冤假错案，提高了广大教师的工作积极性，惠东县教育事业逐步走上健康发展的轨道。1979年遭受特大洪水的袭击，全县被摧毁校舍5.6万平方米，造成一级危房11万平方米，学校面临极大的困难。1980年以后，在改革开放方针的指引下，各级政府既增加教育投资，又发动全县人民和华侨港澳同胞捐资，群策群力办学，新建校舍，改造危房，使教育事业得到稳步发展。1980年开始，各小学办起了附设学前班。1983年，全县基本扫除了青壮年文盲。1984年起，全县中小学校实现了"一无两有"（校校无危房、班班有课室、学生人人有桌凳），普及了小学教育。在此基础上，县委、县政府贯彻《中共中央关于教育体制改革的决定》，积极实施普及九年义务教育，发展中等职业教育和成人高等教育。先后创办了大岭初级中学、安墩洋潭中学、白花联进中学、平山镇第三中学、

207

多祝镇第二中学、梁化镇第二中学、惠东高级中学等7所普通中学和惠东广播电视大学（后改名为惠东开放大学）、惠东县农业技术学校（后改名为惠东县成人中专学校）、惠东职业中学。1993年，全面改造校舍，基本实现了教学用房楼房化。1994年，实现了普及九年义务教育，多数学校的教学仪器设备达标。

1995年，全县有幼儿园36所，入园幼儿4915人；有学前班206班，入学前班儿童7853人，有小学329所、教学点151个，学生8986人；有中学36所，学生28778人，还有电视大学、成人中专、职业高中、教师进修学校各1所。

进入新世纪以来，惠东县始终坚持"科教兴县"和"人才强县"战略，在大力发展经济的同时，坚持教育优先发展，以推进教育现代化为主线，以优质、均衡、协调为目标，加大投入，采取有力措施，争创广东省推进教育现代化先进县，促使教育现代化水平的整体提高和教育的进一步均衡发展。县建立了教育投入稳定增长的长效机制，把教育发展经费纳入县财政预算，做到优先安排，全部用于推进教育事业发展。2008—2010年，投入9亿多元创建"广东省教育强县"，2011—2012年，投入3000多万元，开展教育强镇复评工作；建成惠东荣超中学，扩建惠东中学，进一步完善了高中学校的教学设施设备，改善了办学条件；投入2700万元按照国家标准兴建县特殊学校——"培智学校"，于2012年9月开学，招收39名智障适龄儿童入学，更加优化了教育资源配置；投入1000多万元大幅度推进教育现代化，添置电教平台，配置教师办公电脑，为创建广东省推进教育现代化先进县夯实了基础。2010年，惠东县成功创建为"广东省教育强县"。2012年，全县16个镇均成为广东省教育强镇，实现"镇镇皆强镇"目标。全县小学适龄儿童入学率、小学毕业生升学率、初中毛入学率全部达到100%。

惠东县大力推进基本公共教育服务均等化，结合大学区名校托管模式，加大义务教育学校布局调整力度，全县130所学校建成广东省义务教育规范化学校，扩大了学校建设用地面积和校园建筑面积，增加了大量学位，有效缓解了学位紧张和"大班额"问题。采取整合县城华侨城片区教育资源和新建、改建一批公办学校的形式增加学位。2009年开始，启动"城乡教育联动发展计划"，每年安排一批城乡学校结对支援，城乡联动覆盖率达到100%；选派城镇中小学校长和骨干教师到农村薄弱学校交流轮岗或任教，并为农村学校捐赠了大批教学仪器和图书。2017年，教育重点工程建设提速，4所高中扩容升级改造工程顺利进行，新增校舍面积98363平方米。西枝江中学动工建设，于2019年9月建成招生。大岭新安学校改造任务如期完成，新增加学位1700多个。梁化、宝口、铁涌、多祝、安墩5个镇顺利通过了省教育强镇复评验收，12所义务教育学校通过了省义务教育标准化学校复评。惠东县被推荐为全国农村职业教育和成人教育示范县创建县，获评广东省中小学责任督学挂牌督导创新县，办学水平进一步提高。2017年，全县有各类学校250所，其中幼儿园94所、小学96所、初中26所、九年一贯制学校24所、高级中学4所（含国家级示范高中2所）、全国重点职业高中1所、特殊学校1所。全县在校生人数202923人。

惠东县从2004年开始，坚持实施教学质量"123"工程，突出质量中心，围绕全体中青年教师教学技能过关和改革优化教案两项重点工作，强化教育科研、评优竞赛、评价管理等三项措施，创新质量评价管理体系，较好地体现了素质教育、课程改革和考试质量的要求，确立了教育发展以教师的专业发展为基础的重要思想，"质量提升式"均衡发展的惠东模式成为标志性的教育特色，产生了广泛的影响力。各学校通过抓特色、扬优势、提升办学质量来形成相对稳定的现代教育发展模式。平山一小的"尚品教育"、铁涌中学的"志学教育"、飞鹅中学的"扬志教育"、平海中学的"致远教育"等德育品牌亮点纷呈并初显特色，成为全县德育工作的一大亮点。随着教育理念、教育方法、教学手段的进一步现代化，惠东县教育质量稳步提升。2017年，高考全县本科录取人数2619人，专科录取人数2933人。

惠东县高度重视教师队伍建设，优先解决编制，狠抓培训提高，全面构建义务教育师资均衡体系。到全国重点师范院校（211工程及以上）招聘本科毕业生和研究生到高中学校任教。新增初中、小学教师100%安排到边远山区学校任教。县建立了教师和公务员工资同步增长机制，实现了"县内教师待遇略高于公务员待遇，乡村教师待遇略高于城镇教师待遇"。全县涌现出以全国好人古槐基老师为标杆的一大批省、市、县优秀教师和校长。2017年，全县专任教师11950人，其中普通中学教师4914人，职业中学教师173人，小学教师5664人。

## 二、卫生事业的发展

改革开放后，惠东县医疗卫生事业经历了由慢到快、逐步发展的过程。改革开放初期，多数单位公费医疗实行个人包干，即根据工龄长短评定等级，按月发给，超支自负，结余归自己。部分单位则采取限额开支，节余70%归自己，住院医疗费报销。由公费医疗制度向适度自费制度的过渡。20世纪80年代初，农村实行联产承包责任制后，合作医疗站逐步转为卫生站，自负盈亏，由"赤脚医生"承包经营，农村合作医疗制度终结。1999年，惠东县执行《国务院关于建立城镇职工基本医疗保险制度的决定》，在全县范围内建立覆盖全体城镇职工的基本医疗保险制度。2009年起，建立以大病统筹为主的城镇居民基本医疗保险制度，基本医疗保险覆盖率达100%。2010年起，在全县确立农村卫生服务体系和合作医疗保障制度。2011年，全县21所基层医疗卫生机构全部定性为公益一类事业单位，20所乡镇卫生院核定人员编制数1198名，全部纳入县财政供给。2016年起，在医疗机构中推广使用基本药物，县级公立医院基本药物使用比例达55%，超出省、市要求达到50%的目标；全面开展平价医疗服务，减轻群众负担；完善转诊管理，积极探索基层首诊、双向转诊的管理模式；推进家庭医生签约服务，组建以全科医生、护士、公卫医生和乡村医生组成的家庭医生团队，全县家庭医生签约服务覆盖率10.3%。

惠东县的医疗设施和队伍有了较大的发展。县、镇、村三级医疗机构设施逐步完备。至2017年末，全县共有各类医疗卫生机构590间，其中，县直医疗卫生机构7间，基层医疗卫生机构21间，村卫生站359间，社会办医疗机构186间，其他医疗卫生机构17间。拥有编制床位3422张。各类卫生技术人员3693人，其中执业医师908人、执业助理医师299人、注册护士1599人、药剂人员211人、检验人员219人。全县共有村级医疗卫生机构359个、执业（助理）医师127人，乡村医生253人。

惠东县人民医院，始建于1958年，曾经多次改建扩建。是一所集医疗、预防、教学、科研、保健、康复为一体的三级综合医院，是广东医科大学附属医院、广东省高等医学院校教学医院，是全县的医疗急救中心，有专业技术人员1148人。其中，高级职称卫生技术人员142人，中级职称卫生技术人员230人。2003年，惠东籍企业家杨荣义捐资3000万元兴建了惠东县人民医院荣超门诊大楼，就医环境大幅改善。2013年12月，县委、县政府为了进一步改善人民群众的就医条件，多渠道筹集资金10亿元，动工兴建惠东县人民医院新院，占地面积8.93万平方米，建筑面积约12.76万平方米，设立900张床位（可扩展到1200张床位），按三级综合医院标准设计建设。于2018年7月建成整体搬迁投入使用。同年通过三级综合医院的评价考核。

惠东县妇幼保健院，始建于1972年，是一所二级妇幼卫生保健机构。医院设有妇科、产科、儿科、新生儿科、不孕专科、更年期专科、乳腺疾病专科等临床和医技科室。2018年投资1.6亿元动工整体搬迁改扩建工程，将原县人民医院旧址改扩建为新的保健院。

惠东县中医院，始建于1984年，是一所中西医结合的综合性中医院，设有门诊部、内儿科、普外科、骨伤科、针灸推拿科、麻醉科、急诊科、口腔科、治未病体检中心、放射科、检验科、功能科等临床及医技科室。2018年投资3.8亿元动工兴建县中医院新院，占地面积5.8万平方米，建筑面积4.2万平方米，按三级甲等中医院标准建设。

惠东县第二人民医院，始建于2008年，院址在吉隆镇，属二级综合医院。医院服务范围辐射稔平半岛各镇、滨海旅游区及汕尾临近乡镇，医院占地面积5.6万平方米，建筑面积2.47万平方米，有功能齐全的门诊楼、住院楼、供应楼和后勤楼，开放床位400张，有医疗技术人员350人。

惠东县第三人民医院，始建于1958年，原是多祝卫生院。2017年5月，投资1.8亿元，按二级甲等综合医院标准动工升级建设，配置300张病床，于2019年9月建成投入使用，服务多祝周边五个山区老区镇25万群众。

### 三、科技事业的发展

中共十一届三中全会后，通过落实党的知识分子政策，恢复技术职称评定，晋升一批科技人员的职称，调动了科技人员的积极性。1980年2月起，县内先后成立了科技协会、农学会等，并在22个区（镇）配备了科技管理干部，成立了农村科普协会，初步形成了一套科技管理和普及体制，为惠东县依靠科技进步推动经济发展起到了促进作用。

20世纪80年代至90年代，县属科研机构有农业科学研究所、农业机械研究所、林业科学研究所、工业项目研究所等。基层科研单位有各乡镇农业技术推广站、厂矿研究室等。科技团体主要有科学技术协会、专业学会、农村科普协会等。

1987年，县成立技术职称评定委员会，进行技术职称评定工作。翌年，全县评定技术职称的有5530人，其中高级职称39人，中级职称795人，助理级职称1894人，员工级职称2802人。随后，县内实行技术职称聘任制，并继续做好专业技术职称改革工作，加强农村科普队伍建设。至1995年年底，全县已评定的各类专业技术职称10230人（含退离休的技术人员），其中高级50人，中级1014人，初级9166人。全县各镇农科站配备了科技服务人员452人，249个管理区配备了农科员，共有科技致富能手1328人。

1989年，中共惠东县委组织部、县人事局、县科委联合发出《关于中级以上专业技术干部政治和生活待遇的通知》，规定：高级职称人员，享受处级干部待遇；中级职称人员，享受科级干部待遇。全县助理职称以上的科技人员的农村家属，全部"农转非"，并对其子女入学、就业等给予照顾。1992年，县首批评定专业技术拔尖人才11名，其中市级拔尖人才3名。1995年，评定了第二批专业拔尖人才7名。同年，县科协主席连俊和、县水泥二厂高级工程师李志标，分别被评为"惠州市优秀专家拔尖人才"。李志标还被评为全国劳动模范。连俊和被国家人事部、国家科委和国家农业部等六个部委联合授予"全国农村科普先进工作者"称号；被中国科协、省科协分别授予"全国农村科普先进工作者""广东省农村科普先进工作者"称号。

改革开放以来，县内科研机构和科研人员长期坚持科学实验和技术推广工作。在农林业、工业、医疗卫生、畜牧、水产等领域取得了科研成果和技术推广成效。1986年至1990年，县林业局与省林业科研机构合作，引进花角蚜小蜂防治松突圆蚧试验成功，达到当时国际同类项目研究的先进水平。1994年向全省推广面积1180万亩，基本上扑灭了全省范围内松突圆蚧的危害，获省科技进步特等奖。1985年至1989年，海龟湾自然保护区进行的海龟产卵孵化人工保护增殖及小海龟人工养殖试验，取得成功，填补了我国该项技术的空白。

进入新世纪以来，惠东县的科技工作围绕"科技兴县"和"建设创新型惠东"战略，坚持科技体制改革，建立和完善科技服务体系，普及科技知识，大力推广新技术、新品种、新成果，推进科技成果转化应用，促进科技与经济的有机结合，推动经济有效增长。2007年，全县市级以上科技计划项目立项29项。其中国家科技富民强县专项行动计划试点县项目和国家"星火计划"项目各1项，省级科技计划项目7项，市级科技计划项目20项。县农村科技工作主要是组织实施农业科技攻关计划、星火计划，大力推广应用农业新品种、新技术，促进农业科技成果转化与推广，推进农村科技服务体系建设、农村实用技术培训及推广。至2007年，全县有省、市级农业创新中心各1个，省健康农业科技示范基地1个，省马铃薯技术创新专业镇1个；开展市级以上农业科技攻关、"星火计划"项目9项，其中国家星火计划项目1项，省部产学研结合和农业科技攻关项目各1项。组织实施星火计划"北繁南种"工程，解决3万亩冬种马铃薯大田用种问题，有效提高了全县种薯自给率，促进惠东马铃薯产业的持续健康发展。

2007年6月，国家科技部和财政部组织有关专家对2007年申请的科技富民强县专项行动计划项目进行咨询论证，由惠东县人民政府为承担单位申报的"鞋业技术应用示范"项目获得通过，是2007年广东省5个入围项目之一，成为惠州市首个国家级"科技富民强县专项行动计划"项目。该项目以惠东鞋业技术创新中心和有关制鞋企业为依托，用3年左右的时间，采用政府启动和市场运作相结合、自主研发与产学研开发相结合的模式，建设以应用研究开发、成果转化和应用示范为主要创新特色，结构优化、管理科学、机制灵活的惠东县鞋业技术应用示范平台。该项目在黄埠镇建立广东省鞋业技术创新中心，引进市质检所建立广东省鞋类产品质量监督检验站（惠东），完成广东省专业镇惠东鞋业技术创新网和鞋业技术培训中心建设，并在惠东县裕顺鞋业有限公司组建首家市级鞋业技术工程技术研发中心。县科技部门加强对高新技术和民营科技工作的领导，积极做好高新技术产业和民营科技企业的调查研究以及企业的培育发展工作，积极组织企业抓好申报工作。至2007年底，全县被认定为广东省民营科技企业9家，广东省高新技术企业3家，组建市级工程技术研发（农业科技）中心的民营科技企业3家、高新技术企业2家。在此基础上，惠东县不断探索科技推广的新机制、新模式。建立了企业科技特派员工作站，为企业创新和人才培养服务，建立了惠东直通车专业"三农"服务网站，设18个栏目，农民可以足不出户实现农业八大学科自助诊断，和1000多位专家在线视频交流，了解全国各大市场供求信息村信息。

2011年，惠东县获全国科普示范县授牌，成为全省6个全国科普示范县之一。全县有美新塑木、澳达树熊涂料、容大油墨等20多家企业与同济大学、中山大学、北京师范大学等13所高校、3个省级以上科研院所建立产学研结合关系，建立了一批产学研结合示范平台。其中中国农科院蔬菜花卉研究所、华南农业大学、广东工业大学、广东轻工职业技术学院与惠东县合作，在平海、铁涌、梁化、吉隆建立4个产学研结合示范基地。全县有省级技术创新专业镇3个、省级工程技术中心2家、农业科技创新中心3家、省部科技特派员工作站2个、专家院士工作站2个。通过创新载体建设，培养了专业技术人才，提高了自主创新能力，科技创新成效明显。

2011年至2016年"十二五"规划期间，推动160家企业实施技术改造，完成技改投资52.4亿元，年均增长40.9%。累计获批市级以上科技项目195项。中科院两大科学装置（加速器驱动嬗变研究装置、强流重离子加速器）落户惠东。2017年，县大力实施"数量布局、质量取胜"知识产权战略，不断加强知识产权创造、运用、管理和保护，全力推进国家知识产权强县建设工作。全县申请国家专利项目1696项，获授权项目825项，其中发明专利申请34项。全县拥有高新技术企业12家。

### 四、文化事业的发展

改革开放后，惠东县文化事业的发展迎来了新的历史机遇。文化机构团体逐步调整扩充增强活力，文化设施逐步加大投入适应需求，文化传承和创新水平不断提高，文化服务和文化市场多元化发展。

改革开放初，惠东县文化事业管理延续原先体制，由县政府设文化局负责。2006年文化体制改革，组建县文化广播新闻出版局，将原文化局与广播电视局的行政管理职能划转并入，履行文化、广电、新闻出版、版权等行政职能。管理电影公司、文学艺术工作者联合会、文化馆、博物馆、图书馆、歌剧团、平海（国办）文化站等文化事业机构。各镇设有文化站。原来由广播电视局管理的广播电台、广播转播台、电视台、有线电视台整合为惠东县广播电视台，归县委宣传部管理。各镇设广播电视站。

县文化馆担负着全县群众文化活动的组织及指导工作，并对音乐协会、书法协会、美术协会和盆景协会的各项活动做好协调与服务工作。1991年，被评为省文化系统文明单位，1993年被国家文化部授予"标准文化馆"称号。该馆于1978年主办综合性文艺刊物《惠东文艺》，其中部分作品曾获省市优秀文艺作品奖。馆舍几经扩建迁址，2010年迁至新建的惠东文化中心南楼，文化艺术档案室、艺术培训厅、文学创作室等功能厅室齐全。

1979年，县成立文物普查队，开始全县文物普查和文物征集工作。1984年3月成立县博物馆。1985年在县城南湖公园兴建新馆舍，占地面积5400平方米，建筑面积1300平方米。2015年在原址重建。2007至2011年进行惠东县第三次全国不可移动文物普查，全县共登记在册的不可移动文物点有225处（古遗址26处、古建筑135处、古墓葬14处、摩崖石刻4处、近现代重要史迹及代表性建筑46处），白花镇黄沙塘高桥入选广东文物普查十大新发现。可移动文物目前收藏于博物馆内的有1223件（套），经省专门机构和有关专家鉴定，国家二级文物有20件，国家三级文物有503件，另还收藏有各个朝代的钱币1万多枚。

县图书馆于1975年开馆，1980年起，县图书馆推行图书流动定点服务，为县内的21个乡镇的文化站，轮流送上各类图书供开架阅读。1993年，在全国县以上图书馆普查、评估、定级时，被评为三级图书馆。2010年2月建成县图书馆新馆，是一座集学习、教育、阅览、展览等多功能于一体、花园式现代化的公益性公共图书馆。占地面积10000平方米，建筑面积6500平方米，达到国家文化部、住房和城乡建设部关于中型图书馆的建设标准。2011年10月起全面免费对外开放，并于2013年11月被评为"国家一级图书馆"。图书馆实行网络自动化管理，内设有采编室、图书借阅室、报刊阅览室、少儿阅览室、学术报告厅、工具书室、地方文献阅览室、自修室、视障人士阅览室、文化信息资源共享工程惠东县支中心、广东流动图书馆惠东分馆、惠东县党务公开阅览室、惠东县廉洁图书阅览区等功能室，共有阅览席700个。2017年有各类藏书63.7万册、报纸118种、刊物447种，电子图书10.3万件；开馆以来，接待各类读者30.6万人次。并开设了"惠东文化讲堂""少儿周末故事会"和"暑期英语角"等文化活动项目。

1982年，龙峰影剧院落成投入使用。建筑面积2813平方米，共有观众席1336位。可供放映、演出、会场等多种用途。建成后，县的多届人代会、党代会等各种大型会议都以此为会场，也曾为到惠东演出的中国歌剧院等国家级演出单位作过演出场所。2008年10月，惠东县文化中心（含文化馆、图书馆）破土动工，总投资1.5亿元，总占地面积25000平方米，总建筑面积19870平方米。2010年2月建成，其主会场设施取代了龙峰剧院的用途。

1978年以后，根据中共中央关于农村文化站要"加强领导、积极发展、因地制宜、稳步前进"的工作方针，全县22个乡镇先后建立了文化站。1981年，平海文化站被省文化局批准为镇级国办站。有剧场球场等活动场地5230平方米。1987年，该站建起了两层的文化活动大楼。2002年，惠东县多渠道投入1200多万元，新建、扩建了20个镇级文化站，总占地面积57127平方米，总建筑面积24478平方米。全县22个文化站配置了总值154万元的器材。2016年，县政府对全县镇级文化站按省一级站以上标准进行巩固提升建设，顺利通过省评估定级检查验收。其中平海、稔山、安墩等3个文化站被评为省特级文化站，其余13个文化站被评为省一级站。同年，县政府开展文化馆总分馆试点建设，完成

12个镇级分馆、30个基层服务点的"标识统一化、设施标准化、服务体系化"等方面的建设工作。

改革开放后，惠东县体制内文化团体主要有县歌剧团、县文学艺术工作者联合会（县文联）。

县歌剧团的前身是县山歌剧团，1977年改名，1980年，全团成员62人，以排演歌剧为主。从1977年到1986年，在县内及省内外巡回演出1900余场，三次参加广东省文艺调演，两次参加全国文艺调演，其中《美人鱼》《春满渔港》被省人民广播电台采用和录音。参加广东省和全国文艺调演的节目有《赞海花》《渔家四季尽春光》《南海渔歌》等。1992年，县调整剧团人员，大部分人员被调出。2011年7月，惠东县歌剧团更名为渔歌艺术中心，成为国家级非物质文化遗产项目惠东渔歌的传承保护新平台。

惠东县文学艺术界联合会（简称"惠东县文联"），是中国共产党领导的惠东县文学艺术界联合组成的人民团体，成立于2001年12月，是党和政府联系全县文艺家的桥梁和纽带。惠东县文联对各团体会员开展联络、协调、服务工作。通过文艺创作、理论研究、学术交流、人才培训、书刊出版、文艺评奖和权益保护等项工作，领导和组织各类文艺团体及广大文艺工作者开展各项文艺活动，繁荣文艺创作，发展民间艺术，促进文化交流，推进全县文化事业全面发展。据2019年统计（以下均为2019年数据），惠东县文联下设九个协会、一个诗社，分别为惠东县作家协会、惠东县戏剧舞蹈协会、惠东县音乐家协会、惠东县美术家协会、惠东县书法家协会、惠东县摄影家协会、惠东县诗联学会、惠东县观赏石协会、惠东县钢琴协会及惠东县松溪诗社。九个协会现共有会员886人，其中国家级会员7人，省级会员44人，市级会员243人。2013年8月县文联创办综合性文艺刊物《西枝江》，设有小说、散文、诗歌、报告文学、评论等栏目，不定期出版。

惠东县作家协会成立于2007年，是惠东县文联团体会员。有会员46人，其中国家作协会员1人，省作协会员2人，市作协会员20人。自成立以来，协会会员创作了大量具有时代色彩、乡土气息的作品，多件作品获得国家、省级、市级的各种奖项，发表在全国、省、市、县各类报刊上，为繁荣惠东文学事业，建设文化惠东作出了积极贡献。

惠东县音乐家协会成立于1990年12月，是惠东县文联团体会员。有会员108人，其中省级会员3人，市级会员53人。协会致力于传统音乐保护，鼓励词、曲作者深入生活，扎根本土，创作具有惠东特色的歌曲，挖掘、保护惠东民间音乐文化艺术，特别是国家级非物质文化遗产——惠东渔歌的传承和弘扬。

惠东县戏剧舞蹈协会成立于2004年7月，是惠东县文联团体会员。有会员86人，其中市级会员8人。协会积极开展戏剧舞蹈创作、演出、研讨等活动，努力培养戏剧舞蹈人才，提升艺术水平。

惠东县美术家协会，是惠东县文联团体会员，有会员81人，其中省级会员3人，市级会员53人。自创办以来，多件会员作品在全国、省、市级美展中入选和获奖，发表于全国专业报刊等，培养出在省、市内颇具影响力的美术人才。

惠东县书法家协会，是惠东县文联团体会员，有会员141人，其中国家级会员2人，省级会员31人，市级会员98人。自成立以来，协会积极开展书法交流、书法展览、书法艺术进校园、送春联下乡等一系列服务群众的活动；组织会员参加国家、省、市书法活动，多件作品在国家、省、市级的书法比赛、展览中获奖或入展。

惠东县摄影家协会成立于2003年6月，是惠东县文联团体会员，有会员61人，其中国家级会员4人、省级会员5人、市级会员22人。协会积极开展外出采风，学习交流，摄影比赛和摄影艺术展览等活动，推选会员作品参加国家、省、市各项摄影展览和比赛。多件会员作品在国际、国内、省、市举办的各类比赛中获奖。

惠东县松溪诗社于1999年12月成立，2000年3月，《松溪诗词》创刊。10月，松溪诗社被中华诗词学会吸收为团体会员。一批社员在全国、省、市组织的比赛中多次获奖。有社员103人，其中53人已成为中华诗词学会会员。

惠东县诗联学会成立于2009年9月，是惠东县文学艺术界联合会的团体会员。有会员69人。每年不定期举办诗会，出版诗刊《飞鹅》。

### 五、广播电视事业的发展

惠东县县办广播电视事业在改革开放前只有有线广播，传输手段落后。1985年筹建立体声调频广播电台并试播成功，1987年，无线广播取代了有线广播。每天播音3次，共6个小时，到1994年，发射点迁至县城的象山，并提高了发射功率，覆盖半径70千米。每天播音2次共12小时，其中自编节目9小时。2002年，建成数字自动化播出系统，2003年改版优化节目，从每天播出12小时延长到17小时，开设有《广播新闻》《生活百花园》等30多个自办栏目。

1982年，惠东县购置电视差转机等设备，用7频道转播省二台电视节目。1983年元旦正式播出。1983年冬，县筹建电视台，1984年7月建成试播。1985年10月经国家广播电视部批准成立惠东电视台，拥有新闻、专题、广告拍摄、编辑、制作、播出的整套设备和团队。2002年该台改造提升发射和采编设备。电视节目除《惠东新闻》外，增加《今日视窗》《请您欣赏》《社会聚焦》等专题节目。1990年7月，惠东县有线电视台成立。镇级有线电视站亦于1989年起，陆续由当地筹资开办。至2000年，全县镇级有线电视网21个，2001年收归县广电局管理，对电视传输网络进行升级改造，使有线电视节目增加到20套以上。

2001年，惠东广播电视中心动工兴建，共投入资金1300多万元，建筑面积6000平方米，2003年12月25日正式投入使用。县广电中心大楼建成后，惠东县广播电视事业局、惠东人民广播电台、惠东电视台、惠东县有线电视台、惠东广播电视广告中心均迁入大楼办公。广电中心大楼共12层，环境优雅，采编播设施先进、功能齐全，集新闻采编播、广告、网络、行政、娱乐于一体。它的投入使用，大大提高全县广播电视生产力水平，促进全县广播电视事业实现跨越式发展。

2010年，惠东县实施有线数字电视整体转换，工程计划投入1.419亿元。2011年，首期工程投入7000万元实施县城数字电视整体转换。12月初，完成了县城主要区域的双向网络改造、前端机房、数字电视综合业务平台等工程建设，整转用户5万户，较好完成县城数字电视整转任务，传输数字电视127套、数字广播10套，其中基本包69套，付费电视48套，高清10套。随后，陆续完成各镇（区）数字有线电视整体转换，让全县城乡群众都能观看到清晰的有线数字电视，至2017年，全县广播人口覆盖率达98.3%，自办电视节目1套，电视发射台和转播台2座，电视人口覆盖率98.3%，有线电视台1座，有线数字电视整体转换工程全面完成，有线电视用户17.1万户。2018年11月，开展4K高清电视示范区试点，至2019年底，全县4K高清电视用户达24949户。

## 六、体育事业的发展

惠东县体育事业在改革开放后有较好的发展。职工体育、农村体育和民间传统体育等群众性体育活动的开展越来越广泛，学校体育设施不断增加，各种体育赛事逐步增多，全民健身运动蓬勃发展。

职工体育在改革开放初期以各单位组织进行为主。1986年，为迎接第六届全运会，县体委组织长跑接力活动，有1000多人参加，跑程达200多公里。1988年3月，县妇联、县总工会联合举办县直机关、企事业单位女职工篮球、拔河比赛，有5支篮球队、27支拔河队共640多名运动员参加。1993年，县举办首届运动会，县直机关、企事业单位及各镇均组织队伍参赛。

改革开放后，农村体育恢复了武术、象棋、舞狮、舞龙、划龙舟等传统项目。1986年，为贯彻《中共中央关于进一步发展农村体育的通知》，各区成立体育委员会，配备专职干部管体育工作。各乡镇不定期举行一些小型体育运动会，比赛项目有篮球、乒乓球、象棋、拔河等。1991年，惠东县在稔山镇开展农村体育试点工作，取得经验后，在全县铺开。从此，各乡镇农村体育活动日趋活跃，做到平时有活动，节日有比赛。

学校体育教学和活动在1979年起逐步恢复正常。1981年起，在贯彻执行教育部颁布的体育、卫生两个《暂行规定》中，各中小学体育工作逐步走向制度化、规范化。1990年，国家教育委员会颁布了《学校体育工作条例》，各中小学进一步加强体育工作。1990年起，为促进中小学体育运动水平的提高，县教育局和县体委（体育局）先后举办了多次全县中小学生运动会。

从1993年县举办首届运动会起，共举办了5届全县运动会。2015年举办的第五届运动会，各镇（街道办、管委会）、县直各系统、县直学校以及惠东境内企业共有37个代表团、3221名运动员参加篮球、足球、乒乓球、羽毛球、象棋、自行车、拔河、大众趣味体育、田径等项目的比赛。在体育运动水平不断提高的过程中，惠东县涌现出一批在国内外体育比赛中取得优异成绩的运动员，如多次获得象棋比赛全国冠军和世界冠军，有亚洲棋王之称的吕钦，获得全国象棋个人锦标赛女子组冠军的陈幸琳，获得全国翻波板锦标赛女子RS：X级系列赛冠军的陈佩玲，获得全国皮划艇比赛冠军的刘玩强、曾育文，获全国自由式摔跤比赛冠军的余水等。

县内的体育场地设施在改革开放后逐年扩大和增加。1982年，全县有200米环形跑道运动场17个，标准篮球场286个，其中灯光篮球场4个。1983年起，除充实、完善原有的体育场地、设施外，还兴建新的体育场地，添置新的体育器材，增设新的项目。至1988年，新建排球场21个，标准乒乓球室1间，健身房1间，室外游泳池3个，天然游泳场2处，兴建县体育运动中心1个。1990年起，稔山、平海、港口、黄埠、盐洲、多祝、白花、平山、大岭、安墩、白盆珠、高潭等镇先后建设了灯光球场和标准乒乓球室。至1995年，全县有400米环形跑道标准运动场1个，200米环形跑道运动场21个，室外轮滑场9个，室内轮滑场1个，天然游泳场3处，室外游泳场1个，室外网球场5个，篮球场142个（不含简陋篮球场），排球场20个，门球场3个。有24所中学、41所小学体育场地面积达国家标准，24所中学、23所小学体育器材达国家标准。2007年，全县完成71个行政村健身园建设，在县城兴建全民健身广场。该广场占地4.4万平方米，总投资1.17亿元。项目包括体育馆副馆（十三届省运会场馆之一）、露天体育场及配套设施等，2009年竣工。为适应全民健身运动发展的需要，县财政每年拨出资金，同时发动社会各界捐助，在各个市政公园添置体育设施，并逐年增加农村健身场所和设施。

## 七、文明创建

改革开放以来，惠东县在经济建设取得巨大发展的同时，文明创建亦取得较大的进步。

1982年3月，在全县范围内开展以"五讲四美"（讲道德、讲纪律、讲文明、讲礼貌、讲卫生，心灵美、行为美、语言美、仪表美）为内容的"文明礼貌"月活动。1983年3月全县中小学开展以"五讲四美三热爱"为内容的"文明礼貌月活动"。共组织学雷锋小组5165个，做好事23万多件，植树8万多株，栽花6万盆。10月，全县开展"捐资办学造福子孙"活动，共集资1068.5万元，其中干部群众捐资376.45万元。1984年，县委、县政府在县城召开"五讲四美三热爱"活动先进集体、先进个人表彰大会。文明创建在惠东社会各界广泛开展，在文明创建活动中，陆续涌现出一批先进集体和个人。

2009年，县委、县政府成立惠东县创建广东省文明县城工作领导小组。组建了县文明城市工作局。多年的创建历程，惠东县始终把文明创建作为"一把手"工程、惠民工程来抓，作为提高全县综合竞争力、推动经济社会发展的重要举措来抓，把文明创建列入党委、政府的重点工作，以构建山海统筹发展示范县为目标，以文明创建为总抓手，全力推进全国县级文明城市、文明镇街、文明村居"三级联创"，县精神文明建设委员会印发《惠东县市民文明公约（守则）及文明宣传用语》，并将该文明公约与用语印成《惠东县市民手册》，发至全县各镇（街、区）各部门，尤其是中小学校，作为市民的文明教育读本。

2012年7月，县委、县政府发动全县各镇（街、区）各单位及各民间团体对"惠东精神"进行了大讨论。在反复酝酿、仔细推敲和在广泛听取各方意见的基础上，经县委、县政府研究确定了以"海纳百川，务实创新"为"惠东精神"表述词。

2015年成功创建省文明县城，2016年成功创建"国家卫生县城"后，惠东县全面启动全国县级文明城市创建工作，并把创建全国县级文明城市列入全县"十三五"经济社会发展规划纲要，以文明之风引领惠东的改革发展进程。经过多年的探索与实践，逐渐形成"全域推进，突出重点，领导带头，全民参与，问题导向，以督促改，典型打造，示范引领"的常态化创文工作机制，特别是全民参与形成共建合力。县党政领导带头以一名普通志愿者身份，走上街头开展"周末清洁日"活动，入家入户开展文明创建宣传，带动全民积极参与创建全国县级文明城市。惠东县每年设计开展100多项活动，让广大市民参与其中；开设《第一现场》《曝光台》等媒体监督和网络创文互动平台，让群众反映和媒体曝光存在的问题，引导更多的群众参与到活动中来；开展创文问卷调查活动，让市民评价创文工作；积极发动人民群众参加志愿者行动，志愿者注册人数从2014年的9000多人增加到2017年的7.8万人，带动了身边的人参与创文活动，全县出现了夫妻搭档、父子齐上阵的志愿服务者。

惠东县坚持将县级新增财政收入70%以上投入民生，2012—2017年五年间，全县累计投入民生资金181亿元，年均增长28%。基本公共服务均等化10个专题577项综合改革任务全部完成，全力办好省、市、县每年十件民生实事，建成一批"接地气、百姓缘"民生项目，切实保障群众共享创建成果。

惠东县社会救助保障体系不断完善，农村危房改造，公共租赁住房和镇村饮水安全工程建设成效明显。全县288个村（社区）公共服务平台全部建成。全国科普示范县创建工作扎实开展，获评国家义务教育发展基本均衡县和广东省推进教育现代化先进县，县档案馆新馆正在建设，县博物馆新馆主体工程完工，县文化馆总分馆试点通过省验收，数字图书馆加快建设，文化"三下乡"活动深入开展，完成14处革命旧址及2处县级文物保护单位修缮工程。县人民医院迁建工程完工投入使用，获评全省医疗服务"十佳"县。

在推进文明创建过程中，惠东县注重群众对文明创建和城市管理各方面的声音和诉求，始终盯紧城市管理的薄弱环节和短板，结合开展社会治理"十大行动"，突出城市管理的科学化、精细化和常态化，深入实施绿化、美化、亮化工程，集中力量开展交通秩序、市容市貌、环境卫生、集贸市场、食品安全、社会治安、文化环境等整治。针对群众生活中最关心、最直接、最现实的问题，惠东县开展了"接地气、百姓缘"民生项目建设，从县城开始，推广到各镇（街、度假区），让创建成果转化为百姓看得见、用得着、得实惠的民心工程，城市环境在文明创建中更加宜居。

人民文化生活在文明创建中日益丰富，县文化馆、图书馆均被评为"国家一级馆"，年均接待群众30多万人次，全县16个镇（街道、区）综合文化站全部达到省一级站以上标准，完成288个行政村（社区）农家书屋提升工程。惠东县群众性文化活动深入开展，累计发放"文化惠民卡"11.5万张，惠东县原创作品音乐会、惠东县首届钢琴演奏会、"迎中秋庆国庆"文艺晚会、2017年惠东县文艺下乡演出等一系列惠民文化活动相继开展，文化惠民与艺术普及有机结合，进一步满足群众文化需求，提高公共文化服务质量，让城乡群众享受到文明创建带来的文化盛宴。

文明创建过程中，惠东县始终突出社会主义核心价值观引领和文化引领，立足于中华优秀传统文化和惠东特色文化两条主线，利用现有的城市公园广场景点布局，采取"以点带面及片"的方式，坚持一园一主题，重点打造了四大主题公园。从而示范、带动、引领全县各镇街、村居。四大主题公园包括以"和文化"为主题的南湖公园，建设成为全省首批10个重点社会主义核心价值观主题公园；以"廉文化"为主题，融传统文化、诚信教育为一体的"清风径"飞鹅岭森林公园；以"法文化"为主题，以滨江景观为主，通过人文和法治元素反映核心价值观的西枝江文化主题公园；以"德文化"为主题，展示和歌颂"中国好人""广东好人"等人物践行核心价值观先进事迹的铭德广场。同时，挖掘、传承和利用丰富的红色革命历史文化资源。对高潭14处革命旧址进行修复、开发、建设，打造红色旅游为主题的特色小镇。高潭中洞革命广场已列入广东省第三批核心价值观主题广场。2017年11月11日，成功举办了高潭区苏维埃政府成立90周年纪念活动。

惠东渔歌是国家非物质文化遗产，舞火龙等民俗文化丰富，为探索"文化+"新品牌提供载体，惠东县组织专人融合惠东渔歌与核心价值观12组主题词、本地风土人情、历史传承等元素，创作寓意深刻的《惠东盛开文明花》渔歌小调，广为传唱。还以公益广告宣传为载体，运用广播电视、报纸杂志、网络媒体、LED屏（车）、墙绘及镇村宣传栏等各类阵地平台，大力开展核心价值观和优秀传统文化宣传弘扬，营造无处不在、无时不有、无人不知的浓厚文化氛围。

2010年，惠东县设立机关、行业、企业、学校、社区、村镇和新市民等7类"道德讲堂"200多所，坚持每月1～2课，开讲近4650多堂，听众人数逐年大幅增加，合计达254000多人次。通过道德工程建设引领道德建设，把传承和弘扬优秀传统文化作为提升市民素质水平的突破口，积极塑造人文精神，引导人们践行孝悌忠信、礼义廉耻、仁爱和平的传统美德，努力营造崇德尚善的社会风尚，引导市民参与到"人人学模范、个个当好人"的"好人之城"建设中,从2008年起,相继开展了四届"感动惠东"人物评选表彰以及首届"惠东十大孝子"评选表彰等活动;连续举办了五届庆重阳"牵手·百家宴"活动,弘扬"尊老、敬老、爱老、助老"的中华民族传统美德,践行孝道文化。惠东道德模范突显引领效应,"向榜样看齐,从自己做起,做文明人"蔚然成风,市民中不断涌现感人事迹。有坚持到敬老院照顾孤寡老人的最美90后冯淑燕;"一餐两食"的现代孝子钟启发;以柔弱身躯扛起了生活重担,边照顾患病爸爸边努力学习的高潭镇"三好学生"钟彩慧……2018年,县公安局干警李广俊被国家公安部评为"我心中的警察英雄",还被中央文明办评为"中国好人"。据统计,至2019年,全县共获评"中国好人"4人、"广东好人"5人、"惠州好人"78人。

开展寻找"最美家庭"活动、文明家庭创建活动,文明家庭引领好家风、好家训。2017年度惠东县表彰了十大"最美家庭"和34户"最美家庭",其中黄烁榕家庭获得全国"最美家庭"荣誉称号。

加强志愿服务工作,启动了"善行惠东·共铸文明"学雷锋系列活动项目,以3月份全民志愿服务行动月为起点,全年不间断开展"铸魂""育德""创优""乐善""守礼""明智"等六大行动志愿服务,使参与志愿服务成为人们的生活方式和行为习惯。在公园、广场、景区等设立的惠东县流动学雷锋志愿服务站,免费为市民提供手机充电、紧急医疗、天气查询、雨伞雨衣借用、书本阅读等便民服务,还通过车身音响视频系统、LED显示屏播放文明创建、依法治县等各类主题宣传广告。至2019年,惠东县有注册志愿者14.7万人,为社会提供志愿服务项目2.6万个,志愿服务时长超380万小时。在扶贫济困、扶老救孤、恤病助残、助医助学、救灾互助、城市管理和文明交通、文明旅游、文化惠民以及大型社会活动等重点领域打造了一系列志愿服务品牌项目。

重视文明旅游宣传引领，通过"5·19中国旅游日——文明旅游进景区（社区）""山海惠东文明同行——文明旅游公益宣传片小演员选拔活动"等大型主题活动，融入文明旅游元素，加强文明旅游宣传；在巽寮湾景区旅游高峰期，开展文明旅游志愿服务，每周组织60名志愿者到海滩为旅客提供服务，使得文明旅游逐渐成为一种自觉。同时，开展多元素、多样化、群众喜闻乐见的文明交通宣传教育活动，县交警部门成立了8支宣传小分队，每周至少两次深入学校、企业、农村、社区、家庭开展"五进"宣传活动。取得了明显的宣传效果，公众的文明交通意识进一步提升，县城文明交通之风日益浓厚。

## 八、生态文明建设

### （一）治理污染、保护环境

改革开放以来，惠东县的环境保护事业经历了被动保护治理到环保与生态文明建设紧密结合、全面推进的发展过程。

1981年，县基本建设委员会内设城建环保科。1982年成立县环境保护办公室。1984年，成立惠东县环保委员会。1989年12月，《中华人民共和国环境保护法》施行。惠东县环保工作机构逐步加强，1992年，成立惠东县环境保护局，环保工作纳入法制化轨道，进一步加强了对工业、农业污染源的治理。

工业废水治理：主要采用物化、生化、沉淀等方法，减少废水的浑浊度和污染物的排放量。至1995年年底，全县进行工业废水治理的企业有16个，投入治理资金累计607.75万元，其中环保部门投放的治理补助金额20万元。

工业废气治理：主要是采用麻石水幕除尘、沉降除尘、布袋除尘、静电除尘、旋风除尘、玻纤除尘等。惠东水泥一厂、惠东水泥二厂等水泥生产企业是工业废气排放大户，是工业废气治理的重点。至1995年年底，全县进行工业废气治理的企业共3个，投入治理资金累计948.5万元，环保部门拨给的治理补助资金102.58万元。当年排放的生产工艺废气，全部得到综合处理利用，年达标排放量79164万标立方米，达标率占全县工业废气排放量66.88%；占生产工艺废气91.67%；粉尘年回收量3519.6吨，回收率54.9%。

废渣治理：县内工业废渣和县城生活垃圾治理，进行综合利用，分别用作原料、燃料、填坑、焚烧堆沤作肥料等。1985年，工业废渣处理、处置量342吨，占年废渣量4.24%；综合利用量36672吨，占年废渣量45.45%。1995年，工业废渣处理、处置量1161吨，占年废渣量6.23%；综合利用量9491吨，占年废渣量49.06%。

农药化肥污染治理：为严防农药、化肥的污染，1994年惠东县各有关部门严格禁止使用剧毒农药和销售不合格化肥，大力推广低毒、低残留农药和生物防治措施。全县农药、化肥实行专卖，剧毒农药的使用得到控制，六六六、滴滴涕等高残留农药已停止使用。

噪声治理：1993年以来的新建项目，尽可能选用低噪声的生产设备，对噪声大的生产设备，尤其是发电机、鼓风机等，加装消声器。对在居住区内的工业企业限制生产时间或限期搬迁。为控制新污染源，县环保部门除加强经常性的环境保护管理工作外，还采取了各种有效措施控制新的污染源。从1985年起，对新建、扩建、改建的建设项目，执行环境影响报告书（表）的审批制度和"三同时"（防止污染和其他公害的设施与主体工程同时设计、同时施工、同时投产）的管理制度。执行这个制度不仅使各种污染物排放达到或基本达到国家规定的排放标准，而且有效地控制新污染源的产生，确保了县内大气环境质量和江河、近海的水体质量。县内工业较少的山区镇大气环境质量和水体质量均保持在一级标准；沿江及沿海工业较多的镇，大气环境质量和水体质量均在二级标准内。

2002年起，惠东县按照《广东省环境保护责任考核试行办法》的要求，对县、镇两级党委政府领导班子及其负责人、部门负责人实行环保工作责任考核。对新建、改建、扩建项目执行国务院和广东省分别颁发的《建设项目环境保护管理条例》《建设项目环境保护分类管理条例》，结合国家产业政策和惠东县招商引资工作，把好建设项目审批关。控制耗能多、水耗大等浪费资源、污染重的行业和项目；禁止建设不符合国家政策及工艺落后的项目；禁止选址不当、污染严重以及破坏生态的项目；建设项目执行环境影响报告报审制度；项目上马执行防治污染设施与主体工程同时设计、同时施工、同时投产使用的"三同时"制度；实行环保审批许可证、环保设施验收合格证的"两证"制。

环保与林业、国土、水利、海洋与渔业、农业等部门共同配合抓好自然生态保护工作。开展流域污染源现状调查；加强对水资源的保护、合理配置及利用，开展生物多样性保护、外来物种入侵防范、水土流失防治等生态环境保护；按照矿产资源和环境保护的法律，合理规划、开采；严格控制建设项目占用耕地规模，执行土地管理制度，对受破坏的耕地、植被，由开发者负责复垦和恢复植被。禁止在饮用水源保护区建设污染环境的工业设施和专业养殖场、垃圾堆放场；严禁在河道、水库设置排污口；大力营造西枝江水源林和水土保持林。

2012年，党的十八大召开以后，惠东县践行绿水青山就是金山银山的理念，把环保事业提升到生态文明建设的高度，与经济和社会文明建设一起推进。

2013年，县政府组织编制了《惠东县生态县建设规划》，并于2013年经县人大批准实施，有效地指导和促进了惠东县生态创建的各项工作。惠东县的饮用水水源地的水质达标率始终保持在100%，水源地水质符合《地表水环境质量标准》II 类标准限值；区域的主要江河水库水质85.71%优于III类标准。2015年，惠东县环境空气中二氧化硫、二氧化氮、可吸入颗粒物年平均值达到环境空气质量一级标准，无任何日均值超标。环境生态指数分级属于优。生物丰度和植被覆盖保持稳定；水网密度有所增加；环境质量保持稳定；土地退化情况稳定；海域海水质量及近岸沉积物质量总体良好，各海洋功能区的海水水质基本上能满足其使用功能的需要，惠东海域未发生赤潮灾害。

2014年，惠东县开工建设生活垃圾焚烧发电厂项目，建设规模为日处理生活垃圾600吨（远期规划1200吨），2017年建成，实现垃圾处理"无害化、减量化、资源化"，烟气排放指标按照欧盟2000标准执行，渗滤液处理达到国家一级排放标准，并在厂区内循环利用，实现了污水零排放。在炉渣和飞灰处理上，垃圾经高温焚烧后产生的炉渣为一般性废弃物，经预处理后，作为建材原料综合利用。项目建成后，节约了垃圾堆填用地、保护了环境，并成为惠东县的环保科普教育基地。

2016年，惠东县委托国家环境保护部华南环境科学研究所编制《惠东县国家生态文明建设示范县规划》并大力实施。科学布局生产空间、生活空间、生态空间，扎实推进生态环境保护，改善生态环境，促进经济转型，建设宜居空间，培育生态文化，提高文明意识，全面提升惠东县生态环境质量和城市的总体形象，在珠三角一体化过程中提高城市竞争力。

2017年，惠东县12个镇达到国家生态文明建设示范乡镇标准，245个村获评市级生态示范村，57个新农村示范村创建正式启动，村村通自来水工程等全面完成，"美丽乡村"三大行动深入开展，"厕所革命"稳步开展，农村清扫保洁覆盖面达100%，城乡垃圾无害化处理率达90%以上，农村垃圾分类减量率达50%以上，建成118座农村生活污水处理设施，森林航空消防基地、寨场山森林公园、大亚湾森林公园和6个县、镇级森林公园加快建设，建成森林村庄22个。惠东一年有327天空气优良，全县饮用水源水质达到国家II～III类水质标准，全部达标。海域非法养殖得到深度清理，红树林种植及海洋增殖放流活动持续开展，考洲洋生态修复工程稳步实施。强力整治海岸带非法建设及陆源污染物排海行为，清理拆解"三无"船舶738艘，全县近岸海域水质稳定优良。

**（二）努力消灭荒山，全面绿化惠东**

改革开放以来，惠东县充分利用山地和其他宜林地资源丰富的优势，坚持不懈地开展造林绿化行动，飞机播种造林和工程造林齐抓，植树造林与保护森林并举，绿化惠东成就较大。

1979年国家林业政策放宽后，惠东县开展林业体制改革。1981年10月，县组织了以稳定山林权属，划定自留山，确定林业生产责任制为内容的林业"三定"工作队，到各公社、大队落实山林权归属。1984年10月，在"林业三定"的基础上，落实山林政策，扩大自留山，落实责任山，达到山岭有主，耕山有权，劳者有利。

为提高造林质量，除国营、集体林场外，还增添林业专业户、重点户、联合体营造工程林。1985年，县林业局首先在平山区白沙布乡办66.7公顷的工程林试点，采取由县林业局设计规划，群众开穴，专业队种植的办法造林，成活率达90%。1986年春，为贯彻中共广东省委、广东省人民政府《关于加速造林步伐，尽快绿化广东的决定》，县委县政府领导带头分别在平山区白沙布乡、白花区联进乡、稔山区大埔屯乡办造林绿化点，共有宜林荒山面积780公顷，一年种下用材林、薪炭林、果树等760公顷，成活率94%。

1990年8月，由县林业局代表惠东县人民政府与广东省林业厅签订了"执行国际开发协会国家造林项目"协议书。协议确定自1990—1996年7年内，全县营造速生丰产林2万公顷，其中桉树1万公顷、南洋楹1万公顷，项目总投资449.4万元（贷款占61.4%为276.04万元）。至1995年年底，全县7个镇利用世界银行贷款联合营造速生丰产用材林1880公顷，其中尾叶桉585.87公顷、南洋楹31.13公顷、马尾松1200公顷。1979年至1995年，惠东县累计完成人工造林98689公顷，1983年至1992年累计完成飞播造林102187公顷。1986年4月，国家林业部、中国民航总局、中国人民解放军空军司令部授予惠东县林业局"全国飞播造林先进单位"，授予县林业局黄健康"全国飞播造林先进个人"。

在抓好植树造林的同时，还狠抓封山育林。1982年8月，县委、县政府专门召开封山育林会议。县政府发布《关于保护森林开展封山育林的布告》，掀起保护森林的群众运动。全县有封山育林任务的297个大队、3250个生产队都制订了乡规民约，在交通路口设立封山育林牌碑1232个，全县当年封山育林面积达74000公顷，占有林面积86%。从1987年开始，封山育林实行合同制，由县林业局与乡镇订立合同。至1995年末，全县封山育林面积102533.33公顷。1993年惠东县实现绿化达标。1995年3月，惠东县被国家林业部评为全国造林绿化百佳县。此后，惠东县林业工作重点转入巩固达标成果，开展林业第二次创业，以落实沿海防护林建设、省级生物防火林带建设、东江水源林、市级西枝江水源林、绿色通道、低效林分改造、文明万村绿化造林等重点工程建设来推进林业生态建设，积极组织实施项目造林。同时，积极组织全民义务植树活动，推广油茶林种植，取得明显成效。2001年4—9月，惠东县完成国家级、省级生态公益林的分类区划和现场界定工作，核定国家级和省级生态公益林10.47万公顷。2009年4月13日省政府正式批准授予惠东县"广东省林业生态县"称号。1996年至2017年，惠东县累计人工造林89468公顷，低产林改造14043公顷，中幼林抚育49348公顷，封山育林162087公顷，义务植树1978万株。2017年，全县林业用地面积24.6万公顷，森林覆盖率72.3%。

### （三）建立自然保护区，维护生物多样性

为保护濒危野生动植物，维护生物多样性，保护生态平衡。惠东县委、县政府积极支持上级有关部门抓好自然保护区建设。1984年以来，全县先后建成国家级的港口海龟自然保护区，省级的古田、莲花山白盆珠自然保护区。此外，还建有市级森林湿地自然保护区1个，县级森林湿地自然保护区4个。全县国家、省、市、县四级自然保护区面积达3.15万公顷。

1984年，广东省水产厅渔政部门指定惠东县渔政站负责海龟湾上岸产卵海龟的保护工作。10月，县政府颁发了《保护海龟湾海龟资源》的布告，划定保护区，安排人员守护。1985年6月，广东省政府批准建立惠东港口海龟湾自然保护区，1986年12月升格为省级自然保护区。1992年10月，国务院批准升格为国家级自然保护区。建区30多年来，保护区的科技人员除了保护海龟上岸产卵外，还开展稚龟暂养过冬，海龟人工孵化，海龟人工繁殖等科研工作，取得显著成效。

1984年，经广东省人民政府批准建立惠东古田省级自然保护区，属森林与野生动物类型自然保护区。面积2189公顷，活立木蓄积量14万立方米，森林覆盖率95%以上。

惠东莲花山白盆珠省级自然保护区位于惠东县的东北部，由原惠州市莲花山市级自然保护区和白盆珠水源林市级自然保护区合并而成，于2004年1月经广东省人民政府批准升格为莲花山白盆珠省级自然保护区。保护区总面积为14034.1公顷。主要保护对象为南亚热带常绿阔叶林森林生态系统和内陆性湿地生态系统及候鸟栖息繁育环境。是集生物资源和环境资源保护、科学研究、科普教育、生态旅游于一体的综合性自然保护区。

## 九、扶贫脱贫

改革开放初期，惠东县民政部门在开展社会救济的同时，积极扶持有劳动能力的贫困户发展生产脱贫致富。全县经调查确定扶贫对象1536户6912人，县民政部门拨出扶贫款88万元，为贫困户解决住房950间，购置生活用品6768件，生产工具12860件，购买猪苗2060头。至1984年，县民政局下拨双扶周转金109万元，农业银行扶贫贷款24万元，扶持贫困户发展养殖禽畜和种植果树等。1986年11月，县政府决定对人均收入150元以下的农村贫困户减免2年农业税，劳动部门招工优先照顾贫困户，贫困户子女入学，学校免收学杂费。民政部门建立扶贫工作档案卡，全县年人均收入600元以下的贫困户有1151户4146人，至1995底，有836户脱贫。

1997—1998年，惠东县实行县领导挂点，带领40支工作队驻点贫困村扶贫。1999—2001年，县委县政府加大扶贫工作力度，派出330支工作队，连续三年进驻247个村，投入资金1026.4万元，发展村集体经济。1999年，县委县政府决定，用三年时间，多渠道筹集资金，实现村"两委"办公用房楼房化，至2001年，筹集资金2000万元，兴建了169幢村"两委"办公楼。2002—2007年再筹集资金4797.8万元，新建改建349幢村"两委"办公楼。

2000—2001年，惠东县开展千（名）干（部）扶千户（贫困户）活动，安排1272名副科以上干部，帮扶1272户贫困户，安排县直单位2500名股级干部帮扶2500户贫困户。2002—2005年，惠东县安排3000多名股级以上干部与贫困户结亲戚，投入扶贫资金400多万元，帮助贫困户脱贫。

2002—2007年，市、县230个单位挂钩169个贫困村扶贫，投入资金4525.24万元，兴办村集体经济项目269个，帮助贫困村发展集体经济脱贫。

2004年，根据广东省委省政府《关于实施十项民心工程的决定》，以农村贫困户危房改造为重点，努力改善农村居民的居住条件，计划用5年时间，分批对全县1034户农村贫困户的危房进行改造。至2008年，累计改造1516户贫困户危房，超额完成任务。在此基础上，从2009年起，扩大改造范围，至2017年，完成7673户贫困户危房和泥砖房改造。

2006—2010年，为提高贫困户的科学种田能力，先后举办农业技术培训班38期，参加培训的贫困户达7919人次。

2008年，惠东县实行工业扶贫，兴建2.87万平方米固本强基扶贫工业厂房和2.6万平方米"解突"厂房，招商引资办企业，收入用于贫困村脱贫。

2009—2015年，惠东县实施"规划到户，责任到人"扶贫工程，7年累计投入资金3.94亿元，到村项目1034个，到户项目11014个。2009年，将全县30个省级贫困村扶贫资金1200万元集中入股县城华侨城农副产品市场改造项目。投入280多万元，建设多祝镇三家村水电站，收入用于贫困村脱贫。组织3906户贫困户参加职业技术培训。实施产业扶贫，指导农业龙头企业兴胜农贸公司实施有机农业产业化工程和新农村建设致富工称，建立扶贫种植示范基地40公顷，带动山区贫困户种植优质蔬菜、甜玉米和马铃薯脱贫致富。2010年，全县所有帮扶单位进驻30个省级贫困村，有劳动力的3906户贫困户全部落实帮扶干部。2011年，扶贫项目华侨城农副产品市场开业，多祝三家村水电站投产，2012年，3906户贫困户人均收入达2500元，30个省级贫困村集体经济收入达10万元。2013年，全县20个省级贫困村，15个市级贫困村纳入新一轮扶贫"双到"规划，2014年底，35个省、市级贫困村集体经济收入达5万元，有劳动力的贫困户人均年纯收入达5000元。2015年，全县20个省级贫困村，15个市级贫困村纳入新一轮扶贫"双到"规划。至年底，全县35个省、市级贫困村集体经济收入达10万元，有劳动能力的贫困户人均纯收入达8000元以上。是年，县政府实行政策性农村住房保险，完成9.45万户参保清单，拨付保险公司全额保费28.35万元。

2016年起，实施精准扶贫。全县有16个村为省重点帮扶村，39个村为市重点帮扶村，精准扶贫精准脱贫申报相对贫困户10269户，人口25122人。县政府对全县新时期精准扶贫相对贫困人口实施保险扶贫。由县政府出保险费作为投保人，向保险公司投保，将全县建档立卡贫困人口纳入保险范畴，为贫困户创业脱贫提供生产、生活一揽子保险保障。2017年，投入各类扶贫开发资金2.54亿元，启动到村帮扶项目312个，到户帮扶项目3891个，至2017年底，全县建档立卡相对贫困户有9270户脱贫，在2018年已全部脱贫。

# 第六节 新时代不忘初心，新征程奋发图强

2017年10月18日，中国共产党第十九次全国代表大会开幕。习近平总书记代表第十八届中央委员会向大会作了题为《决胜全面建成小康社会 夺取新时代中国特色社会主义伟大胜利》的报告。党的十九大以来，惠东县各级党组织认真贯彻落实十九大精神，以习近平新时代中国特色社会主义理论引领发展，不忘初心，牢记使命，团结广大人民群众，决胜全面建成小康社会，绘就伟大梦想新蓝图，开启惠东发展新时代。立新时代之潮头，担新时代之使命，全面推进伟大斗争、伟大工程、伟大事业和伟大梦想在惠东的实践。围绕高质量发展要求，统筹推进"五位一体"总体布局，协调推进"四个全面"战略布局，中共惠东县委、县政府以山海统筹发展为目标，大力实施大项目带动战略，"双城一体"战略，创新驱动发展战略，绿色引领战略，共建共治共享战略等"五大战略"；推进现代化立体交通工程，农村振兴发展工程，现代化产业体系构建工程，宜居惠东建设工程，健康惠东建设工程，信用惠东建设工程，法治惠东建设工程，文明城市创建工程，人才队伍建设工程，党建巩固提升工程等"十大工程"；打好"三大攻坚战"，深入开展党建工作提升年，深化改革攻坚年，现代化经济体系构建年，营商环境优化年等"四个年"活动，突出抓好稳增长、促改革、调结构、惠民生、防风险、优环境各项工作，力促经济向高质量发展，产业向中高端转

型，社会向更和谐进步，民生向更高水平提升，加快构建山海统筹发展示范县。

## 一、深化供给侧结构性改革，实现更高质量发展

党的十九大以来，中共惠东县委、县政府贯彻新发展理念，推动经济发展质量变革、效率变革、动力变革，建设现代化经济体系。推进"山海统筹""四规合一"等规划编制，增强发展的前瞻性、科学性。科学修编全县工业布局规划，推动土地等资源要素向工业领域聚集。高水平规划建设临港能源产业带及覆盖梁化、大岭、白花三镇（街）的新型工业走廊，优化制鞋产业发展布局。发展新一代信息技术、高端装备制造、新能源、新材料、生物等高新技术产业及国家战略性新兴产业，力争把先进装备制造业打造成支柱产业。推动互联网、大数据、人工智能和实体经济高度融合，培育发展新动能。大力推动县城扩容提质"三步走"。在实现"一城两街道"城市空间布局，加快"一城两翼"发展的基础上，围绕构建多元动力、深度对接的大县城发展格局，实施平山、稔山"双城一体"发展战略，密切两地在基础设施、产业布局等方面对接，深化联动发展，推动沿江城市向沿海城市发展，打造惠州东部新城。以县城扩容提质为重心，大力推进九龙峰片区、大洲片区和"一江两岸"规划建设，不断强化县城政治经济文化中心功能；以稔山滨海新城起步区建设为重点，强化稔山在稔平半岛的经济地位，培育服务环大亚湾新区功能，着力打造产城融合的新型现代化产业聚集区。坚持以供给侧结构性改革为主线，全面落实"去降补"五大任务，抓好质量强县建设，提升经济发展质效。惠东珠三角产业转移工业园提速发展，加快太平岭核电、金力变速等项目建设，提升先进装备制造和清洁能源两大产业支撑力。培育发展战略性新兴产业和现代物

流、现代金融等现代服务业，抓好省全域旅游示范区创建，加快农业、制鞋业等传统产业转型升级，推动多产业融合发展。强化创新发展，坚定不移把创新驱动发展战略作为引领山海统筹发展的总抓手，助推惠州市建设国家创新型城市。开展创新驱动发展"六大行动"，在高新技术企业培育、孵化育成体系、产学研合作、科技成果转化等方面发力突破。推进创新平台建设，"两装置"实现厂平施工，建成国家鞋检中心。抓好创新主体培育，开展技术改造，新增20家国家高新技术企业，推动特创科技等企业上市。优化创新生态，支持"双创"活动。塑造营商环境优势。坚持问题导向，加强基层改革探索，打造一批改革品牌和亮点。深化"放管服"改革，推进行政体制改革，加大"互联网+政务服务"改革力度，建设"数字政府"。全面推行首席服务官制度，推动70宗年度重点项目和2013年以来新立项亿元以上项目提速建设。配合推进广汕铁路建设，加快惠州大道东段延长线、县道213线、惠州海湾大桥延长线等交通工程建设，抓好稔平半岛供水工程等水利工程建设，完善供电、通信设施。

## 二、深化民主法治建设，加强和创新社会治理

党的十九大以来，中共惠东县委县政府不断推进全面依法治县。推动各级党委政府工作纳入法治化轨道运作，落实"三张清单"制度，启动信用惠东建设，加大政务公开力度，提升法治政府建设水平，确保司法机关依法独立行使职权。实施"七五"普法规划，完善村设法制副主任等制度，建设覆盖城乡的公共法律服务体系，健全基层依法治理体系。实施共建共治共享战略，坚持以人民为中心，以造福人民为最大政绩，强化整体谋划和制度安排，把财政投入的重点放在保基本、兜底线、促公平上，在幼有所育、学有所教、劳有所得、病有所医、老有所养、住有所

居、弱有所扶上取得重大成效，巩固提升精准扶贫脱贫成果，确保全县老区人民全部进入高质量全面小康社会，一个都不能少。让发展更有温度，让幸福更有质感。围绕推进社会治理精细化、规范化、法治化、智能化，强化法治对社会治理的引领规范，完善和创新社会治理制度，健全党委领导、政府负责、社会协同、公众参与、法治保障的社会治理体制，打造共建共治共享的社会治理格局。

### 三、推动文化强县建设，全面深化文明创建

党的十九大以来，中共惠东县委、县政府进一步推进全国县级文明城市创建，继续实施创文七大提升工程，加快补齐"一城两街道"的管理短板，推动文明创建向基层延伸。开展第五届"感动惠东"人物等评选表彰活动，发挥道德模范引领作用。2019年10月11日，在中宣部、中央文明办召开的全国深化拓展新时代文明实践中心建设试点工作电视电话会议上，惠东县被列为全国第二批新时代文明实践中心建设试点县。重视挖掘和保护传统文化，抓好非物质文化遗产申报和一批文保单位修复。大力发展文化产业和文化事业，抓好国家文化消费试点工作，提升文化惠民水平。加快建设县档案馆新馆，开展文艺演出、电影、图书"文化三下乡"活动，做好公益性活动场所的对外免费开放。严厉打击文化市场违法违规经营行为。开展蔡屋围大夫第等文物保护单位的修复和九龙峰祖庙庙会（谭公醮会）的非物质文化遗产申报工作。结合新农村建设，加快推进基层综合文化服务中心建设及配套，为群众提供更优质的综合文化服务。完善基层体育设施，建成40个自然村健身工程。举办第四届龙舟赛和徒步、马拉松、自行车等大型群众性体育赛事。

## 四、坚持人与自然和谐共生，建设美丽绿色惠东

党的十九大以来，中共惠东县委、县政府大力实施绿色引领战略。牢固树立和践行绿水青山就是金山银山的理念，结合县域实际实施主体功能区战略，走生产发展、生活富裕、生态良好的绿色发展道路，把绿色发展融入经济社会发展全领域。大力发展绿色低碳经济，推动产业绿色化发展；倡导勤俭节约、绿色消费、低碳出行的绿色生活方式；加强生态环境综合整治，健全生态环境保护长效机制，努力创建成国家生态文明建设示范县，让惠东天蓝、地绿、水清的"家底"更殷实，实现美丽发展共赢。全面从严管理环境，建立长效管控保护机制。深入落实西枝江水系水质保护条例，持续开展绿色城乡"六大行动"，全面落实河长制，推进黄排河等重点河涌综合整治，完善城乡治污设施，确保主要河流水质全面达标；加大海洋环境整治力度，持续优化考洲洋生态。实施四大重点林业生态工程和桉树林改造工程，加快寨场山森林公园二期等公园建设，推进高潭王爷崀县级森林公园、多祝观音山镇级森林公园等6个森林公园建设；建成惠东森林消防航空基地；推进九龙峰片区开发，设立九龙峰管委会，高标准规划建设九龙峰片区。加快县城绿地升级改造，计划从2017年起，用10年时间，在县城分期建设50个街边绿地小公园。推动双月湾风景名胜区、黑排角地质公园和好招楼海洋湿地公园等3大景区的保护开发，抓好一批森林公园和镇级、村级休闲公园建设，形成以大环境绿化为基础、公园绿化为依托的绿化新格局，厚植生态优势。

## 五、夯实精准脱贫基础，切实保障和改善民生

党的十九大以来，中共惠东县委、县政府统筹推进新农村

建设和精准脱贫，实施脱贫攻坚9项工程：保险扶贫工程、产业发展扶贫工程、劳动力就业扶贫工程、社会保障扶贫工程、健康扶贫工程、农村危房改造扶贫工程、基础设施建设扶贫工程、教育文化扶贫工程、人居环境改善扶贫工程。集中精力，统筹推进脱贫项目，全力抓好制度衔接，加快推进新农村建设，加强扶贫资金监管，严格督查问责，确保各项脱贫指标全面达到省脱贫验收标准，完成精准扶贫精准脱贫各项目标任务。把"一线考察法""一线问责法"运用到脱贫攻坚工作中，坚决落实党委、政府的主体责任，坚决落实职能部门的主管责任，逐项抓好任务落实。聚焦 "三保障"民生政策，确保落实到位；聚焦贫困户、贫困人口，确保实现稳定脱贫，达到"两不愁，三保障，一相当"：农村贫困人口不愁吃、不愁穿，义务教育、基本医疗和住房安全有保障，基本公共服务主要指标相当于全省平均水平。深入实施乡村振兴战略，推进稔山省级新农村示范片建设，抓好57个省市贫困村创建新农村示范村工作，以点带面，示范带动其他"中间村"一同建设社会主义新农村。充分调动贫困群众的积极性，激发内生动力；充分调动帮扶单位的积极性，夯实工作责任；充分调动社会各界的积极性，凝聚强大合力；充分调动各种媒体的积极性，营造良好舆论氛围，持之以恒、全力攻坚，坚决打赢这场脱贫攻坚战。保持精准扶贫力度不减，健全脱贫攻坚长效机制，确保贫困群众脱真贫、真脱贫、不返贫。完善社会保障救助体系。实施全民参保计划，落实居民大病保险，健全基本医保与各种救助制度的衔接机制。加强对困难弱势群众的帮扶，实施棚户区和农村危房改造。大力发展社会事业。深化教育教学改革，加快西枝江中学、荣超中学三期等5个教育重点工程建设，启动建设蕉田二小、大岭二中等一批学校。2019年9月，西枝江中学已建成招生。加快卫生健康事业发展，抓好医联体试点和创建健康促进县试点，推进县第二人民医院扩建，县第三人民医院升级建设县保健院迁址改造工程，县中医院新址建设工程，县慢性病防治站新址建设工程等医疗卫生基础设施建设。县第三人民医院已于2019年9月建成投入使用，县保健院迁址改造工程、县中医院、县慢性病防治站新址于2018年动工，正加紧建设。

## 六、积极融入粤港澳大湾区，提升对外开放层次

党的十九大以来，中共惠东县委县政府全面深化改革、扩大开放。抓住粤港澳大湾区建设的重大发展机遇，虚心对标发达地区，发挥惠东独特的区位、资源、产业和生态优势，从全球的视野、区域战略的角度认清县情，深入调查研究，找准惠东县在粤港澳大湾区中的战略定位、发展功能以及融入粤港澳大湾区建设的具体措施，积极主动参与粤港澳合作和深莞惠（3+2）经济圈建设，高水平打造大湾区惠东版块。深度融入"一带一路"建设。深化与周边地区在产业、基础设施等方面的全方位对接，推动稔山滨海新城起步区建设取得新进展。实施大项目带动战略，牢固树立"抓项目就是抓发展"的理念，坚持把大项目建设作为经济发展的主战场、转方式调结构的重大引擎来抓，紧抓深圳实施"东进战略"机遇，以实施"海绵行动"为抓手，实行精准招商，大力承接外溢产业，着力引进一批投资规模大、带动能力强、经济效益好、符合产业政策的大项目落地，为发展注入新的强大动力。2019年，惠州新材料产业园落户白花镇。

## 七、大力传承红色基因，加快推动老区振兴

中共惠东县委、惠东县人民政府坚持加强爱国主义和革命传统教育，永远铭记革命前辈和老区人民为革命作出的重大贡献，继承和发扬"忠诚如铁，敢为人先，不怕牺牲，一往无前"的高

潭革命精神，让红色基因代代相传。为加快老区发展建设。2017
年，对高潭众多革命旧址修缮保护，建成高潭革命历史陈列馆，
庄严肃穆的高潭革命烈士纪念碑进行了维修翻新，马克思街、列
宁街进行了维修，百庆楼、百祥楼、红军井、红军磨坊、湖山书
舍等一大批革命旧址被重新发掘、修缮、保护。还建造了中洞
改编雕塑、甘溪村5名党员雕塑广场等一批红色景观、景点，让
高潭的面貌焕然一新。2017年11月11日，高潭区苏维埃政府成立
90周年纪念活动在高潭镇举行。在此基础上，继续抓好高潭老区
"三个基地、十件实事"建设，提升高潭城镇建管水平，推动中
洞抽水蓄能电站尽快落户。加快东江干部学院建设，该学院已于
2019年底建成。积极申报全国爱国主义教育基地、全国党史教育
基地。从2018年起，中共惠东县委依托革命旧址和革命纪念地，
建设红色课堂，将高潭中洞中共东江特委旧址——百庆楼，甘溪
村五名党员雕像广场等6个革命旧址和革命纪念地作为教学点，
在开展党员干部培训时，组织学员瞻仰革命旧址和革命纪念地，
重走红军路，重温入党誓词，接受党史教育、革命传统教育和爱
国主义教育。与此同时，大力推动安墩老区建设。2019年，安墩
镇飞鹅咀烈士纪念碑建设工程、黄沙村解放战争时期江南地区行
政督导处办公旧址维修工程、安墩圩镇环镇公路建设工程已动
工。根据《国家林业和草原局办公室 民政部办公厅 国家卫生健
康委员会办公厅 国家中医药管理局办公室关于开展国家森林康养
基地建设工作的通知》（办改字〔2019〕121号）要求，经省级
推荐，专家评审等程序，安墩镇水美森林康养基地入选第一批国
家森林康养基地。高标准推进安墩、宝口、高潭老区连片开发，
加快完善交通等基础设施，培育壮大红色旅游等特色产业，不断
增强山区、老区造血功能，带动老区人民增收。

附　录

附录一 **大事记**

## 1922年

10月 农民运动领袖彭湃从海丰县徒步到高潭区黄沙乡等地发动农民运动,在水口乡成立第一个农民协会,钟金凤任会长。次年4月初,在水口乡召开300多人参加的农民代表大会,成立高潭区农民协会,大会通过农会宣言,推选黄星南、杨国辉分别为农会正、副会长。随后,全区24个乡都建立了农会组织,会员发展至六七千人。

## 1923年

春 白花太阳、西山月,平山青龙潭、百丘田等村农会成立。

## 1924年

10月 惠阳县第五区西南乡(今惠东县白盆珠镇辖)农民协会成立,黄三任会长,蓝坤任副会长,刘震南任武装部长,胡汉南为委员,简招任妇联主任,有会员60多人。

## 1925年

2月20日 东征军右路军在平山羊塘围与叛军洪兆麟部遭

遇，把洪部赶回潮州。

2月22日　国民革命军东征军总司令许崇智在惠阳县白芒花（今惠东县白花镇）召开军事会议。蒋介石、周恩来、张民达、叶剑英、何应钦、莫雄以及苏联顾问加伦将军与部分官佐到会，主要讨论东征军右路军讨伐陈炯明的进攻路线等问题。

4月　东征军进驻高潭，联络副官何子宗根据中共广东区委和周恩来的指示，发展党组织，建立了中共高潭特别支部，支部书记黄星南。

6月　东征军回师广州平定"刘杨"兵变时，平山地区农民协会召集各乡农会会员700余人欢迎，动员1000多农民为东征军当挑夫。

10月22日　国民革命军东征军李济深部在安墩热汤与军阀陈炯明部发生遭遇战，打败了陈炯明部队。同日，东征军第一、二、三纵队进驻多祝、安墩、松坑等地。

是月　广东省革命政府出师讨伐盘踞粤东的军阀陈炯明，蒋介石、周恩来及苏联顾问同时抵达惠东平山。蒋介石下榻于平山圩许姓大宅延岫楼，并在三王爷埔召开的乡民大会上发表演说。

是月　蒋介石率国民革命军进行第二次东征，经多祝驻军一天，当天中午，在多祝塘唇角的洪圣庙广场，召开军民联谊会，随军东征的苏联顾问加伦将军和鲍罗廷博士也出席了会议。

11月16日　惠阳县农民协会成立。选举朱观喜为委员长、戴云昭为副委员长。会址设在惠州都市巷9号。当时，农会提出的战斗任务是："肃清土匪及一切反革命，除贪官污吏，废苛捐杂税，武装自己，废除地主对农民之苛例"。

是年　高潭区妇女解放协会成立，江梅任会长；接着，全区24个乡相继成立了妇女解放协会。

## 1926年

年初　在中共党员杨国辉领导下，建立了高潭区中洞村共产主义青年团组织（简称"CY"），发展共青团员15人。

1月26日　在平山成立集货工会并兴办工农学校。后于1927年4月被国民党军的师长胡谦解散。

4月　惠阳县妇女解放协会在惠州成立，惠东境内的平山、白花等区、乡相继建立了分会。

12月20日　惠阳县国民党县长陈慎瑞率县警队到多祝，强行收缴多祝农会的武器。平山农军联防办事处获悉，派联防大队长游耀华率部在平山拦截，包围了县警队，夺回枪支，驱逐县长。21日，多祝、高潭、安墩、增光等地农会会员和农军数千人集会庆祝。22日晨，陈慎瑞又勾结民团、土匪千余人突袭多祝农会和农军驻地，农军分散突围，区农会被敌捣毁，农军15人遭杀害。

## 1927年

4月30日　中共惠州地委委员何友逖、农军教官罗焕荣率农军300多人在平山举行第一次武装起义，牵制了以胡谦为首的国民党军队企图进攻海丰、陆丰的兵力。

是月　在高潭农会赤卫队中队长、党代表陈显荣的组织领导下，新庵横坑宅仔农会成立，由赖佛兰任会长，谢呈金任副会长。

5月26日　为支援海、陆丰的革命斗争，平山举行了第二次武装起义。

是月　惠东新庵宅仔村苏维埃政府成立，有赤卫队员40多人，由陈显荣任主席和赤卫队长。

7月　汇集在高潭中洞的海陆惠紫农军改编为"工农讨逆

军"，总指挥刘琴西，副总指挥林道文。

10月12日　南昌起义军第十一军第二十四师余部1200多人，在董朗的率领下到达高潭中洞村后改编为中国工农革命军第二师第四团，团长董朗，下辖两个营。

是月　成立中共惠阳县委员会，平山、白花、梁化、多祝、稔山等地均成立区委。

11月初　以驻中洞农军为主，组建"中国工农革命军第二师第五团"，并宣告"中国工农革命军第二师"正式成立，师长董朗（兼四团团长），党代表颜昌颐（兼四团党代表），五团团长刘立道，党代表张寿微。

11月11日　在高潭圩成立高潭区苏维埃政府，黄星南任主席，黄奋任副主席，黄伯梅为赤卫队大队长，张佐中为党代表，下设秘书、裁判、教育、经济、建设、卫生、交通、实业等8个科。1929年10月，由谢锡灵接任主席，1931年9月，朱远平接任主席。至1933年5月解体。

是年　农运领袖彭湃委派陈紫裕等人在新庵豺狗村成立惠阳县第五区西南乡苏维埃人民政府。

是年　惠东平山地区召开首次农民代表大会。当时，参加农会的会员已有6300多人，并建立了农民自卫军，掀起了农民运动的高潮。

是年　高潭区苏维埃政府建立了高潭区共产主义儿童团，为红军站岗放哨送信。并于同年建立了高潭区少年先锋队组织。

是年　中共东江特别委员会驻高潭中洞百庆楼，张善铭任书记，下设军事、宣传、经济3个委员会。

是年　高潭苏区中洞村农会发动农民投资入股，办起消费合作社。中洞失陷后停办。

# 1928年

是年除夕夜间，新庵横坑赤卫队遭横坑民团偷袭，赤卫队与敌激战4小时，终因寡不敌众而失败，队员在战斗中牺牲7人，受伤6人。

1月9日　在花县改编为"中国工农红军第四师"的广州起义军余部1000多人抵达高潭。

2月20日　在海丰县城成立苏维埃政权的银行——劳动银行，后迁往惠东高潭中洞。

是月　为减轻海丰、陆丰苏区的军事压力，党组织委派恽代英领导组织平山第三次起义。

是月　横坑宅仔苏维埃政府遭受敌人破坏，原赤卫队员刘娘发背叛革命，投靠坑屯民团。

3月18日　红二师和赤卫队与敌第七军黄旭初部在中洞战斗3天，后因弹药缺乏，中洞根据地失守，红军和驻中洞各机关人员撤至岩石一带山嶂。

4月5日　国民党派重兵又来攻打中洞，中洞遭到敌人的严重摧残。

是月　高潭苏区遭国民党反动军队和以反动民团头目江达三为首的清乡剿共委员会团丁的烧杀，他们在高潭圩周围砌墙围栅筑碉堡，在墟内新街建起了剐人房，许多被俘的红军战士和赤卫队员被团丁捉去割肉活宰，膝头钉竹钉，活活被折磨而死。农协会员被追捕，迫使高潭农民1000多人背井离乡，到泰国、马来亚种橡胶、开矿。

是月　为保存实力，中共东江特委决定红军分散到群众家隐蔽。

是年　盘踞在平山地区的国民党军师长胡谦与营长林镇南勾

结土匪游瘫华，四处"清乡"，无恶不作，杀害青龙潭村林喜、吕金等农会骨干7人，拆毁民房107间，抢夺牛猪400多头。

## 1929年

5月　中共海（丰）陆（丰）惠（阳）紫（金）特别委员会（简称"海陆惠紫特委"）在惠东白花成立，陈舜仪任书记。次年，扩大为中共东江苏维埃惠州十属特别委员会。

8月　中共惠阳县委机关由镇隆迁往梁化谢洞村办公，直至1931年5月，县委机关才转移他处。

10月初　中国工农红军第六军第十七师第四十九团成立，全团300多人，团长彭桂，政委黄强，转战海陆惠紫边地区。在各地赤卫队和人民群众的支持下，仅1个多月，就先后收复了紫金炮子、洋头，海丰的公平、梅陇、赤石，陆丰的新田、河口、陂沟、大坪，惠东的高潭、多祝、稔山。至1930年4月，部队增至1000多人，并与活动在东江地区的地方红军合编为红十一军，军长古大存，政委颜汉章。

12月2日　高潭正美乡塘窝村农民朱观贤因拿着红军四十九团伤兵处医生张子洪开的药方到高潭圩陈和生药堂买药被认出字迹，全家人及到他家开会的区苏、乡苏干部被高潭民团抓捕杀害，发生九尸十命的"塘窝惨案"。

12月19日　黄伯梅带领红军四十九团3个连的兵力围困高潭圩江达三反动民团半个多月，歼敌几十人，并打退多祝民团黎汉光部的援兵，活抓黎汉光，缴枪100余支及马一匹。

## 1930年

1月　国民党军队500多人进犯高潭苏区被我军打退。

## 1931年

春　惠阳县立简易乡村师范学校在平山青龙潭村（今平山街道青云社区）正式开学。当时，在校教师和学生中有共产党员10多名，他们以学校为阵地，开展革命活动。

5月1日　红军四十九团、四十六团、四十七团联合整编，在中洞正式成立红军独立第二师，四十九团编为第一团，任命彭桂为师长兼第一团团长，黄强为师政委，黄伯梅为第一团副团长。

7月　中共惠阳中心县委成立，书记陈允才，在白花、平山、多祝、梁化、稔山、平海等地建立区委。

8月上旬　高潭区苏维埃主席谢锡灵被捕，20多天后英勇就义，由朱远平接任高潭区苏维埃主席。

9月　东江苏区执行中共广东省委指示进行"肃反"期间，彭桂被诬为AB团，红一团大批共产党员和红军骨干遭到诬陷和杀害，副团长黄伯梅也惨遭杀害。

## 1932年

5月29日　西南乡（今白盆珠镇辖）20多名赤卫队员在队长刘金铭的率领下，在豺狗村与布心、坑屯的民团发生了遭遇战，赤卫队员奋力抗敌，牺牲6人，受伤10人，最后突围脱险。

## 1933年

4月　第一团政委朱炎率部队到丰隆山与国民党军作战，打死国民党军副团长黄英，后叛徒钟汉朋暗中投敌，致使朱炎在战斗中光荣牺牲。部分红军退到激石溪，剩下50多人只好又再次分散活动。

5月13日　红军独立第二师师长兼一团团长彭桂带一个传令

兵和军医马克训到海丰埔仔洞去找粮食，在黄涂土敢村被叛徒马克训开枪杀害。东江地区革命转入低潮时期，高潭全区被杀害人员达2800多人，全家被杀绝达400多户。中洞、杨梅水等村庄被焚为平地。高潭区苏维埃政府遂于5月间结束了全部活动，朱远平潜回甘溪担任支部书记。

## 1938年

1月　严尚民、叶锋等带领第二批香港惠阳青年回乡救亡工作团共18人回稔山、平海等地活动。

6月　建立中共梁化党支部。1939年5月和1942年建立黄竹浪村党支部、吕屋坪党支部。

7—8月间　惠阳在穗同学暑假回乡服务团20余人，在谭家驹等带领下，到多祝、平山等地活动，用唱歌、演话剧等形式宣传抗日。

10月12日　日军在大亚湾登陆（今稔山镇船澳村海域）。13日，惠州沦陷。

10月24日　建立中共平山区工作委员会，书记卢伟如，隶属中共惠（阳）宝（安）工作委员会领导。下辖平山、多祝、白花、稔山党支部。

冬　在多祝组建"晨呼"宣传队；接着，"抗日同志会"、"抗日后援会"等组织相继成立。

## 1939年

8月　日本侵略者血洗平海暗街（今港口区），新村村民被枪杀65人，飞机炸死16人。烧毁住家船183艘、帆船56艘，致使500多人无家可归，198人逃亡香港。

9月初　日军500余人第二次在大亚湾巽寮海域登陆。

10月 国民党军队罗统部洗劫暗街新村，杀害渔民2人，逼8人自杀。

秋 高潭区甘溪乡党支部朱远平等5位党员在深山中坚持6年，终与上级党组织派来的黄琴取得联系，恢复活动。

冬 中共高潭支部成立，张绮如、李华先后任书记。翌年8月，成立中共高潭区委员会，黄秉、黄云鹏先后任书记。

## 1940年

3月8日晚 人民抗日武装部队在曾生、王作尧的率领下，东移海、陆丰，于18日抵达高潭。东移期间，遭受国民党军罗坤支队、凌育旺团等部的围追堵截。在战斗中，部队干部战士英勇奋战，但因寡不敌众，伤亡严重，由800多人减至100多人。

是月 中共多祝区委成立，蓝造、黄秉先后任书记。次年春，成立中共梁化区委员会，陈永、王松、朱德明先后任书记。

8月 在多祝镇中心小学成立了第一个妇女党支部，在区党委的直接领导下，开展妇运和救亡工作。并以多祝妇女会的名义出版《多祝妇女》半月刊，宣传党的方针政策及妇女解放、男女平等的进步思想。

## 1941年

春 日本侵略军第三次在大亚湾登陆。

12月1日 日本"中国派遣军司令部"参谋附杉坂共之少佐携带关于发动太平洋战争准确日期的绝密文件，乘日伪"中华公司"的"上海号"运输机，递送驻粤日军首脑。上午8时半从上海机场起飞，途经惠东境内上空时突然坠毁于平山圩以南的狮朝洞山腰，机内7人中3人当场死亡，4人被击毙。

## 1942年

2月　广东人民抗日游击总队所属的惠阳等4个县地方大队，均建立了税务总站，曾尧任站长，何武任指导员。次年7月，广东抗日游击总队护航大队建立了大亚湾（含今惠东和惠阳、深圳沿海等地）税务总站，下设4个分站，李全任总站长，李汉青任副总站长。

3月　日本侵略军进入梁化圩掠劫，实行"三光"（杀光、抢光、烧光）政策，杀死12人，烧毁房屋12间，抢劫财物无数。

8月　粤北省委事件（南方工委组织部长郭潜被捕叛变，粤北省委书记、组织部长和八路军驻香港办事处主任廖承志被捕）后，撤销中共党组织委员制，采用单线联系方法。惠阳县分为惠东、惠中、惠西3片。

是年　日军入侵香港后，大批难民涌入平山。

是年　国民党军张光琼部守备大队驻守多祝。

## 1943年

冬　叶基率16人的武装小分队进入稔平半岛，与古秋顺带领的18名游击队员会合。

是年　曾城、叶基在巽寮牛背印村建立了敌后抗日根据地，带领稔平区人民群众进行反蚕食、反扫荡、反封锁的抗敌斗争。

## 1944年

春　东江纵队护航大队大亚湾税务总站改为惠东对敌封锁站，有税收人员100多人，下设5个中站、23个分站，还拥有一个武装排，配备两艘武装收税船。

1944年4月，惠东突击队在白花皇田仔村成立，高固任队长，邓秀芳任政委，高史良任副队长。突击队在惠东地区放手发动群众，扩大抗日武装力量，建立游击根据地。

11月　成立中共惠东县委，黄宇任县委书记。下属各区先后成立区委和民主政权。

## 1945年

春节后　驻稔平半岛的抗日武装队伍成立东江纵队大亚湾护航独立中队，叶基任中队长，练铁任政委，韩兆光任政治处主任。同年2月下旬，大亚湾护航独立中队夜袭平海伪盐警中队，俘敌40余人，缴获步枪30多支。

春　县委派黄振到高潭协助工作，建立中共高潭区委，区委书记罗星开、组织委员罗光、宣传委员罗少华、委员林海亭，罗觉环负责筹建武装工作。

1月　日本侵略军第四次在大亚湾巽寮海域登陆，继而攻入惠州。

是月　国民党惠博紫护航总队第一大队第三中队队长朱星一、惠海紫联防大队一中队队长翁汉奎共率官兵170余人，携机枪4挺、长短枪132支及物资一批在多祝马趾垅联合起义。加入东纵。

2月　广东人民抗日游击队东江纵队第七支队在惠东白花西山月村成立，支队长高健（后曾源）、政治委员黄宇（后曾源、邓秀芳）。下辖10个大队（后整编为6个大队），共1500多人。主要活动于惠东稔平半岛、海丰边境地区。

3月　在地下党的领导下，高潭抗日自卫中队成立。罗觉环任中队长，队伍很快发展到100多人。

4月14日　广东人民抗日游击队东江纵队第七支队第四大队在大亚湾巽寮袭击日军监察哨所，全歼守敌11人，缴获机枪一挺、掷弹筒一支，长、短枪9支。

是月　第五大队和高潭自卫中队在甘溪佛子坳两边山头伏击日军，共打死打伤日军十余人及马数匹，并缴获部分军用物资。接着，自卫中队又配合第五大队在石壁湖、柑树下等地分别袭击下乡抢夺物资的日军。

是月　在中共广东省临委的领导下，在白花苏茅坜村（今白花镇联丰村）成立惠东行政督导处，这是县级抗日民主政权。由练铁任主任，陈志期任副主任，高健任武装部长，黄闻任民运部长，练铁兼任动员部长，罗晋琛任税征处主任。督导处下辖5个区，23个乡（镇），30多万人口。后于1946年5月撤销。

5月7日　海丰、陆丰、惠阳、紫金、五华县边区人民代表会议在高潭公梅马家祠举行，参加会议的各县代表共500多人，成立海陆惠紫五边区抗日民主政府。黄亦文任主席。高潭还建立了乡民主政府，黄育文任乡长，乡府设在高潭墟关爷庙。

6月11日　国民党杂牌军钟超武带领五个大队1000余人从海丰分3路进犯高潭。在阻击战中，高潭自卫中队被冲散，中队长罗觉环和副官罗振南不幸被捕，英勇就义。高潭自卫队被冲散后，由黄振在布心把被冲散后的队员集中起来编为独立中队。

6月18日　在惠阳永湖大坑村召开惠阳县农民代表大会，同时，成立惠东县农抗总会。民主选举会长高秀、副会长杨中之、委员朱观喜等9人。随后，在新一区（澳头）、新二区（平山、白花、良井）、新三区（多祝）、新四区（稔山）、新五区（梁化）相继建立区、乡农抗会。

8月15日　抗日战争胜利后，东江纵队调整了税务机构，将惠东对敌封锁站改名为惠东税务处，主任张德，副主任李和，有税收人员200余人，下设5个中站和23个税务分站。

8月21日—9月下旬　平海（8月21日）、铁涌、暗街（9月上旬）及稔山（9月10日）等稔平半岛（除吉隆平政外）地区先后成为在中国共产党领导下的解放区。

9月至1946年6月　中共江南地委任命曾源为惠东县委书记，方定为县委副书记，委员是邓秀芳、练铁。

11月间　国民党187师、180师及地方团队，以"分进合击""交叉穿梭""填空格"等战术对我稔平半岛解放区进行扫荡。至12月底，国民党军队占据了稔平半岛。

是年　高潭中洞村农会再次筹办消费合作社，历时三个月，后遭国民党军队扼杀。

## 1946年

2月25日—27日　国民党军对惠东巽寮等地进行第二次大搜捕。由于叛徒朱马松向敌军告密，致使我8名游击队员和群众骨干分子于25日晚上被捕。27日下午英勇就义于当地丝茅坑水畔地。

6月　东进指挥部（于1945年9月由东江纵队江南指挥部抽调主力组成）率独立第四营和张发兴连700多人，集结于多祝园潭，按北撤协定抵大鹏湾。东纵北撤人员2583人于30日分乘美国3艘军舰，离开大鹏湾，开往山东烟台。

9月　白花中学学生罗存、罗筹、罗燕等人（均为地下党员）为游击队提供情报，全歼驻白花墟周围的敌伪武装。

11月27日　中共广东区党委作出了"恢复武装斗争"的决定，提出实行"小搞"，准备"大搞"的方针。在惠阳以叶维儒、曾建为领导，惠紫（含惠东、紫金等地）由高固、黄友负责重建武装，组织武工队。至1947年2月底，惠阳、惠紫边地区武工队发展至82人。

是年　东江纵队北撤时，留守在江南地区的武装小分队共有

4支、42人，其中留在惠紫地区的编成2个小分队，有24人，活动在惠东的多祝、松坑、高潭一带地区。

是年　高潭区青年联谊会成立。

## 1947年

2月　在多祝河坑村成立惠紫人民自卫大队，大队长高固，政委胡施，副大队长黄友。

4月　惠紫人民自卫大队在恢复武装斗争的同时恢复税收工作，成立了安墩税务总站，张生任总站长，下设若干个税务分站。

6月　国民党广东省资源委员会惠阳县安墩矿警队队长杨良率官兵10余人，并携轻机枪2挺，长、短枪3支在安墩起义。

11月　中共惠阳县委派黄振带领百余武装到高潭重建武装和开展游击活动，发展党员和新民主主义青年团，恢复乡政府的活动。黄亦文任乡长，罗佩文任副乡长。

12月　惠紫边地区部队奉命整编为4个大队。第一大队长高固，政委胡施，活动于紫金上义、好义及惠东松坑、多祝、安墩、梁化、平政、吉隆等地；第二大队长黄友，政委黄振，活动于惠东的布心、高潭、宝溪、左坑地区；东进护乡团第一大队，则西下白花、良井、永湖、淡水以东地区开展武装斗争。

## 1948年

2月13日晚，国民党保安第八团、多祝保安大队和多祝自卫大队共4个营1000多人，从多祝出击，妄图偷袭消灭驻扎在松坑，由高固率领的惠紫人民自卫大队（300余人），我军接获情报后，依靠大岭鼓顶有利地形和民众支持，持续奋战七天八夜，毙敌24人，伤敌19人，至敌失踪逃跑40人，我方牺牲4人，伤3

人，这是惠紫人民自卫大队取得军民联合作战，以少胜多的首场胜利。

是月　惠紫人民自卫大队安墩税站飞鹅咀分站的7位税收人员在执行任务时，遭国民党多祝联防大队特务排排长黄坤等100多人的伏击。在战斗中，因寡不敌众，全部干部战士遇难。

3月6日—9日　江南部队在惠东安墩鹞子岭整编，成立广东人民解放军江南支队，下辖5个团。

3月21日　中共江南地委在惠东安墩成立惠（惠阳）紫（紫金）区行政委员会，设委员5人，赖扩任主席。1949年1月改为惠紫边人民政府，县长王泳。

5月　成立第四独立大队，大队长朱星一，政委潘应宁，副大队长郭标、翁汉奎，副政委朱德明，主要活动于平山至多祝公路两侧的地区。

8月14日　江南支队一部在碧山铁马关（今平山街道所辖）伏击国民党保安第八团特务排押运货物的车队，战斗打响10分钟后，即神速全歼特务排，毙敌50余人，炸毁汽车5辆、缴获轻机枪4挺、步枪50支、子弹5000余发。

8月19日　江南支队第一、二、四团袭击多祝守敌保八团的3个据点，歼敌80余人，缴获轻机枪一挺，长、短枪40支，子弹数千发。我方在这次战斗中伤亡38人。

10月10日　江南支队在三家村（今惠东县宝口镇辖地）与国民党保十三团激战，歼保十三团40余人，江南支队伤亡10余人，副团长肖伦在战斗中牺牲。

## 1949年（1月1日—9月30日）

1月1日　中国人民解放军粤赣湘边纵队在安墩黄沙宣告成立。纵队司令员兼政治委员尹林平，副司令员黄松坚，副政委梁威林，参谋长严尚民，政治部主任左洪涛。

是月　重建中共惠东县委，县委书记胡施（后由黄振接任）。同年8月，中共祝东、平山、白花、稔山、平海区委以及高潭、安墩、新庵、龙窝、蓝塘区工委也相继成立。

春　高潭乡政府组织战勤队，准备协助部队解放广州。祝东区工作队在安墩改为民运队，领导群众的支前工作和城改工作。

5月　惠东县人民政府成立，上级委任罗欧峰为县长（后由高固接任）。其前身是1948年3月成立的惠紫区行政委员会。

9月　"安墩人民中学"筹办，名誉校长沈苏群与副校长梁零均是中共党员。

是月　各乡人民政府纷纷组织乡供销合作社。

## 1949年（10月1日—12月31日）

10月1日　中华人民共和国成立。

10月6日　吉隆解放

10月8日　平海解放，渔民积极协助人民解放军到三门岛围剿"龟灵"匪帮。

10月10日　多祝解放。

10月13日　中国人民解放军粤赣湘边纵队东江第一支队解放惠东县城平山，是日为惠东解放日。

10月14日，白花解放。同日，惠东县人民政府进驻平山镇。高固任县长，潘应宁、余明照任副县长。

是月　国民党大亚湾警备营营长黄英杨与惠东稔平地区联防自卫大队队长赖耀庭各率官兵100余人，在稔山联合起义。

是月（农历八月十三日）国民党惠阳县平海五乡镇联防办事处副主任、武装第二中队队长杨正发率官兵60余人并携机枪、手枪、步枪40多挺（支）在铁涌起义。

11月12日　惠东县人民政府贯彻执行中央人民政府财政经济委员会《关于当前物价问题的指示》，平抑市场物价。接着，继续执行"关于制止物价猛涨"的通知精神。

12月15日　撤销惠东县，并入惠阳县，县城设在淡水镇。

# 红色歌谣（客家山歌）

## 共产社会万年长

歌仔一唱闹洋洋，农民老哥系凄凉，一日天光做到暗，唔曾坐嬲（休息）有一场，样边更做更浪当。

洗净锅头冇米煮，早晨食（吃）碗番薯粥，夜晚食（吃）碗番薯汤，半饥半饱饿断肠。

住间屋仔冇屋梁，搭倒（了）两间茅寮屋，七穿八漏照月光，实实在在系凄凉。

大家就要认分详，唔系（不是）屋场风水坏，唔系自家命唔（不）良，硬系白派有照常。

重利剥削亲难当，三分八分加一利，一年算到几十两，子子孙孙冇春光。

地主遇租系难讲，今年割到租唔够，谷种都爱（要）逼你粮，明年耕种冇落秧。

军阀压迫系猖狂，剥尽农民脂膏血，每日只顾争地方，大小村间冇安康。

掳人勒索得人狂（怕），烧屋劫物奸妇女，劏（宰）鸡杀鸭占民房，被佢（他）搞得喊凄凉。

贪官污吏心更狼，勾结豪绅及地主，民团扎在各村乡，假话警卫做安康，大家被佢（他）骗一场。

捉到有钱就罚钱，冇钱就话（你是）共产党，敲三敲四喊冤枉，赎人就要几百两，老婆儿女都卖了，算来还要几十两，卖田卖屋卖粪缸。

苛捐杂税一大帮，灶头门牌人头税，每月都爱（要）抽一场，被佢（他）抽到泪汪汪，大家都爱细思想。

世上穷人十居八，势力很大唔使狂（不用怕），总爱（只要）团结同佢（他）抗，麻利大刀和枪炮，大家向前莫退缩，努力和佢（他）杀一场，杀到地主一扫光。

土地革命好主张，工农兵士齐暴动，没收土地搭（和）岭岗，免租免债又免粮，分配土地搭岭岗。

建设苏维埃政府，白派余孽杀清光，谷子唔使分其粮，大家就爱认分详，土地革命系还好，还有共产大主张，涯（我）再同你唱一场，共产社会认分详。

共同生产同开会，工作同做福同享，冇争冇斗得安康，残疾老弱公家养。

村村设立民医院，处处设有游嬲（娱乐）场，公设医院搭（和）学堂，重重压迫都解放。

人人快乐得安康，天下到处都一样，红旗飘飘全世界，大家高呼共产党，共产社会万年长。

## 讲着耕田苦死哩

讲着耕田苦死哩，
早晨做到日落西，
一年四季冇（无）闲时，
又冇食米又冇衣。

紧（越）想紧真更凄惨，
竹笋到枯屈死哩，
做到柬（这么）多别人介（的），
灯草织布枉心机。

田主土豪十分嚣，
利上转利谷要糟（干），
割得禾子冇米煮，
冷锅壳（煎）虾横一票。

紧想紧真紧痛肠，
因为冇食正借粮，
借人三升还一斗，
唔（不）知雪上又加霜。

## 五 更 歌

一更叹来叹贫穷，一年借债年年凶。
今借钱银无典当，奈何肚子受亏空，
唉也哉，煏锣（铁煲）里头睡猫公。

二更叹来叹饥荒，一餐分作一天粮，
煮到一勺生米粥，未曾转碗又清光，
唉也哉，肚屎（子）饿到贴背囊（脊）。

三更叹来叹天凉，北风一起心就慌，
烂衫烂裤冇多着（穿），穷人到底受风霜，

唉也哉，脚底冷到头顶上。

四更叹来叹奔波，有做冇吃苦奈何，
割起禾子冇米煮，债主上门知几多，
唉也哉，门槛被人踏到哥（低）。

五更叹来叹凄凉，穷人任做冇春光，
三四月荒冇米煮，饿到饥瘦面黄黄，
唉也哉，你话（说）凄凉唔（不）凄凉。

## 农民痛苦歌

一早起来做到晚，
衣食都不得温饱，
苦生活何日减少，
哎哟、哎哟，苦生活何日减少。

六月割禾正（真）辛苦，
点点汗滴禾下土，
田主们快活收租，
哎哟、哎哟，田主们快活收租。

田主收租真太过（狠），
将我谷种抢去了，
明年时不知怎样，
哎哟、哎哟，明年时不知怎样。

无钱籴米活家小，

一家儿女遍叫嚎，

亲爷娘我肚饿了，

哎哟、哎哟，亲爷娘我肚饿了。

## 工农革命歌

工农阶级来斗争，打倒帝国大本营！

我们共产党，杀敌要先行！

无产阶级就是我们，

海陆惠紫工农兵政府，

杀尽大地主、土豪和劣绅！

## 劳动歌

青的山，绿的田，灿烂的山河，

谁的功？谁的力？劳动的结果。

美的衣，鲜的食，玲珑的楼阁，

谁的功？谁的力？劳动的结果，

全世界农工们联合起来啊！

## 揭露敌人暴行山歌（节录）

各处白军来下到，带等（着）人马就围乡。

反动头子就组织，新街建起剀（宰）人房。

警卫兵丁去围捕，去青留赤得人狂（怕）。

朝梅一带中洞肚，深山鸟雀过别乡。

杀绝烟灶几百户，十分冤枉系凄凉。

横直几步无人住，三光政策好凶狼。

江迁同志抓下去，拿出铁钉寸二长，

一支铁钉落膝头，两支钉出骨头浆，

受刑受法都不死，拉出圩埔打两枪。

水口有介（个）黄成锦，生生捉去用刀剀。

大同有介（个）黄孔金，皮骨剀来用箩装，

手脚取开钉门板，一刀落肉取心肝，

心肝拿来炒粉吃，反动吃了喜洋洋。

梅水有介（个）马木先，革命福将工作长，

自己开声求枪决，求情几多都不准，

仍然捉去用刀剀，一刀落肉血满场。

记着先烈斗争日，受着敌人苦难当。

大家同志爱（要）团结，革命江山万年长。

## 十二月妇女痛苦歌

正月里来系（是）新年，
做人妇女唔（不）值钱。
爷娘家产涯（我）冇份，
当作牛猪去卖钱。

二月里来系春分，
旧时礼教太唔（不）均。
婚姻唔（不）由自己愿，
一生乐趣尽归空。

三月里来系清明，
手忙脚乱做唔停。
风吹雨打日头晒，
几多辛苦为别人。

四月里来饥荒天，
番薯冇了谷又园（完）。
有好丈夫还过得，
冇好丈夫更冤牵（冤枉）。

五月里来系端阳，
大家男女爱（要）分详。
同系爷娘养育介（的），
男女平等正相当。

六月里来系半年，
做人妇女真冤牵。
百般苦凄都做过，
唔知何日出头天。

七月里来秋风凉，
大家姐妹爱分详。
天光出门做到暗，
三餐依旧喝粥汤。

八月里来系中秋，

百件算来冇件有。
时常捡柴担炭脚，
样边（为何）前世柬（这么）冇修。

九月里来系重阳，
一天凉过一天凉。
夜里又愁冇被盖，
日里又愁冇衣裳。

十月里来小阳春，
收冬时节乱纷纷。
有理冇理都爱（要）去，
淤血顿心会吐红。

十一月来收了冬，
地主收租格外凶。
旧（去）年思想今年好，
火筒冇节两头空。

十二月来得过年，
妇女痛苦讲唔园（完）。
诸姑姐妹齐觉悟，
努力争转（回）自由权。

## 少年先锋队歌

走上前去啊，

曙光在前。

同志们奋斗，

用我们的刺刀和枪炮，

开自己的路。

勇敢向前，放开脚步，

要高举少年旗帜，

我们是工人和农民的少年先锋队！

我们是工人和农民的少年先锋队！

## 打倒军阀歌

东江陈炯明，勾结港（英）政府。

守着两百万，不顾人民苦。

铲除陈军阀，打倒英（国）老虎。

革命有希望，广东变乐土！

## 总爱团结把敌杀

自己冤枉自己知，今来觉悟也唔迟，

大家穷人联合起，地豆脱壳还有衣。

饭甑落锅爱认蒸（真），杀哩（了）土豪杀劣绅，

土豪劣绅都杀净，大家安乐享大平。

共产主义是冇差，总有穷人杀穷佬，

穷人正是好兄弟，总爱（要）团结把敌杀。

后
记

　　经过两年多的努力，《惠东县革命老区发展史》一书终于与读者见面了。从2018年6月组织力量动笔撰写初稿，到10月份形成初稿开始修改，五易其稿，于2019年2月份形成送审稿，送县委办、县政府办、县发改局、县委党史研究室、县志办、县扶贫办等部门审核。从3月下旬起，根据上述各部门提出的审核意见，进行修改和补充。6月份，中国老促会根据部分县、市老促会已送出版社的书稿存在的质量问题，连续三次下发文件，决定推迟出版时间，要求各县、市、区老促会要以质量为中心，对书稿进行修改后再出版。接到省老促会转发中国老促会《关于进一步提高〈全国革命老区县发展史〉编纂质量的意见》后，我们立即调整工作思路，按照中国老促会文件的精神，补充有关史料，重新修改，于9月份形成新的送审稿。11月13日，县老促会派人参加了省老促会第二期《老区发展史》改稿培训班，在分组讨论时，将《惠东县革命老区发展史》（送审稿）呈送省老促会副会长谭世勋审阅。11月26日，谭世勋率指导组亲临惠东县指导书稿修改工作，对有关章节提出修改意见。按照省老促会指导组的意见，再一次进行修改。本书史料来源于《中国共产党惠阳地方史》、《中国共产党惠东县历史第二卷（1949—1978）》、《高潭星火》、《惠东与抗日战争》、《粤赣湘边纵队在惠东》、《惠东县红色遗产档案》、《高维全传》、《惠东县志》、《惠州革命老区志》、《惠东年鉴》（1997—2018年）、《惠东县全国经济普查资料汇编》（第一至第四次）。书中所用图片，有部分是在高潭镇、平海镇、稔山镇党政办，安墩镇、港口旅游区管委会文化站的协助下到现场拍摄，有部分由县新闻中心、高潭镇和安墩镇党政办、港口旅游区管委会文化站供稿。由于我们的水平有限，加上时间仓促，本书还有不少错漏，请读者朋友提出批评意见。

《惠东县革命老区发展史》编委会

2020年11月

# 广东人民出版社 党政精品图书

围绕中心，服务大局，做最具高度、深度和温度的主题出版物

扫码关注更多主题出版物

## 中宣部主题出版重点出版物

**《中华人民共和国通史》（七卷本）**

· 全国第一部反映中华人民共和国70年光辉历程的多卷本通史性著作
· 中央党校、中央党史和文献研究院权威专家倾力打造

**《账本里的中国》**

一册老账本，串起暖心回忆，讲述你我故事，体味民生变迁。

**《全国革命老区县发展史丛书·广东卷》**

· 挖掘广东120个革命地区的红色记忆
· 中国老区建设促进会牵头组织

**《红色广东丛书》**

· 广东省委宣传部重点主题出版物
· 传承红色基因，弘扬革命精神

---

本书配有智能阅读助手，为您1V1定制

# 《惠东县革命老区发展史》阅读计划

帮助您实现"时间花得少，阅读体验好"的阅读目的

建 议 配 合 二 维 码 一 起 使 用 本 书

**您可根据自己的学习需求，量身定制专属于您的阅读计划：**

| 阅读服务方案 | 阅读时长指数 | 为您提供的资源类型 | 帮助您达到以下学习目的 |
|---|---|---|---|
| 1. 高效阅读 | 阅读频次 较低 每次时长 较短 总共耗费时长 ▪▪ | 总结类 | 快速学习和掌握红色精神。 |
| 2. 轻松阅读 | 阅读频次 较高 每次时长 适中 总共耗费时长 ▪▪▪ | 基础类 | 简单了解革命老区的历史。 |
| 3. 深度阅读 | 阅读频次 较高 每次时长 较长 总共耗费时长 ▪▪▪▪ | 拓展类 | 继承和发扬红色精神，推动老区发展。 |

**针对您选择的阅读计划，您可以享受以下权益：**

**立刻获得的主要权益**

▶ **专享本书社群服务：** 提供创造价值与私密的深度共读服务，群内分享阅读干货，发起话题探讨
▶ **1套阅读工具：** 辅助您高效阅读本书，终身拥有

**每周获得的主要权益**

▶ **专属热点资讯：** 16周社科文学类资讯推送，每周2次
▶ **精选好书推荐：** 16周文学社科热门好书推荐，每周1次

**长期获得的主要权益**

**线下读书活动推荐：** 精选活动，扩充知识开拓视野 不少于1次

**抢兑礼品：** 免费抽取实物大礼 不少于2次限时抽奖

**微信扫码**

添加智能阅读助手

**只需三步，获取以上所有权益：**

1. 微信扫描二维码；
2. 添加智能阅读助手；
3. 获取本书权益，提高读书效率。

⚠ 鉴于版本更新，部分文字和界面可能会有细微调整，敬请包涵。